VÍAS DE COMUNICACIÓN

FUNDAMENTOS BÁSICOS Y GUÍA EN LA
CONSTRUCCIÓN DE CARRETERAS

CONCEPTOS PRACTICOS
PROCEDIMIENTOS CONSTRUCTIVOS

ING. JOSÉ ESPINOSA FELIZ

Maquetación y Diseño de Cubierta:
Guarién Reyes

Fotos de Portada
1ra. Carretera Casabito, Constanza
2da. Autopista Las Américas

ISBN 978-9945-409-36-9

Esta edición fue impresa en los talleres de
Impresora Conadex.
Santo Domingo, Rep. Dom.
Tel.: 809-567-7407 • Fax: 809-566-2039

© Todos los derechos reservados 2016 por el
Ing. José Espinosa Feliz.

Ninguna parte de esta publicación puede ser reproducida, almacenada, transmitida o utilizada sin el previo consentimiento del autor, bajo las sanciones establecidas en las leyes.

Queda hecho el depósito que previene la ley No.65-00, Sobre derecho de autor.

PALABRAS LIMINARES

Quienes estudiaron ingeniería civil en nuestro país saben que muy pocos de los libros vinculados a su aprendizaje académico fueron escritos por dominicanos. Acaso vendrían a la mente algunos apuntes de cátedra sobre materias básicas como física, geometría o cálculo infinitesimal. En los años 60, recuerdo, deambulaba aún el venerable texto mimeografiado con que el profesor español Amós Sabrás Gurrea revolucionó la enseñanza del álgebra en las aulas nacionales. Notas de cátedra de algunos preclaros maestros universitarios (Andrés Avelino, Leonte Bernard Vásquez, Moncito Báez López-Penha, Mario Penzo Fondeur), copiadas a vuela pluma de un pizarrón, sirvieron asimismo como sucedáneas de unas obras académicas inexistentes.

Todavía unos 20 años atrás, la adquisición de un adecuado acervo profesional en nuestras universidades sólo era posible mediante el dificultoso acercamiento a manuales, textos y documentos de investigación provenientes del mundo académico norteamericano y europeo. En nuestros días, el desarrollo vertiginoso de los medios electrónicos ha puesto en manos de los ingenieros civiles del mundo la posibilidad de conocer los detalles técnicos y los procesos constructivos, por ejemplo, de un rascacielos giratorio que alguien erige en Taiwán, o de una gigantesca presa en arco que se levanta en China o de un viaducto de 343 metros de altura construido en Millau, Francia.

Cabrían aquí las preguntas cruciales: ¿Qué proporción de los millares de jóvenes que estudian ingeniería civil en las universidades dominicanas tienen acceso a esas informaciones privilegiadas? ¿Cuántos, en tal caso, poseen el imprescindible vocabulario para siquiera entender y asomarse con algún beneficio a esas abigarradas tecnologías del presente? ¿Existe, o es tan solo espejismo, una enorme brecha formativa entre quienes acceden a centros académicos del primer mundo y aquellos que transitan por los numerosos y desiguales espacios docentes de nuestro país? ¿Egresan los ingenieros civiles dominicanos con una visión realista de la profesión, tras un aprendizaje casi exclusivamente libresco, teórico, sin acceso permanente a laboratorios y sin el indispensable contacto con los procedimientos y las prácticas de la profesión?.

De ahí que considere importante y me haya decidido a redactar estas frases liminares al libro "Fundamentos básicos y guía en la construcción de carreteras", escrito por el ingeniero civil José Espinosa Feliz. El ingeniero Espinosa es un profesional de larga trayectoria y gran experiencia, en quien se manifiestan inquietudes diversas. En primer término, le corresponde el crédito de una larga y fructífera actividad en el Colegio Dominicano de Ingenieros, Arquitectos y Agrimensores (CODIA); entidad de la que fuera Presidente hasta hace poco tiempo. De otro lado, asoma en él una honrada y generosa vocación didáctica. Con este libro, de propósito más que nada práctico e introductorio al tema de la construcción vial, se pretende cubrir un espacio, muchas veces infranqueable, entre las palabras y los hechos, entre lo intangible y la materia viva de la realidad.

Como una contribución al esfuerzo del ingeniero Espinosa, hemos aportado a su libro un capítulo sobre "Gestión integral de la conservación vial", escrito por la destacada ingeniera civil Claudia Castellanos Villalona, Directora del Departamento de Gestión Vial de Tecnoamérica, con una Maestría en Conservación Vial de la Universidad Politécnica de Valencia, España.

Saludo con beneplácito la publicación de esta obra y tengo la certeza de que muchos estudiantes y profesionales encontrarán en ella unos conocimientos, una pericia y una lección invalorable de solidaridad humana. Podría alegar, en adición, que la desprendida y laboriosa faena cumplida por el ingeniero José Espinosa se inscribe, en estos tiempos confusos, también como una hazaña.

PEDRO DELGADO MALAGÓN
Ingeniero civil
Presidente de Tecno América

Una idea puede mover al mundo,
pero si es acogida y puesta en practica.
José Espinosa

INTRODUCCIÓN

Cuando iniciamos una carrera en la universidad, vamos llenos de interés por aprender, e iniciar inmediatamente en las materias que tienen que ver con dicha carrera; los que estudiamos ingenierías debemos pasar por unas series de materias como pre-requisitos: Matemáticas, física, sociales, etc., pasan los semestres y deseamos entrar en las materias que realmente nos emocionan como hormigón, suelos, resistencia de materiales, estructuras, vías, Hidráulica.

En ese recorrido aprendemos matemáticas, integrales, derivadas, física, un poco de historia y geografía, nos hablan de hormigón simple, hormigón armado etc., de Bernoulli, casa grande y unas series de temas que realmente forman a un profesional en ideas teóricas. A medida que pasa el tiempo nos sentimos con deseo de ejercer nuestra carrera; pero aún mas de conocer la parte práctica de la misma.

Aquellos que tienen la suerte de empezar a trabajar antes de terminar son los afortunados, porque van saboreando el día a día de la ansiada carrera; mayormente en la construcción de casas a nivel privado, o estar en un departamento de una que otra Institución del Estado. Es tan importante para el estudiante ir conociendo de manera práctica, a medida que avanza, los procedimientos constructivos de las obras; esto lo va formando como futuro profesional, dándole mayor seguridad y rendimiento en sus materias.

Cuando estábamos recibiendo la materia Estructura 1, el profesor nos llevó a una construcción y nos explicó de manera práctica las razones de los momentos producidos en cada uno de los miembros estructurales y como se armaba una losa, así como las razones del "camelleo". Para mí de manera especial esta simple visita marcó parte del inicio del conocimiento de estructuras y de ahí en adelante el aprendizaje de lo que el profesor quería plasmar en el aula.

Obtener experiencias en cualquier área del saber cuesta muchos años de trabajo y dedicación; mucho más en obras viales, donde hay que saborear el polvo como si fuera un buen manjar, convertirse en fiel amigo del candente sol y aceptar sin chistar que sus rayos posen de manera desapercibida en el rostro. Aquellos profesionales que han tenido la oportunidad y la gracia de Dios de poder ejercer su carrera, deben realizar un esfuerzo por aportar trabajos orientados a la práctica para aquellos jóvenes profesionales y para aquellos que aun habiendo terminado no han tenido la oportunidad de ejercer en el área.

Después de esa formación en ciencias, nuestros profesionales necesitan formarse en el ejercicio de la profesión y la enseñanza es parte del aporte que debemos devolverle al país por haber tenido el privilegio de estudiar, aprender y ejercer; un triángulo de éxito personal.

En nuestros largos años de ejercicios profesional, iniciamos como supervisor, luego como ingeniero de campo, luego como gerente; pero siempre en el campo observando y absorbiendo las experiencias de muchos y saboreando cada paso, cada acción, cada momento, cada instante en las construcciones viales que pudimos participar; tomando acciones en el campo, lidiando con el personal, capataz, chequeadores, listeros ; en fin resolviendo contingencias y situaciones propias de un ejercicio vivo y muchas veces de incontables sacrificios.

En ese sentido iniciamos desde hace muchos años un documento con un alto componente práctico en la construcción de obras viales. Esos conocimientos fueron fluyendo a medida que iban avanzando los años de ejercicio profesional; la gran mayoría del material ha sido desarrollado con ideas recibida de esa experiencia, la cual hemos querido hacer un aporte sin pretender analizar los procesos desde el punto de vista científico con complicadas fórmulas ya vista en los largos años de las aulas universitarias; ni usamos expresiones rebuscadas.

Este documento llamado FUNDAMENTOS BASICOS Y GUIA EN LA CONSTRUCCIÓN DE CARRETERAS, pretende orientar a los profesionales que no han vivido la experiencia de trabajar lo suficiente en carreteras y para aquellos que inician su vida en este mundo fascinante de la vía de comunicación, cuyas construcciones aportan de manera indiscutible al desarrollo de los países; así como a la comodidad y mejor calidad de vida a los seres humanos. Entendemos que este material podría formar parte del apoyo práctico que necesariamente necesitan las universidades, para coadyuvar y complementar las cátedras teóricas; en otras ocasiones ya hemos realizado cursos con este material y se han obtenidos resultados muy satisfactorios.

Cualquier estudiante o profesional que analice cuidadosamente este material estará en condiciones de realizar un presupuesto acabado de un camino, una carretera o una calle. Aquí se presentan las informaciones necesarias para realizar una relación de partidas y un presupuesto de obra, que concomitantemente con las informaciones necesarias de levantamiento y diseño, el mismo se ajuste a la realidad o que esté en el marco de lo establecido en la ley 340-06 y su modificación 449-06; así como su reglamento 543-12.

En lo que refiere a la ley 340-06 de República Dominicana, está establecido en el Art. 31 donde expresa "Podrá modificar, disminuir o aumentar hasta un veinticinco por ciento (25%) del monto del contrato original de la obra, siempre y cuando se mantenga el objeto". Esto debido a que fruto de circunstancias o falta de programación de algunas instituciones del Estado, se realizan presupuestos de obras, luego, después de iniciados los trabajos, aumentan de maneras desproporcionadas.

En este documento presentamos prácticamente todas las partidas de un presupuesto de obras vial y el procedimiento a seguir.

En el **Capítulo I**, damos una breve introducción de la parte político-social y económica de la disposición y construcción de una obra vial y sus partes principales. Una introducción topográfica según la experiencia vivida en iteración con las brigadas y las toma de decisiones; el levantamiento topográfico y posibles errores que pudieran afectar los datos reales del proyecto, trazado, nivelación y rasante.

En el **Capítulo II**, iniciamos explicando el proceso constructivo, cómo se inicia una obra, como se replantea y los parámetros que hay que tener en cuenta, trazado, perfil, rasante, estaciones y como nombrarlas.

En el **Capítulo III** abordamos las partidas principales de una obra vial iniciando por el desmonte y desbroce, siguiendo con la remoción y re-colocación de empalizadas.

Presentamos una radiografía, paso a paso, una guía del procedimientos constructivos a desarrollar en la construcción de cada una de las partidas que intervienen en la construcción, aclaraciones y definiciones sobre material inservible, no clasificado, material de préstamo, acarreo, sobre acarreo, longitud de acarreo, relleno y otras partidas no menos importantes; así mismo el procedimiento para replantear cortes y construcción de terraplenes.

En el **Capitulo IV**, tratamos el tema de la sub-base, base, sus características, la importancia de estas actividades, además de la estabilización de materiales, los diferentes tipos y la importancia que aporta a las construcciones viales.

En el **Capítulo V** nos referimos al diseño de pavimento y las capas que los componen, estudiamos la imprimación y su dotación para cada caso; así como el doble riego y su uso, al igual que la carpeta asfáltica.

En el **Capítulo VI** analizamos todas las obras de artes, desde alcantarillas, encaches, vado, badenes, alcantarillas cajón, muros de gaviones, cabezales, contenes y acera.

Sin equipos no hay obras, y sin operadores tampoco, en el **Capítulo VII** hacemos un análisis de la importancia de estos equipos y una breve descripción del desenvolvimiento de los mismos, presentando los más usados en la construcción de obras viales.

Mientras que en el **Capítulo VIII** abordamos un tema muy importante para la buena consecución de la programación de las obras; analizamos los requerimientos que se necesitan en el campo; qué parámetros hay que tomar en cuenta y a que debemos darle seguimiento.

En el **Capítulo IX** realizamos un resumen general de las partidas más importantes que intervienen en una obra vial y ejemplos donde se usan las mayorías de esas partidas.

En el **Capitulo X** presentamos la estructura de un presupuesto y las diferentes variaciones a que es sometido dependiendo de los adicionales o adendum que se generen, producto del proceso de construcción; si hubo mayor cantidad de actividades, mayor o menor volúmenes o si hubo cambio de precios. Se analizan las razones el porqué se generan estas situaciones; al mismo tiempo presentamos todas las partidas que pueden generarse en la estructura general de un presupuesto.

Como una forma de recordar que existen otras tecnologías muy importantes en la construcción de obras viales, en el **Capítulo XI** hablamos sobre dichas tecnologías que se usan y son de gran aporte al trabajo y la realización del mundo fascinante de las construcciones viales.

En el **Capítulo XII** exponemos las responsabilidades de la supervisión y una guía rápida para analizar y estar atento al desenvolvimiento y a lo largo de la construcción de la obra; en el **Capítulo XIII** presentantamos algunos temas importantes como: Mantenimiento, puentes, red vial de RD.

Por ultimo por considerarlo de interés, incluimos como **Anexo** un capítulo sobre "Gestión integral de la conservación vial", aportado por la compañía Tecnoamérica y escrito por la ingeniera civil Claudia Castellanos Villalona, Directora del Departamento de Gestión Vial.

Ing. José Espinosa Feliz.

> *"El Hombre no puede cumplir su destino en la sociedad si no convierte sus ideas y sus deseos en hechos, porque solo los hechos tienen verdadero valor en la vida social".*
>
> **Juan Bosch**

AGRADECIMIENTOS

Agradezco primero a Dios, por haberme permitido llegar hasta el final de este gran esfuerzo.

A mis padres, quienes, a pesar de ser prácticamente iletrados, y aun en la distancia tuvieron la visión y la disposición de realizar un esfuerzo extraordinario el cual dio sus frutos.

A mi esposa y mis hijas quienes han soportado nuestra ausencia por más de 20 años de ejercicio profesional en el campo; por tanto, son corresponsables de estos resultados.

A todos los que han aportado un grano de arena para ayudarme a conseguir este objetivo.

CONTENIDO

CAPITULO 1
1- Informaciones generales... 17
  1. Partes principales de una obra vial...18
  1.1 Estudio 18
  1.2 Diseño 21
  1.3.1 Construcción. 22
  1.3.2 Planificación..22
  1.3.3 Realizar un nuevo levantamiento topográfico............................23
  1.3.4 ¿Por qué realizar nuevo levantamiento?...................................24
  1.3.5 Presentación de planos..27
  1.3.6. Trazado..27
  1.3.7 Procedimiento de trazado de vía..29
  1.3.8 Referencias de pi 30
  1.3.9 Curvas horizontales...32
  1.3.10 Cálculos de curvas horizontales...38
  1.3.11 Representación de los datos de las curvas en la libreta...........38
  1.3.12 Deflexión de las curvas horizontales. 40
  1.3.13 Procedimiento práctico para deflexiones de curvas 42
  1.3.14 Perfil...43
  1.3.15 Nivelación...43
  1.3.16 Comprobación...46
  1.3.17 Nivelación compuesta 46
  1.3.18 Como se dibuja un perfil longitudinal....................................49
  1.3.19 Secciones transversales...50
  1.3.20 Procedimiento para graficar una sección transversal 51
  1.3.21 Rasante..53
  1.3.22 Sección típica..54
  1.3.23 Taludes 55
  1.4 Mantenimiento..57

CAPITULO 2
2- Guía y Procedimientos Constructivos................................ 59
  2.1 ¿Como iniciar una obra vial?..60
  2.2 Replanteo para el inicio del trabajo...61
  2.3 ¿En que consiste el replanteo?..63
  2.4 Perfil y rasante..72
  2.5 Nivelación al momento del replanteo..72
  2.6 Estación total..73
  2.7 Estación total robótica (gps). 74

CAPITULO 3
3- Movimiento de tierra.
Guía de seguimiento y procedimientos constructivos........... 75
  3.1 Desbroce o desmonte 76
  3.2 Remoción y recopilación de empalizadas....................................77
  3.3 Expropiación de terrenos. 77
  3.4 Excavación de materiales..78
  3.5 Excavación de material inservible 79
  3.6 ¿Cómo sabemos que un material es inservible? 80
  3.7 Proceso a seguir para la extracción de material inservible. 84
  3.7.1 Cada material y cada tipo de obra, requieren de una profundidad de excavación diferente 86
  3.8 Excavación de material no clasificado..86
  3.9 El material no clasificado desde el punto de vista del acarreo presenta dos posibilidades........87
  3.10 Según la rasante establecida y tomando en cuenta las condiciones topográficas del terreno, la sección puede presentarse como: 89

3.11 ¿Cuales son las observaciones que podemos hacer en este caso?....................91
3.12 Cortes en laderas combinado con terraplén. 93
3.13 Cortes encajonados, Procedimientos para realizar cortes 95
3.14 Analizaremos algunos casos importantes tanto en corte, como en relleno. 99
3.15 Casos importantes que aparecen al realizar cortes. 103
3.16 Derrumbes, motivos, consecuencias. 105
3.17 Contracunetas 107
3.18 Banquinas...................108
3.19 En resúmen 111
3.20 Excavación de material de préstamo. 111
3.21 Estados físicos de los materiales. 113
3.22 Cuneta al pie del talud. 116
3.23 Secciones de las cunetas. 117
3.24 Contracunetas...................118
3.25 Relleno: 118
3.26 El relleno puede ser: 119
3.27 Diferencia en los tipos de materiales para relleno 120
3.28 ¿Qué significa que un terraplén no necesita material de préstamo? 121
3.29 Distancia de acarreo para material de préstamo. 121
3.30 Relleno compensado. 123
3.31 ¿Procedimiento topográfico para rellenar un terraplén? 124
3.32 Terraplénes: 128
3.33 ¿Cómo se replantea el ancho de un terraplén? 128
3.34 Casos que se pueden presentar al ampliar un terraplén. 129
3.35 Las opciones de procedimiento de construcción que se presentan son las siguientes:....134
3.36 Cuando un terraplén queda estrecho ¿Qué hacer? 138
3.37 ¿Qué pasa en estos casos? 138
3.38 ¿Razones que provocan la situación que un terraplén quede estrecho? 139
3.39 Recomendaciones las cuales hay que llevar a cabo al construir un terraplén. 139
3.40 Comportamiento y manejabilidad de los materiales que se usan en terraplén. 140
3.41 Compactación 142
3.42 ¿Cómo elegir una buena muestra de materiales para prueba de laboratorio? 146
3.43 Mezclado de materiales. 147
3.44 Escarifación de superficie. 147
3.45 Conformación de sub-rasante. 150
3.46 Bombeo. 151
3.47 Peralte. 151

CAPITULO 4
4- Base y Sub-base...**153**
4.1 Sub-base...................153
4.2 El material a usar en sub-base debe cumplir con las siguientes características:...................155
4.4 Procedimiento para cribar un material. 157
4.5 Diagrama de flujo de operación del cribado. 158
4.6 Base...................159
4.7 A continuación damos las características geotécnicas que debe cumplir un material para ser utilizado como base para la construcción de una carretera: 160
4.8 Estabilización de materiales. 163
4.9 Base estabilizada con cemento...................163
4.10 Base estabilizada con cal. 164
4.11 La estabilización de suelo puede ser: 166
4.12 Bases estabilizadas con asfalto. 166

CAPITULO 5
5- Capa de rodadura..**167**
5.1 Carpeta asfaltica...................168
5.2 Imprimación...................168
5.3 Carpeta de hormigón asfáltico 172
5.3.1 Planta de asfalto. 172

5.3.2 Pavimento flexible. 176
5.4 La calidad. 179
5.5 Rendimientos 179
5.6 Equipos para la pavimentación. 181
5.7 Doble riego de imprimación. 181
5.8 Doble riego en paseos de carreteras. 183
5.9 Bacheo y recapeo. 183
5.10 Pavimento rígido. 186
5.11. Señalización y protección de la vía. 188

CAPITULO 6
6- Obras de Artes. **193**
6.1 Obras de artes..194
6.2 Alcantarillas tubulares...194
6.3 Fabricación de tubos. 195
6.4 Diámetros más comunes de tubos. 196
6.5 Excavación..196
6.6 Asiento de arena 196
6.7- Colocación. 196
6.8 Tipo de alcantarilla..198
6.9 Relleno y compactación de alcantarillas.......................................201
6.10 Cabezales. 203
6.11 Alcantarilla tipo cajón. 207
6.12 Procedimiento de construcción. 211
6.13 Encaches. 214
6.14 Gaviones 215
6.15 Badenes y vados..220
6.16 Construcción de badenes provisionales en cauces de rios. 221
6.17 Contenes. 222
6.18 Aceras..225

CAPITULO 7
7.1 Oficina técnica **227**
7.2 ¿Qué beneficio genera el seguimiento de campo? 228
7.3 Consumo de combustibles por hora. 229
7.4 Almacén. 231

CAPITULO 8
8-1 Equipos **233**
8.2 Tractor. 236
8.3- Motoconformadora o grader. 240
8.4 Palas o cargadores frontales..241
8.5 Retroexcavadora 242
8.6 Rodillos. 243
8.7 Los rodillos vibradores. 244
8.8 Los rodillos pata de cabra. 244
8.9 Rodillo tipo tamdem 245
8.10 Rodillo neumático...246
8.11 Maquinas estabilizadora..246
8.12 Barrredoras. 248
8.13 Camión distribuidor. 248
8.14 Pavimentadoras. 249

CAPITULO 9
9- Procedimientos. Resumen **251**
9.1 Guía de procedimiento y estructuración del presupuesto. 252
9.2 Si es la construcción de una nueva vía..252
9.3 Levantamiento inicial..252

9.4 Desmonte y desbroce. ...254
9.5 Replanteo. ...253
9.6 Remoción y recolección de empalizadas. ...253
9.7 Cortes. ...253
9.8 Bote de materiales. ...254
9.9 Excavación de material de préstamo. ...255
9.10 Acarreo de material de préstamo. ...255
9.11 Relleno. ...255
9.12 Escarificación de superficie. ...256
9.13 Conformación de sub-rasante. ...256
9.14 Cunetas longitudinales. ...256
9.15 Sub-base. ...257
9.16 Base. ...257
9.17 Imprimación. ...257
9.18 Obras de artes. ...257
9.18a Alcantarillas. ...257
9.19 Encaches. ...257
9.20 Gaviones. ...257
9.21 Contenes. ...257
9.22 Aceras. ...257
9.23 Asfaltado. ...258
9.24 Ejemplo. ...258

CAPITULO 10
10- Presupuesto, Relación de partidas, Adicionales. ... 279
10.1 Presupuesto relación de partidas. Adicionales ...280
10.2 Presupuesto. ...280
10.3 Partidas. ...280
10.4 Unidad. ...281
10.5 Cantidad. ...281
10.6 Precio. ...281
10.7 Valor. ...281
10.8 Sub-total. ...281
10.9 Indirectos. ...281
10.10 Imprevistos. ...281
10.11 Adicionales. ...271
10.12 Modelo de un presupuesto ...282
10.13 Adicional por diferencia de precios ...283
10.14 Adicionales por variación de volumen o cantidad ...285
10.15 Adicional por partidas nuevas. ...286
10.16 Conocimiento de todas las partidas. ...286
10.17 Relación de partidas de una obra vial ...286

CAPITULO 11
11- Otras tecnologías usadas en carreteras. ... 295
11.1 Otras tecnologías importantes. ...296
11.2 Hormigón espumado. ...296
11.3 Trenchers o equipos zanjadores. ...302
11.4 Drone. ...304
11.4.1 Ingeniería del drone. ...304
11.4.2 Uso del drone. ...306
11.4.3 Herramientas importantes para cumplir su función. ...306
11.5 Uso del geotextil. ...307
11.6 Hormigón proyectado. ...309
11.7 Suelos reforzados. ...310
11.8 Muro de mesa. ...312
11.9 Protección de taludes. ...315
11.10 Encofrado deslizante. ...318

CAPITULO 12
12- Supervisión **321**
12.1 Supervisión. Guía de seguimiento y atención. 322
12.2 El supervisor y sus responsabilidades. 322
12.3 El supervisor y la relación con el contratista. 324
12.4 El supervisor atento a la ejecución del trabajo. 325
12.5 Limpieza iniciando el trabajo. 325
12.6 Atento a la clasificación y comportamiento de los materiales. 326
12.7 A que distancia se deposita el material inservible. 326
12.8 Bancos de préstamos. 326
12-8a Estar atento a la colocación de alcantarillas. 326
12.9 Manejo de las distancias de acarreos. 327
12.10 Atento a las terminaciones de las capas que componen la estructura del pavimento. ...327
12.11 Preparado para la imprimación. 328
12.12 Colocación del asfalto. 328
12.13 Construcción de obras de artes. 328

CAPITULO 13
13- Temas complementarios. **329**
13.1 Mantenimiento. 330
13.2.1 Estudio topográfico. 335
13.2.2 Estudio de cuencas hidrográficas. 336
13.2.3 Estudio de suelo. 337
13.3 Contingencias en su vida útil. 337
13.3.1.1 Puentes soterrados de arcos prefabricados. 338
13.3.1.2 Proceso constructivo 339
13.3.1.3 Ventajas de ingeniería del sistema bebo arch 340
13.4 Carreteras y cambio climático 340
13.4.1 Red vial en república dominicana. 343
13.4.2 Infraestructura vial de la república dominicana 343

CAPITULO 14
14- Anexo. Gestión Integral de la Conservación Vial **345**
A.1- Gestión Integral de la Conservación Vial (Ing. Claudia castellano) 346
A.2 Sistemática de la gestión vial 349
A.3 Evaluación funcional. 349
A.4 Deterioros superficiales, pavement condition index (pci) 350
A.5 International roughness index (iri), present serviciality index (psi) 353
A.6 Nivel de servicialidad. 355
A.7 Textura/resistencia al deslizamiento, coeficiente resistencia al deslizamiento, índice de fricción internacional (ifi) 357
A.8 Evaluación estructural. 360
A.9 Conclusión 362
Glosario de terminos 364
Bibliografía 368

1
INFORMACIONES GENERALES

1. PARTES PRINCIPALES DE UNA OBRA VIAL

Las partes principales de una carretera son nombradas según el autor o país de procedencia, más sin embargo, en sentido general la idea es la misma, tal y como lo vemos en la división expresada por Carlos Crespo Villalaz, en su libro Vías de Comunicación, expresa que se distinguen en el estudio de carreteras varias etapas como:

- Planeación, el cual incluye estudios Geográficos - Físicos, Económicos - Sociales, Políticos.

- Proyecto, incluye los estudios topográficos, mecánica de suelos y estructuras.

- Construcción, en este renglón agrupa la dirección técnica, ejecución de obras y control de mecánica de suelo.

- Uso, mientras que en el uso incluye la conservación, estudio de tránsito, estudio de mecánica de suelos y reconstrucción.

Nosotros los dividiremos en:

1.1. Estudio
1.2. Diseño
1.3. Construcción
1.4. Mantenimiento

1.1. ESTUDIO

El estudio es el reconocimiento inicial del proyecto que se va a construir. Para construir una carretera se debe estudiar los planos topográficos, planificar y recorrer el área por donde se va a establecer el trazado. Cuando son obras muy importantes a construir, se establecen trazados preliminares en los planos cartográficos de la zona, para luego establecer lo que sería la línea definitiva.

Para un estudio ponderado hay que tomar en consideración unas series de factores, que solo los técnicos de gran experiencia práctica pueden dominar. Es importante conocer los poblados por donde debe pasar la carretera, si es necesario pasarla por el centro o al contrario, trazarla por uno de los lados adyacentes.

Conceptos prácticos de procedimientos constructivos

En los últimos tiempos los diseñadores y los técnicos responsables de proyectos en nuestro país, si lo vemos desde el punto de vista práctico, han optado por alejarse un poco de los poblados, debido que algunas personas se han dado a la tarea de obstaculizar el paso de los vehículos con métodos poco civilizados, siendo el último método, la construcción de "policía acostado", convirtiendo la carretera de una vía ágil a una vía con velocidad baja y restringida. Este método genera una secuela de daños físicos y emocionales, tanto al conductor, como al vehículo, provocando un gasto adicional de combustibles; además aumentando el tiempo de traslado.

Este método de control de velocidad, realmente es como si fuera de parada, debido a que el vehículo tiene que prácticamente detenerse. Esta situación ha traído como resultado una reorientación en el diseño de las carreteras, evitando pasarlas por ciertas comunidades. Cuando se iban a construir los tramos de carretera del Lago Enriquillo, la comunidad del Limón de Jimaní, se opuso a una variante de la Carretera Duvergé – Jimaní; donde la misma bordeaba el Lago, Con una vista impresionante del mismo, y que atraería el turismo a esa lejana zona del sur del país.

Fig. 1.1. Unas de las carreteras más peligrosas del mundo. Tomada de Internet.

Por supuesto, que la variante no se hizo realidad, ya que prevaleció el factor Político-social. Es importante la experiencia que deben tener los técnicos que dirigen el estudio; porque este es el paso más predominante en el costo de la obra que se va a ejecutar.

El estudio determina el trazado que se va a seguir, si va a bordear una montaña, o la va a cruzar por el centro con un corte cajón o un túnel, si es mejor alargar el trazado para evitar un río, o al contrario se construye un puente, en fin a medida que se adentra en el estudio, van apareciendo situaciones y asimismo van apareciendo soluciones viables.

La brigada de reconocimiento de las diferentes alternativas de trazados de la obra vial, puede ir colocando señales visibles a lo lejos, que sirven de orientación a los puntos de intercepción de curvas horizontales; esto permite, tener una mejor visón de cómo va a quedar el trazado, que en definitiva es la columna vertebral del estudio, es el que decide, en una parte importante, el factor economía-seguridad.

Para obras de primera, las cuales justifiquen los gastos de estudios preliminares, hay métodos científicos más cómodos, como los adelantos en la técnica de fotogrametría combinado con programas de gran ayuda a la ingeniería de carreteras, donde cumplen con tres etapas: a) Reconocimiento, b) Proyecto Preliminar y c) Proyecto Definitivo. Crespo Villalaz. En los ultimos tiempos se ha introducido una nueva tecnología, como los Drones, de gran ayuda para este tipo de estudio. Ver sección 11.4

En estas etapas se obtienen fotografías aéreas donde se interpretan de manera geológicas y topográficas, en la cuales se obtienen informaciones muy importantes desde el punto de la estructuración del tipo de suelo, drenaje, manto freático, posibilidad de derrumbes etc.

En cada una de estas etapas, se va afinando el trazado de la vía, hasta el punto de realizar un diseño geométrico adecuado y ajustado a los parámetros definidos y establecidos por los organismos interesados en el proyecto. En el estudio de las fotografías se muestran formas geométricas que identifican el tipo de suelos circundantes, cuyas formas están estudiadas así como su comportamiento ante el escurrimiento de agua, según el tipo de suelo.

Los escurrimientos rectangulares generalmente corresponden a las diaclasas, los radicales se producen desde un cono montañoso hacia el centro de una depresión, los concéntricos indican la presencia de estructuras en forma de cúpula, los detríticos indican un área de rocas homogéneas y los paralelos indican estratos de diferentes resistencias a la erosión.[1]

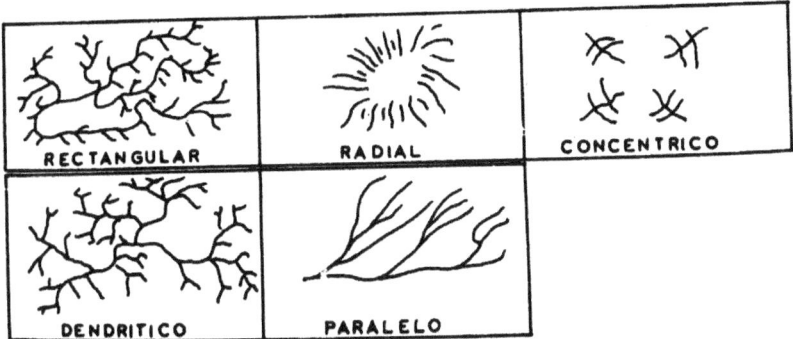

Fig. 1.2. Formas de terrenos dejada por escurrimientos, a través de fotografías áreas tomadas. Libro Vías de Comunicación. Carlos Crespo Villalaz, pag. 138.

Al igual que las formas de canales que dejan las escorrentías, la cual es indicativo del tipo de material. La forma en V corresponde a materiales granulares, la rectangular a limos y loes, y la forma de canales redondeadas corresponden a las arcillas.[2]

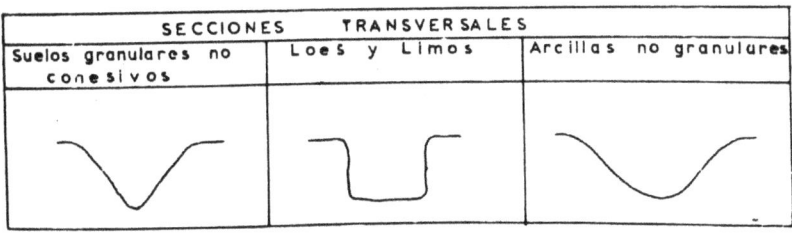

Fig. 1.3 Otras formas de terrenos dejada por escurrimientos, a través de fotografías áreas tomadas. Libro Vías de Comunicación. Carlos Crespo Villalaz Pagina 139

1.2. DISEÑO

Después de un estudio ponderado, aceptado el trazado y realizado el levantamiento topográfico; procede el diseño de una rasante adecuada a las recomendaciones técnicas y económicas. Aunque el diseñador posee en su mano las herramientas necesarias, como son:

1,2 Carlos Crespo Villalaz, *Vías de Comunicación. Caminos, Ferrocarriles, Aeropuertos, Puentes y Puertos.*

El trazado, el perfil y las secciones transversales, somos partidarios de un diseñador que establezca rasantes preliminares en la oficina, y luego se traslade al campo a observar físicamente cada trazo, cada línea proyectada en gabinete.

El diseñador escudriña el perfil, observa, analiza, sopesa y establece líneas enlazadas por curvas horizontales y verticales sin ser solapadas; de tal manera que el diseño definitivo de la obra vial compense dentro de lo posible los volúmenes de cortes y rellenos; esto si los materiales de cortes son aptos para su uso en la vía. Lo lógico es ajustar un trazado horizontal y una rasante acorde con las expectativas deseadas y que sea lo más económica posible, tomando en cuenta los factores de calidad y seguridad de la obra.

Los resultados del estudio y diseño, determinan lo que será la parte económica del proyecto.

Un buen diseño de la rasante, toma en cuenta los parámetros de las curvas verticales; siendo una parte importante la longitud de la curva, esta determina las estaciones que abarcará la curva vertical, y **esta longitud, es en cierto modo, después de establecida las líneas de rasante la que determina el control de un gran volumen de corte o de relleno y en el cual tiene que ver la pendiente mínima establecida según el tipo de vía.**

1.3.1 CONSTRUCCIÓN.

El proyecto se hace realidad procediendo a la construcción de la obra. El contratista recibe de la institución contratante los Planos y copias de las libretas topográficas que servirán de guía para poner en ejecución los trabajos, de una carretera. Es importante que el contratista al recibir la orden de inicio, haga un nuevo levantamiento o vaya chequeándolo a medida que avanza la ejecución del trabajo.

1.3.2 PLANIFICACIÓN.

Una de las actividades que debe realizar el contratista, es planificar los trabajos de la obra, de acuerdo al tiempo establecido por la oficina contratante o el programado por el contratista, según el flujo de caja. Para esto cuenta con herramientas muy importantes en el área de la tecnología, como es el Microsoft Project y otros software que nos dan facilidades para poder realizar una buena programacion; usando el diagrama de Gantt o diagrama de barra.

Para programar, es necesario conocer de manera detallada las partidas que intervienen en un presupuesto; pero además, también debe conocer muy bien el tiempo que podría tomarse en realizar cada una de esas partidas, así como los recursos de cada actividad o partida.

El diagrama de Gantt, es fácil de usar, esta herramienta fue inventada por Henry L. Gantt en el 1917. Debido a la facilidad de interpretación es usada por el personal directivo de la obra para darle seguimiento al tiempo de ejecución, de acuerdo a lo programado, si está atrasado, o si en cambio, la obra transcurre con holgura, pero para tener mejor control, también se debe realizar el diagrama de las rutas críticas del proyecto, conociendo así cuales son las actividades que no pueden retrasarse en sus ejecución.

El profesional de la ingeniería, debe acostumbrarse a planificar cada construcción que esté a su cargo, de esa manera se puede eficientizar cada actividad, obteniendo mejores resultados y ser mucho más competitivo. Ver Diagrama de Gantt en fig. 1.4

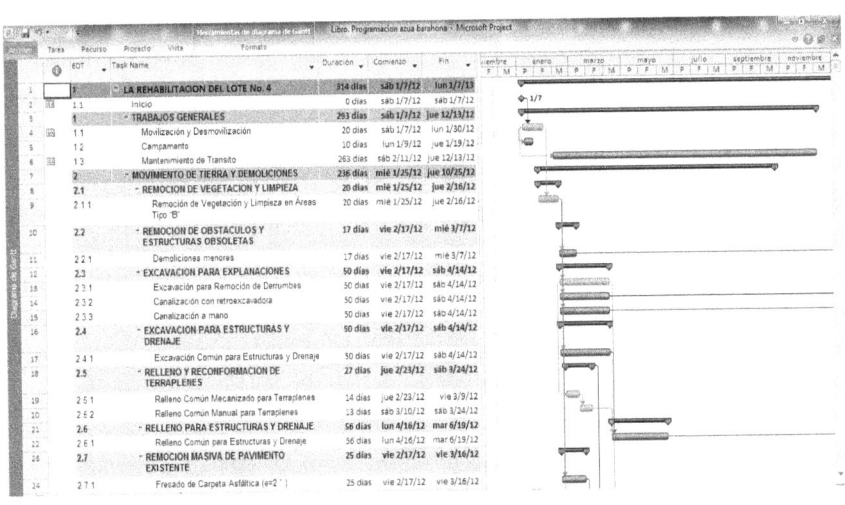

Fig. 1.4. Programación de obra. Presentación diagrama de Gantt

1.3.3- REALIZAR UN NUEVO LEVANTAMIENTO TOPOGRÁFICO

Lo recomendable al recibir una obra para ser ejecutada, es realizar un reconocimiento general de la misma y organizar una brigada topográfica para efectuar un nuevo levantamiento y compararlo con el entregado por la oficina contratante, y cualquier diferencia comunicarlo a la supervisión asignada.

1.3.4 ¿POR QUÉ REALIZAR NUEVO LEVANTAMIENTO?

Razones de prudencia y tranquilidad, usted debe confiar en lo que hace su brigada topográfica con todo el cuidado posible; así puede descubrir cualquier error cometido en el levantamiento original; los cuales algunas veces se realizan y duran mucho tiempo para que se ejecute la obra.

Supongamos que la brigada que realizó el trabajo original haya cometido algún error al realizar el levantamiento de la obra; por ejemplo que en una o varias secciones transversales, no se pudieron completar los últimos puntos más difíciles de llegar; nos encontraríamos con los siguientes casos:

a- El 1er. caso representa la realidad de la sección transversal en un punto determinado conjuntamente con su rasante indicada.

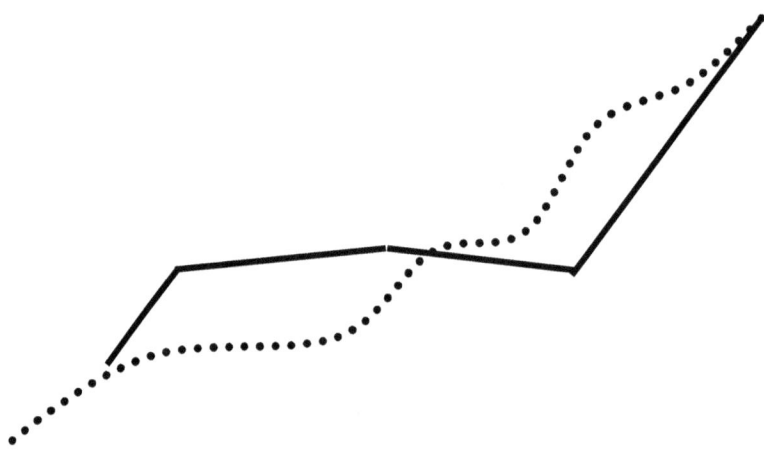

Figura 1.5 Representa una sección transversal ajustada a la realidad.

b- En el 2do. caso se produciría un volumen mayor que el de la realidad.

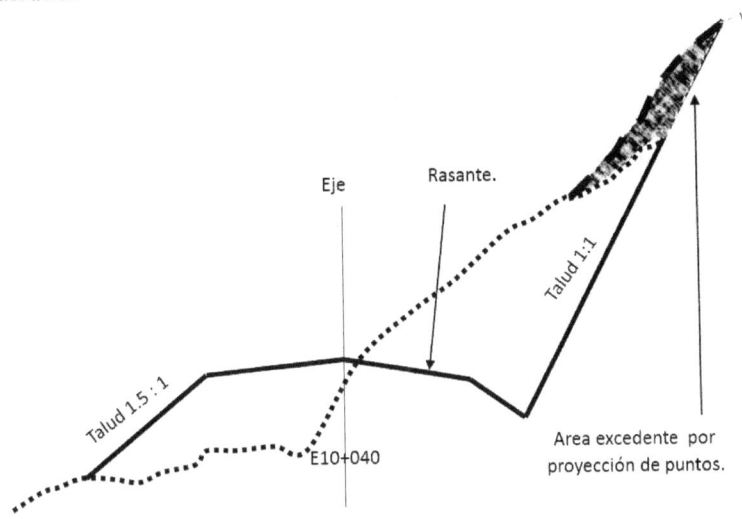

Figura 1.6- Sección transversal con puntos proyectados por encima de la sección transversal real (levantamiento topográfico incompleto)

- En el 3er. caso se produciría un volumen menor que el real.

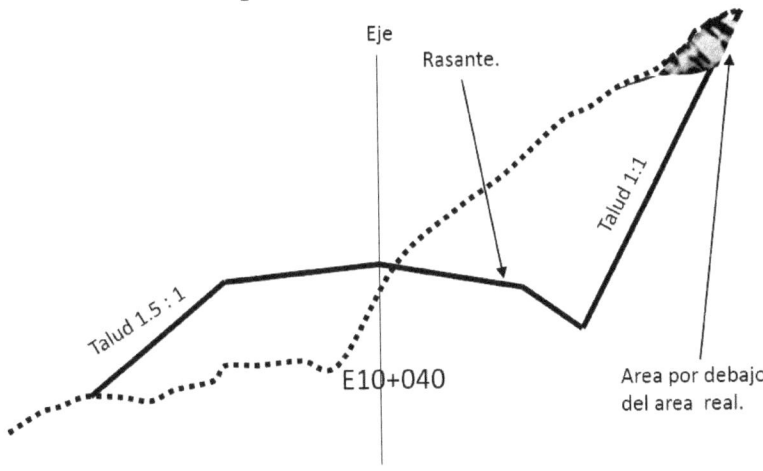

Area menor por proyección de puntos

Figura 1.7 Sección transversal con puntos proyectado por debajo de la sección real (levantamiento topográfico incompleto).

Nos damos cuenta de estos casos cuando al llevar las secciones transversales de la libreta al plano e introducimos la sección típica; algunas de ellas quedan cortas; entonces el dibujante lo que hace es que proyecta según su experiencia. Esto sucede también con los programas modernos de carretera. Ver figuras 1.5, 1.6, 1.7, y 1.8. Otra de las situaciones que pueden pasar es que luego del levantamiento original, algunos eventos naturales pueden alterar dicha rasante.

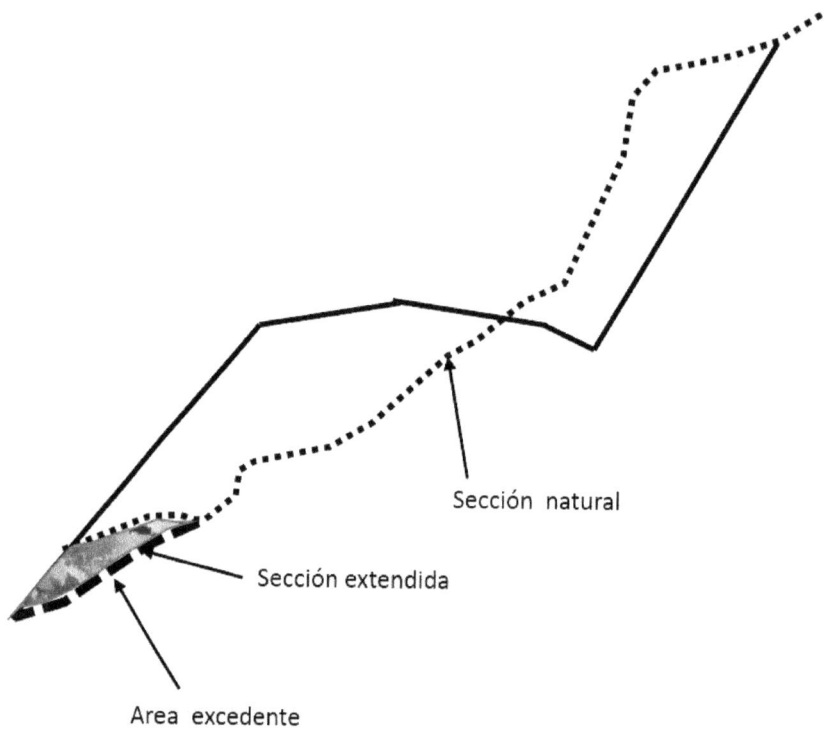

Figura 1.8 Sección transversal, quedo muy corta en el levantamiento y fue extendida de manera aproximada.

Como estamos tratando un tema de procedimiento vial, es necesario dejar plasmado aspectos que consideramos anormales e importantes para el buen desarrollo de un proyecto que las podemos considerar de aisladas, pero no dejan de tener importancia tanto ética como económica.

Cuando son zonas montañosas o muy accidentadas, si estos errores se repiten estaríamos hablando de grandes volúmenes de cortes o rellenos, con repercusiones significativas en el costo del proyecto.

1.3.5. PRESENTACIÓN DE PLANOS

Otra herramienta imprescindible para comenzar una obra vial, es la presentación de los planos al contratista de parte de la supervisión. Esta herramienta contiene conjuntamente con la sección típica todas las informaciones para iniciar la construcción, como son:

- Trazado. – Curvas horizontales.
- Perfil.
- Secciones Transversales.
- Rasante.
- Sección típica (tipo)
- Planos de alcantarillas y Planos de puentes
- Planos de cabezales.
- Secciones de encaches.
- Y cualquier otra información importante.

1.3.6. TRAZADO.

Es el acomodamiento horizontal a la topografía del terreno, de tal forma que haya un equilibrio entre las curvas y los tramos rectos, tomando en cuenta los aspectos técnicos normativos y económicos.

En el diseño del trazado entran variables tan importantes como:

– Longitud de la vía.
– Curvas fuertes.
– Curvas suaves.
– Pendientes.
– Seguridad.
– Volumen de corte.
– Volumen de relleno, etc.

Al observar todas las variables que intervienen en el trazado podemos concluir que es una herramienta determinante en la construcción vial; que con ella podemos definir en gran parte, como anotamos anteriormente, dos de los aspectos básicos de una carretera: **Seguridad y Economía.**

Aunque la planimetría del terreno nos ofrezca la gran oportunidad de realizar una carretera con largas rectas, debemos rechazar esa tentación, ya que los tramos rectos muy largos cansan y provocan sueños al conductor, entonces afectaríamos unos de los aspectos más importantes de una carretera, como mencionamos anteriormente; como es la seguridad vial.

"A medida que se invierte más dinero en mejorar el trazado y rasante de una vía; por ejemplo cortar más y hacer un trazado mas ligero, mejora la ingeniería y con ello el costo de operación" (Carretera estudio y proyecto. Jacob Carciente).

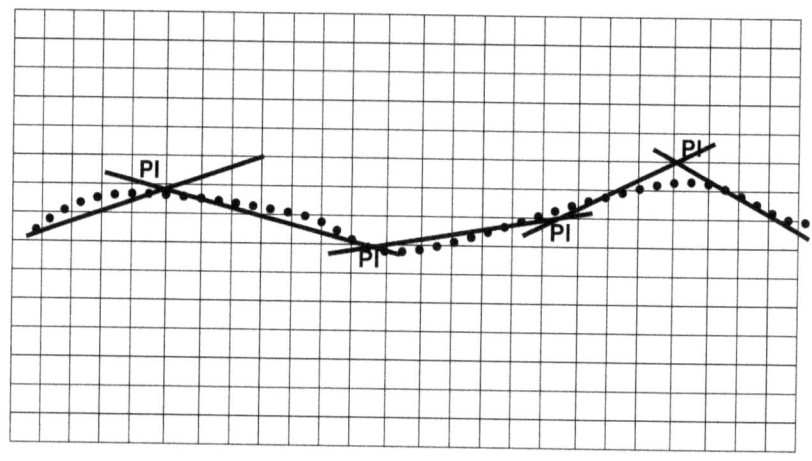

Figura 1.9- Muestra un trazado con intercepciones – PI- que forman las curvas horizontales.

Necesariamente para entender una herramienta tan importante como el trazado, tenemos que conocer algunos parámetros de la curva horizontal, como son:

a- Punto de Intercepción (PI)

El PI, es el punto de intersección de dos tangentes que forman una curva; es decir, que en cada curva tenemos un PI, como podemos ver en la figura 1.9.

b- Punto de Comienzo de la Curva (PC)

El PC, es la estación donde comienza a desarrollarse la curva horizontal, el PC no siempre cae en una estación completa; ya que depende de la ubicación del PI. Para conseguir el PC en una curva horizontal, restamos del PI, la subtangente calculada, y obtenemos el comienzo de la curva.

PC = PI - St

c- Punto de terminación de la curva horizontal (PT).

El PT, es la estación donde debe terminar la curva horizontal. Al igual que el PC, el PT necesariamente no cae en una estación completa, ya que se obtiene sumándole al PC la longitud de curva.

PT = PC + LC

- ESTACIONAMIENTO O ESTACIÓN

Es la referencia numérica que localizamos cada 20 metros, para tener un orden en la longitud de la vía. El estacionamiento se comienza con la E0+000, 0+020, 0+040,........ 0+100, 0+120,... 1+000 (Km 1), 1+020, y así sucesivamente, ver estacionamiento en la figura 1.10.

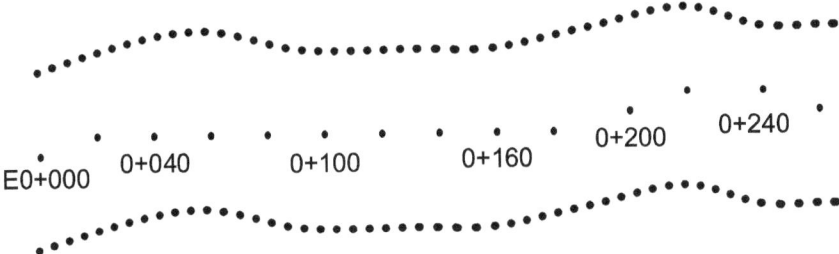

Figura 1.10. Nos muestra los puntos de estacionamiento y la forma de numerar las estaciones.

1.3.7 PROCEDIMIENTO DE TRAZADO DE VÍA.

Para comenzar a trazar una carretera, se empieza estableciendo el cero (0+000), orientando inmediatamente a la primera recta, y estableciendo el PI1. Se inicia el cadenamiento con una cinta de gran longitud, localizando las estaciones las cuales se ubicarán cada 20M; en ese punto se entierra un bolo con un clavo en el centro y se le coloca pintura de color rojo.

El nivelador mueve el transito al PI1, lo pone en (O), mira al inicio, gira al PI2, previamente ubicado, obtiene un ángulo que es el ángulo D, este ángulo, conjuntamente con el radio, sirve para calcular los demás componentes de la curva horizontal.

Inmediatamente se deflecta la curva, y se numeran las estaciones en estacas provisionales o en un poste de la empalizada, o del tendido eléctrico o cualquier miembro estacionario, escribiéndola con pintura roja preferiblemente. Este procedimiento se continúa hasta el final de la carretera.

1.3.8 REFERENCIAS DE PI

Tanto el inicio, como los PIs, hay que referenciarlos, es decir, tenerlo ubicados con distancias, como se muestra en la figura 1.12. En algunas ocasiones hay que usar ángulos para referenciar los PIs. Con el tránsito en el PI, se establece un punto fijo de fácil localización, como lo es un gran árbol, se dan dos distancias consecutivas, con un punto intermedio. Ver fig. 1.12a.

Tanto este punto como el último deben estar ubicados encima de un área estable y fija; si no existiera, se clavaría una estaca fuerte y a profundidad, que pueda ubicarse fácilmente. Este último punto debe estar holgado para poder parar un tránsito encima del mismo, cuando sea necesario

Otra forma es dirigir una línea con una distancia a un punto de un lado del trazado, y con el tránsito ubicado en ese punto, miramos a otro punto del lado contrario, y giramos un ángulo hacia el PI que estamos referenciando. Ver figura 1.12 b.

Hay diferentes formas de referencia PI, todas las que se puedan realizar son importantes, para asegurar su futura ubicación.

También se puede realizar a partir del PI trazando un par de linea consecutiva con un punto fijo en el medio formando un ángulo de 180° y con distancia asumida. Ver fig. 1.12c.

Las referencias juegan un papel muy importante debido a que el replanteo nuevamente de las curvas, se localizan rápidamente los PIs, y se puede realizar un trazado mucho más rápido y ágil, que tanto se necesita para marcar los cortes y rellenos de la carretera.

Las referencias siempre se ubican fuera del área de construcción; porque inmediatamente entra un equipo a trabajar, desaparecen todos los puntos topográficos y las mismas son controles originales de imprescindible importancia.

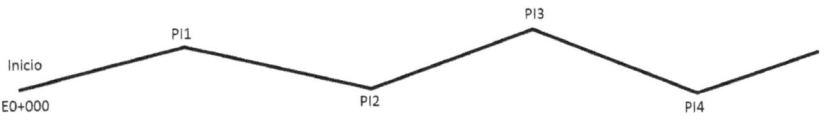

Figura 1.11 Muestra un trazado con varios PI

a) Referenciación de los diferentes PI.

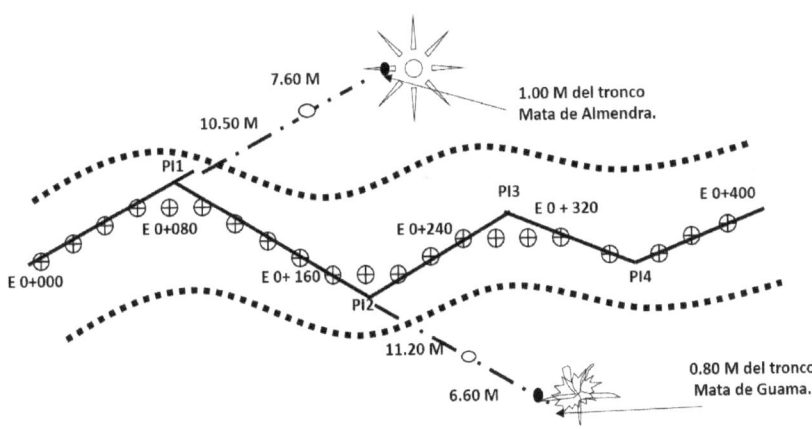

b) Ubicación de todas las estaciones de las curvas deflectadas y PI referenciado.

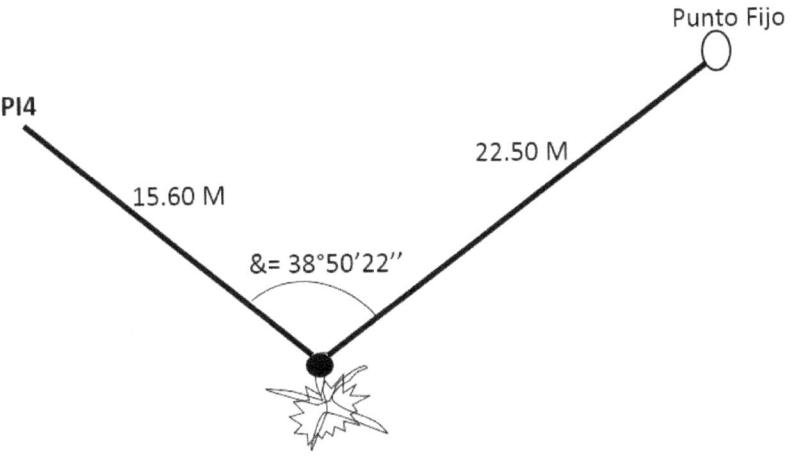

c) Referencia, se ubica un punto fijo, una distancia, giro el transito 180°, otra distancia.

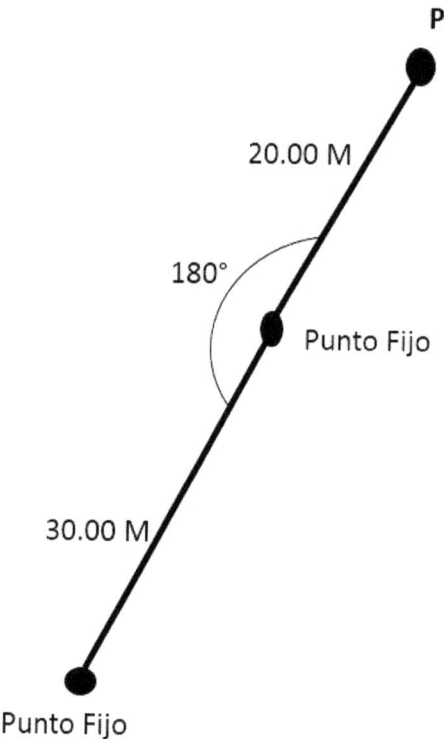

Figura 1.12 Referencias de PIs

1.3.9 CURVAS HORIZONTALES.

Para continuar con el trazado, se deben calcular las curvas horizontales, en cada intersección de las tangentes que forman el PI; debido a que no se debe continuar con el cadenamiento de las estaciones por la línea recta hasta el PI, para luego continuar por la tangente siguiente; porque la longitud de la carretera no sería la real.

El cadenamiento por la longitud de la curva es lo aconsejable; ya que este es el trazado real, es el que va a servir para nivelar, seccionar; luego marcar y replantear los cortes, rellenos y todos los parámetros necesarios en la carretera.

En la siguiente gráfica podemos ver todas las variables que intervienen en una curva vertical:

Pc = Punto de comienzo de la curva.
PI = Punto de intersección de las tangente de la curva,
PT = Punto de término.

R = Radio de la curva.
ST = Subtangente.
LC = Longitud de la curva.
E = Externa
M = Ordenada media
CL = Cuerda larga
A = Angulo de deflexión
G = Grado de la curva

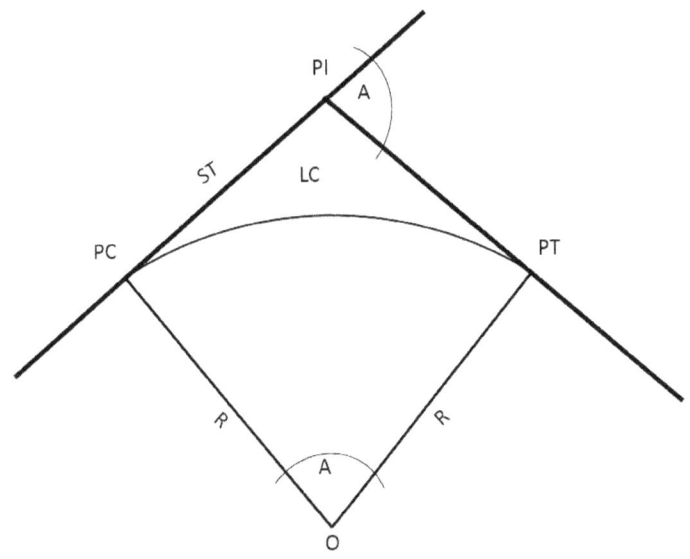

Figura 1.13 - Parámetros de una curva horizontal.

a) – Subtangente.

De la gráfica anterior determinamos:

Tan A/2 = ST/R

ST = R tan A/2

Para conseguir la subtangente en la fórmula anterior, se asume el radio, tomando en cuenta el radio mínimo de curvatura y según el tipo de obra, y las posibilidades físicas del lugar donde se va a establecer la curva. La deflexión la obtenemos con el tránsito.

Cuando estamos ubicados en el PI, observamos al PI de la tangente anterior, ajustamos el aparato en cero y luego giramos al PI de la tangente posterior.

Cuando una carretera esté construida y en proceso de reparación se pueden presentar situaciones en que haya que establecer una subtangente específica, para poder tener una transición adecuada entre el PT de la curva con el PC de la otra curva. En ese caso la variable sería el radio que variará según el valor de la subtangente.

A) – Cuerda.

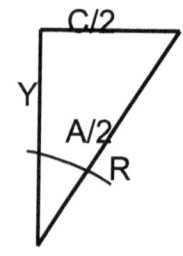

$$\operatorname{sen} A/2 = \frac{C/2}{R}$$

$$C/2 = R \operatorname{sen} A/2$$

$$\boxed{C = 2R \operatorname{sen} A/2}$$

C) – Ordenada media.

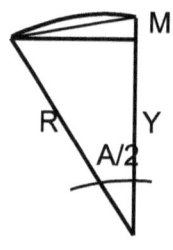

$\cos A/2 = Y/R$; donde $M = R - Y$
$Y = R - M$

Sustituimos a Y en (1)

$$\cos A/2 = \frac{R - M}{R}$$

$$\boxed{M = R - R \cos A/2}$$

Con la ordenada media (M) obtenemos en el centro de la curva, la distancia desde la línea de la cuerda a la longitud de la curva, esto nos permite ubicar el punto central de la externa (E).

d) – Externa.

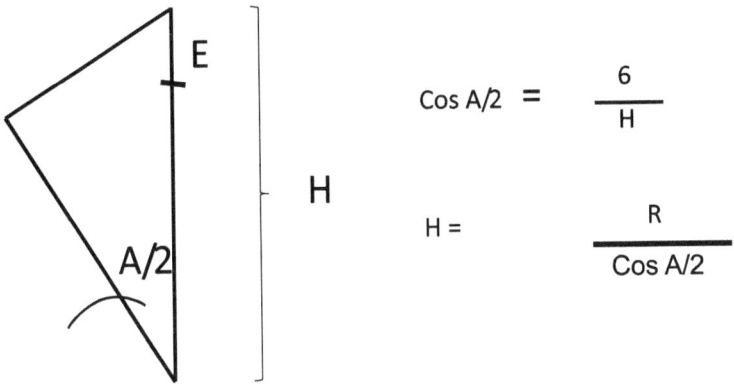

$$\cos A/2 = \frac{6}{H}$$

$$H = \frac{R}{\cos A/2}$$

E = H – R, sustituyendo a H, tenemos:

$$E = \frac{R}{\cos A/2} - R \quad \text{donde} \quad \mathbf{E = R \sec A/2 - R}$$

La externa está en función del radio de curvatura y del ángulo de deflexión. Con ella se define el centro de la curva, de tal manera que podemos jugar con esta variable tan importante, en áreas donde hay limitaciones de ampliación.

e) - LONGITUD DE CURVA

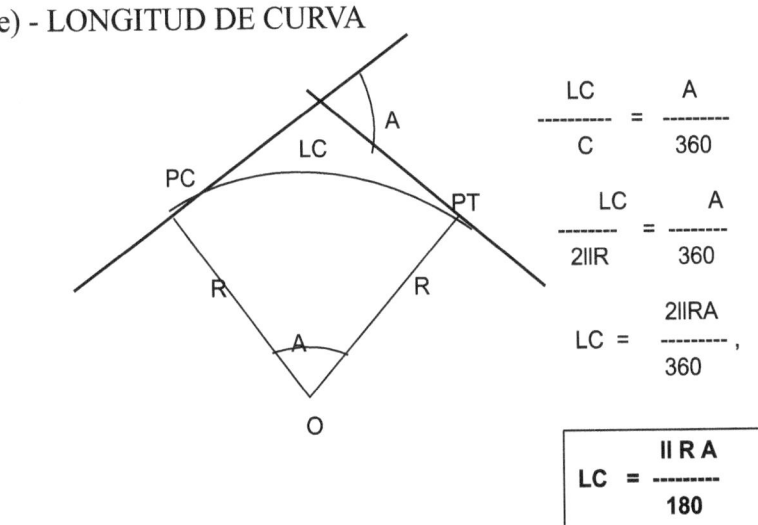

$$\frac{LC}{C} = \frac{A}{360}$$

$$\frac{LC}{2\Pi R} = \frac{A}{360}$$

$$LC = \frac{2\Pi R A}{360},$$

$$\boxed{LC = \frac{\Pi R A}{180}}$$

Figura 1.14 - Elementos de una curva horizontal

La longitud de la curva va desde el PC al PT pasando por el punto de la externa, que es por donde deben medirse las estaciones.

f) - Grado de curvatura.

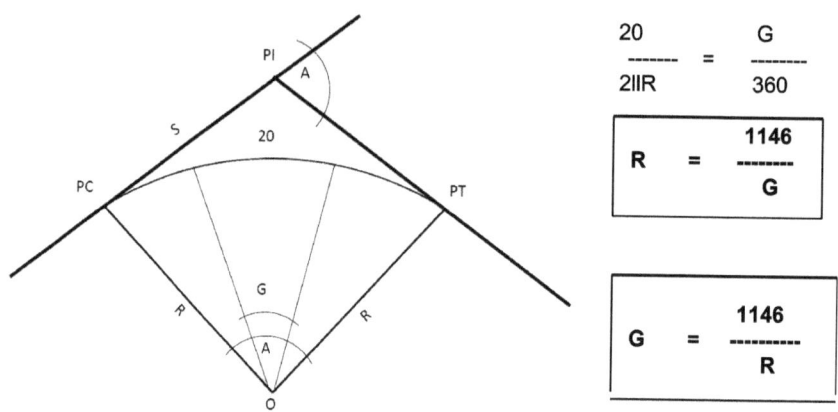

$$\frac{20}{2\Pi R} = \frac{G}{360}$$

$$R = \frac{1146}{G}$$

$$G = \frac{1146}{R}$$

Figura 1.15- Elementos de una curva horizontal.

La longitud de la curva en función de un arco de 20 M de largo, del grado de curvatura y el ángulo de deflexión.

$$\frac{LC}{A} = \frac{20}{G}, \text{ donde } \quad LC = \frac{20 A}{D}$$

1.3.10 CÁLCULOS DE CURVAS HORIZONTALES.

El cálculo de las curvas horizontales es inherente al trazado, y por tanto todo ingeniero, agrimensor o topógrafo que esté ligado al estudio o diseño de carretera debe dominar todos los parámetros que intervienen en las curvas horizontales. Calcular los elementos más importantes de las curvas siguientes.

Veamos algunos ejemplos:

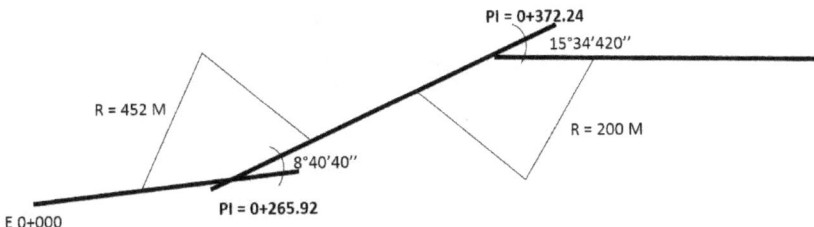

Figura 1.16- Curvas horizontales.

Para calcular la curva No. 1, tenemos:

R = 452 M.   & = 8.4040

Vamos a Calcular:

1- La Externa

$$E = R \frac{1}{CosA/2} - R = 452.00 \frac{1}{Cos\, 8.4040/2} - 452.00$$

$$E = 452.00 \frac{1}{0.997134} - 452.00 = 1.30 \text{ m}$$

E = 1.30 m

2- Subtangente.

St = R tang A/2 = 452.00 tan 8.4040/2

St = 34.29 m

3- Longitud de Curva.

$$LC = \frac{\Pi \times R \times A}{180} = \frac{3.1416 \times 452.00 \times 8.4040}{180} = 68.46 \text{ m}$$

LC = 68.46 m

Figura 1.17. Vista de un trazado en curva, ver numeración de estaciones de 10m en 10m, en vez de cada 20 metros

1.3.11 REPRESENTACIÓN DE LOS DATOS DE LAS CURVAS EN LA LIBRETA.

Veamos como se presentan estos datos en la libreta topográfica.
320

PT	0+300.09				
	0+300				
	0+290				
	0+280				
	0+270				
PI #3	0+265.92	171.1920	A	= 8.4040	IZQ
	0+260		R	= 452.00	358.12
	0+250		tg	= 34.29	358.5
	0+240		LC	= 68.46	359.28
PC	0+231.63		E	= 1.30	360.00
	0+220				

Tabla 1.1- Representación datos curvas horizontales calculadas.

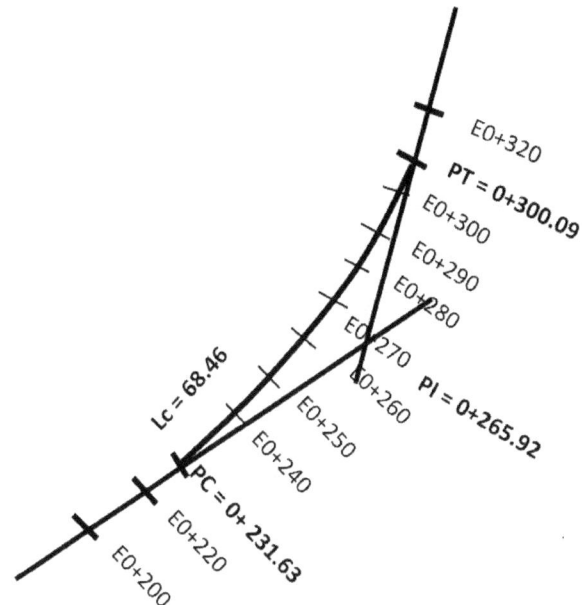

Figura 1.18 Representación de una curva deflectada.

Para obtener la estación donde está localizado el comienzo de la curva, procedemos de la siguiente manera.

PC = PI - St = 265.92 m - 34.29 m = 231.63 m

Por lo tanto:

PC = 0+231.63

Después de obtener la Estación del PC, localizamos la Estación donde termina la curva.

PT = PC + LC

PT = 231.63 m + 68.46 m = 300.09 m

Por lo tanto

PT = 0+300.09

1.3.12 DEFLEXIÓN DE LAS CURVAS HORIZONTALES.

Deflectar una curva, es adaptar el trazado horizontal a un cambio suave, a partir del PC, sin pasar por el PI, hasta llegar al PT. Deflectar las curvas, es necesario para obtener un trazado ajustado a la realidad. Una curva no deflectada da como resultado una longitud más larga que la realidad; esa longitud será más grande, mientras más pequeño sea el radio; radios pequeños, producen grandes externas; esto significa que la deflexión se aleja del PI, acentuando la diferencia lineal de las longitudes.

Algunas brigadas topográficas, no deflectan curvas en caminos por la poca importancia desde el punto de vista constructivo que para ellos tienen esas obras viales; pero se olvidan que en terrenos de topografía accidentada, las secciones realizadas con las curvas no deflectadas, difieren de las realizadas bajo este procedimiento. La diferencia de volúmenes, en caso de que por cualquier circunstancia se usen los dos métodos indistintamente, sería de gran consideración en detrimento del contratista o del proyecto en sentido general. Veamos un ejemplo:

a) Est 15+260 primer trazado.
b) Est 15+260 Segundo trazado

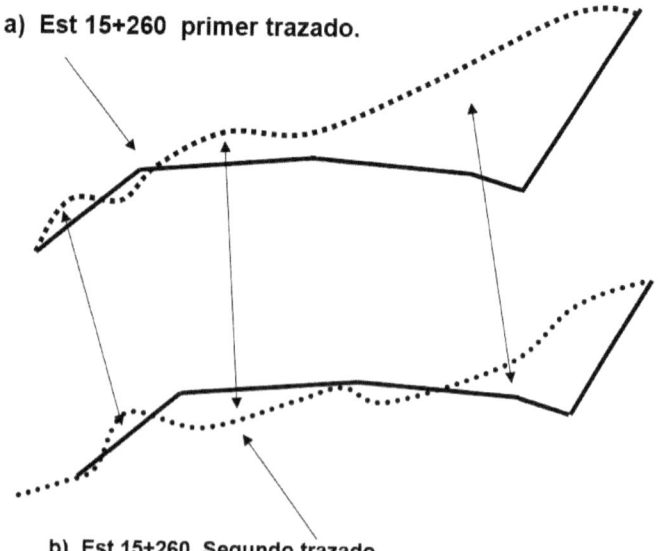

Figura 1.19. Muestra dos secciones de la Est 15+260. a) Primer levantamiento sin deflectar curvas y b) Levantamiento con curvas deflectadas.

En las secciones, representada en la Figura 1.19 a través de las flechas podemos ver la diferencia de los trazos transversales; provocando un área diferente y con ello un volumen distinto:

- Vemos que en la primera flecha, en la segunda sección el corte es mas o menos similar que en la primera.
- Observando la segunda flecha, nos damos cuenta que mientras en la primera sección, hay un pequeño corte, en la segunda sección se produce un relleno.
- En cambio, en la tercera flecha de la primera sección, el relleno es mayor que en la segunda sección.

Esta situación también puede presentarse, cuando se hacen trazados, o se hacen medidas a "cinta jalada", y se van estableciendo estaciones cada 20 Metros. Este método podría ser importante para saber aproximadamente la longitud de cualquier camino o carretera, pero no más de ahí; no deben hacerse secciones, ni cubicaciones; ni mucho menos para calcular los volúmenes reales.

Para deflectar las curvas horizontales, paramos el tránsito en el PC, desde este punto y con la fórmula indicada más abajo, obtenemos los ángulos a deflectar para cada estación completa.

En el ejemplo anterior, de la figura 1.18 el PC comienza en la Est 0.231.63, faltando 8.37M para completar la Est 0+240, donde caería el punto de la primera deflexión; el segundo punto a deflectar sería el correspondiente a la Est 0+250, con una longitud de 18.37M; las próximas deflexiones se consiguen con las distancias acumuladas de 10 Metros en 10 Metros, para la última estación, la distancia que se toma es la Longitud de la Curva, como indicaremos mas abajo.

$$DF = \frac{\frac{A}{2}}{LC} \times LA$$

A = Angulo de deflexión.
LA = Longitud acumulada desde el PC.
LC = Longitud de curva.
Df = Deflexión para cada punto de estación completa.

1.3.13 PROCEDIMIENTO PRÁCTICO PARA DEFLEXIONES DE CURVAS

Veremos el procedimiento para obtener las deflexiones en las curvas horizontales. Ver figura 1.20.

$$DF \quad \frac{\frac{8.4040}{2}}{68.46 \text{ m}} \times 8.37\text{m} = 0.3149 - 360 = 359.47$$

	ESTACION	LONGITUD	DEFLEXION
	0+340		
	0+320		
PT	0+300.09	68.46	359.47
	0+300	68.37	355.40
	0+290	58.37	356.18
	0+280	48.37	356.56
	0+270	38.37	357.34
PI #3	0+265.92	IZQ	
	0+260	28.37	358.12
	0+250	18.37	358.50
	0+240	8.37	359.28
PC	0+231.63	0.00	360.00
	0+220		
	0+200		

Tabla 1.2- Presentación y procedimiento para reflectar una curva.

Ejercicio 1

Dado los siguientes parámetros:

A = 15.3420
R = 200.00M

- Obtener los demás datos de la curva.
- Calcular la deflexión.

1.3.14. PERFIL.

El perfil nos muestra la diferencia de nivel de cada estación con relación a un punto establecido, tomando como base el eje determinado por un trazado definido.

1.3.15. NIVELACIÓN.

Es una operación que se realiza con el objetivo de hallar desniveles entre dos o más puntos con relación a un plano establecido. Para nuestro caso se tiene un trazado y necesitamos obtener las elevaciones en cada estación propuesta, para luego plasmarlas en un plano a una escala determinada.

Nivelación, es una operación que se realiza con el objetivo de hallar desniveles entre dos o más punto, con relación a un plano establecido.

Después de haber realizado el trazado, se procede a realizar el levantamiento del eje y chequear la red de BMs establecida por la brigada topográfica que hizo el levantamiento original, el cual va a servir en lo adelante como apoyo para replantear la vía.

Al iniciar cualquier levantamiento vial, lo más conveniente sería arrastrar un BM cartográfico que se encuentre lo más próximo posible del inicio de la obra.

Si no fuese posible obtener un BM cartográfico, se establece un BM auxiliar o asumido. Mayormente se asume un valor de 100. A veces esta elevación auxiliar hay que variarla; debido a la topografía a lo largo del eje, en principio va subiendo, Pero luego disminuye cayendo por debajo.

En estos casos se toma una elevación mayor para que la elevación en cada estación sea siempre positiva,

Ya realizado un levantamiento topográfico, cualquier replanteo debe hacerse en base a los BM establecidos

Teniendo ubicado o establecido el BM en un lugar seguro, que no esté en ningún momento sujeto a movilidad, y con el nivel en un lugar apropiado, donde puedan verse, tanto el BM, como la mayor cantidad de estaciones, procedemos de la siguiente manera.

- Tomamos la lectura de mira en el BM, y se coloca en la libreta debajo del signo +, como mostramos en la tabla 1.3 ésta lectura sumada a la elevación del BM, nos da la Altura de Instrumento (eje de giro).

- El portamira se mueve a la primera estación, tomando el nivelador esa lectura, que va a la libreta en la columna debajo de Mira.

- Seguimos tomando lectura de frente, hasta que podamos ver la mira, cuando esto no sea posible, ubicamos un punto de cambio (PDC), tomando la lectura de frente, poniéndola en la libreta debajo de la columna con el signo -. El PDC, debe estar en un punto fijo, como en una piedra, en una acera o contén, fijar un clavo de zinc; en fin en cualquier punto estable y preciso.

- El portamira se queda en el Punto de Cambio, mientras el nivelador mueve hacia delante, y estaciona el nivel en un lugar donde pueda ver el PDC, y la mayor cantidad de estaciones; ya que de esta manera provocaría menos cambios: El nivelador toma la lectura del PC, ahora de espalda, y la coloca debajo del signo +.

Como podemos advertir, este procedimiento es rutinario, se repite hasta llegar a 500 m donde se debe colocar el BM#1. En carretera se coloca cada 500 m, llamado red de BM.

En el proceso de nivelación, es importante ubicar en algún lugar fijo y estable, algunos puntos intermedios, que bien podrían ser los PDCs, con elevación y cualquier otra referencia importante. Más adelante se verá la importancia que reviste esta observación, que servirá tanto en el replanteo como para toda la vida constructiva de la obra.

A medida que se avanza en la nivelación es de suma importancia anotar en la hoja derecha de la libreta de campo, cualquier referencia o cambio importante en el recorrido del trazado.

Por ejemplo:

- Dónde está ubicado el BM, (encima, al lado de qué).
- Una alcantarilla existente, o posible a construir.

- Un obstáculo: una pared, una casa etc., y a qué distancia esta del eje. En fin cualquier información que considere importante el topógrafo, el agrimensor o ingeniero que esté al frente del levantamiento.

Hay que recordar que rara vez el que realiza el levantamiento de la nivelación, realiza la gráfica de la misma; esto indica que cualquier información adicional es de gran valor para el diseñador o para el dibujante, y para un futuro reconocimiento visual del trazado y del perfil del proyecto.

Cuando un equipo técnico va al campo, ubica referencia en el plano, y luego la busca en el terreno, con ellas se conoce más o menos en qué estación o en que punto se está o se encuentra .

Mas abajo se muestra una nivelación y como se presenta en la libreta.

Est.	+		−	MIRA	ELEVACION
BM	2.910	95.923			93.013
0+000				1.85	94.07
0+020				1.33	94.59
0+040				0.52	95.40
TP# 1	3.989	99.558	0.354		95.569
0+060				3.01	96.55
0+080				1.84	97.72
0+100				1.23	98.33
0+120				1.36	98.20
0+140				1.82	97.74
0+160				2.67	96.89
0+180				3.74	95.082
TP#2	0.339	96.343	3.554		96.00
0+200				1.75	94.59
0+220				2.41	93.93
0+240				2.88	93.46
TP# 2	1.682	95.117	2.908		93.435
TP Aux.			1.950		93.158

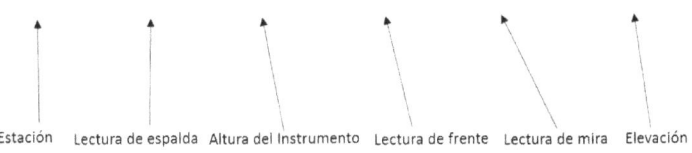

Estación   Lectura de espalda   Altura del Instrumento   Lectura de frente   Lectura de mira   Elevación

Tabla 1.3- Representación de la nivelación de un tramo de un vía.

1.3.16. COMPROBACIÓN

Es importante hacer la comprobación de la nivelación, por lo menos cada BM; es decir cada 500M. La tolerancia del error depende del tipo de nivelación que se desee realizar, de la precisión que requiera el trabajo que vaya a realizar.

- Nivelación aproximada.
  Es aquella nivelación rápida, que se realiza de frente y de espalda, sin necesidad de gran precisión. Para este tipo de nivelación el error máximo tolerable en metros, es: $\pm 0.08 \sqrt{D}$; D = distancia en Kilómetros.

- Nivelación Ordinaria.
  Es la nivelación normal que se realiza en caminos y carreteras, siendo el error máximo tolerable en metros: $0.024 \sqrt{D}$; distancia en Kilómetros.

- Nivelación de precisión:
  Para implantar elevaciones en lugares deseados, a partir de elevaciones establecidas en otros puntos: El Máximo error tolerable en metros es: $0.01 \sqrt{D}$; distancia en Kilómetros.

En el campo, los agrimensores y topógrafos, acostumbran a realizar una nivelación compuesta al cierre de cada BM.

1.3.17. NIVELACIÓN COMPUESTA

Con la nivelación compuesta se puede rápidamente obtener la diferencia de nivel entre dos puntos que están a grandes distancias, a través de Puntos De Cambios (PDC), donde se obtiene lecturas de frente (-) y de espalda (+). Partiendo desde una cota conocida, realizando hacia atrás, el mismo recorrido que el hecho por la nivelación, no necesariamente en la misma línea. Se realiza por la parte más cerca.

En ocasiones, la brigada topográfica encuentra errores como por ejemplo:

- En la longitud, mientras va midiendo, algunas veces puede encontrarse que en una estación, la medida actual puede estar un poco retrasada con la original; es decir, que la distancia sea menor; o por el contrario también puede resultar mayor, ejemplo:

- Original Est. 2+560
- Actual   Est. 2+555,

    o

- Original Est. 2+ 560
- Actual   Est. 2+565

En ambos casos, se establece lo que llamamos una ecuación.

Est 2+560 = E2+555, y seguimos con la estación original.

Para este caso, la corrección debe ser inminente; ya que no se puede continuar con estaciones diferentes; porque los volúmenes generados del diseño, están orientados a puntos específicos. Y cualquier variación de dicho estacionamiento, distorsionaría los volúmenes reales de las cubicaciones.

- En el caso de la nivelación por ejemplo, la altura en el BM 6, obtenida en el momento, es 105.79, y la original, es 105.68. Para corregir el error se procede a localizar un punto en la mitad de los BMs involucrados; como son: BM5 y BM6; se reparte el error de elevación en igual proporción en los 500M entre los BMs

En este caso, es evidente que hubo un error de nivelación en el levantamiento original.

Es importante destacar que los planos están hechos en base a puntos específicos, y a alturas de los BMs establecidos en el levantamiento original, y cualquier error en los mismos, distorsiona el volumen real de la obra.

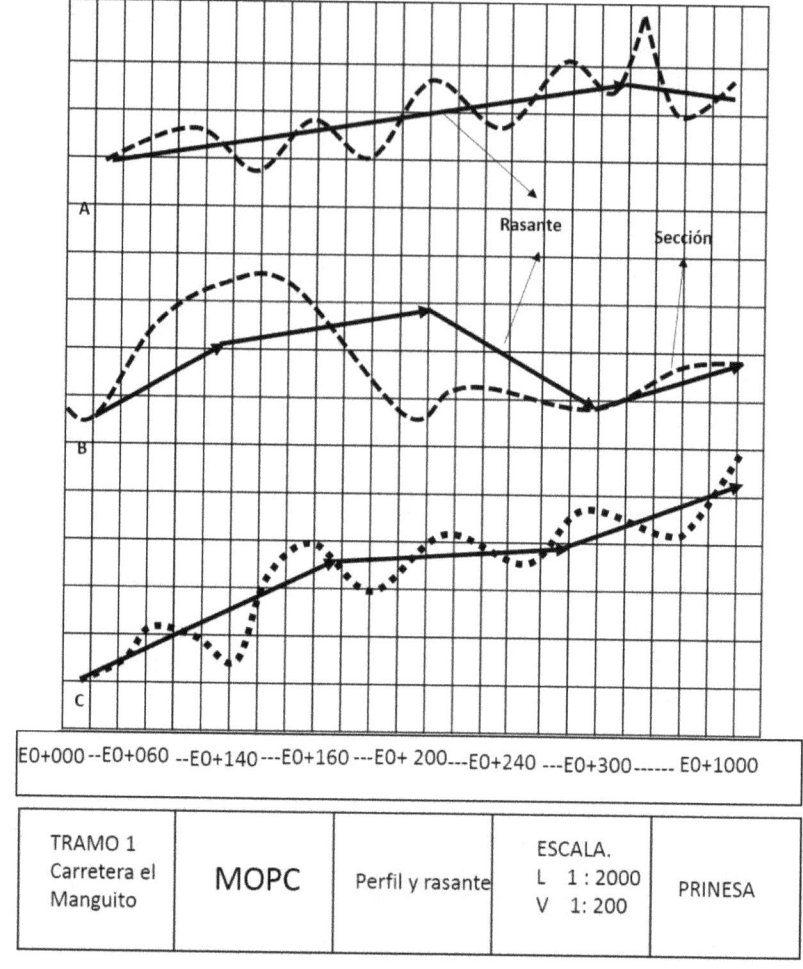

Figura 1.20- Muestra de dos perfiles, a- perfil con una topografía poco accidentado y b- con una topografía muy accidentada. Además se puede ver como se representa un perfil.

El perfil A, es un perfil que nos muestra un terreno con poca pendiente; mientras que el perfil B, nos muestra un terreno un poco accidentado.

El diseñador o el dibujante con la libreta de campo en la mano obtienen todas las informaciones concernientes al perfil. Este se dibuja en hojas cuadriculadas, que vienen en rollos o en pliegos de variadas dimensiones; las hojas cuadriculadas contienen líneas con tres tipos de espesores para una guía más efectiva.

Empieza con una línea de mayor grosor y cada cinco centímetro aparece de nuevo otra línea con el mismo grosor; cada centímetro aparece una línea de menor grosor que la anterior y cada milímetro aparece una línea de mucho menor espesor que las anteriores. Esta cuadrícula se repite, tanto horizontal como vertical, en el área donde se va a dibujar el perfil, debe aparecer:

- En la línea vertical, la numeración de las elevaciones, partiendo de la elevación menor que tenga el levantamiento del perfil mostrado en la libreta de campo.
- En la línea horizontal, va la longitud, las cuales son las estaciones correspondientes al perfil.
- El valor de las elevaciones correspondiente a cada estación.

Al pie del papel deben aparecer diferentes columnas con informaciones importantes, tal como se indica en la figura 1.20, como son:

- La obra que se va a construir, y el tramo correspondiente.
- La oficina o institución contratante.
- La información del dibujo que se trata; Por ejemplo: Trazado y perfil longitudinal.
- La escala usada en el dibujo, ej. Vertical 1: 200, horizontal 1:2000.
- La compañía que realizó el diseño,
- La compañía que presenta o que construirá la obra
- Fecha, y numeración de los pliegos del plano.

1.3.18. COMO SE DIBUJA UN PERFIL LONGITUDINAL

Con los datos organizados en el papel cuadriculado, en el eje de las abscisas o línea horizontal, se muestran las estaciones, y a seguida la elevación correspondiente a esa estación, por ejemplo en la estación 0+00, la elevación es 100.20; nos ubicamos en la estación y en la línea vertical subimos hasta encontrar dicha elevación.

En una escala vertical de 1: 200, significa que un centímetro en el papel es igual a dos metros en el terreno; como cada centímetro contiene 10 milímetros, lo que significa que cada milímetro corresponde a 20 Cm; entonces en la estación analizada, el punto de elevación en la línea horizontal correspondiente a 100, más una línea pequeña, que representa los 20 Cms. En ese lugar se coloca un punto.

Podemos analizar la Est 0+100, con una elevación 106.00; nos ubicamos en la Est 0+100, subimos por la vertical, y ubicamos la línea horizontal gruesa con el número 100, más tres líneas, que equivalen a 2.00M por cada una, para completar 106.00. En ese lugar se ubica otro punto, después se van uniendo todos los puntos hasta obtener una poligonal abierta, que forma un perfil.

1.3.19. SECCIONES TRANSVERSALES.

Las secciones transversales nos muestran la disposición topográfica en los laterales al eje de la carretera. Esta información gráfica es muy importante; porque nos permite conocer el comportamiento de cada sección, establecida a cada 20M. Es muy importante levantar secciones a 10 M donde hay grandes cortes, o en curvas fuertes de topografía irregular.

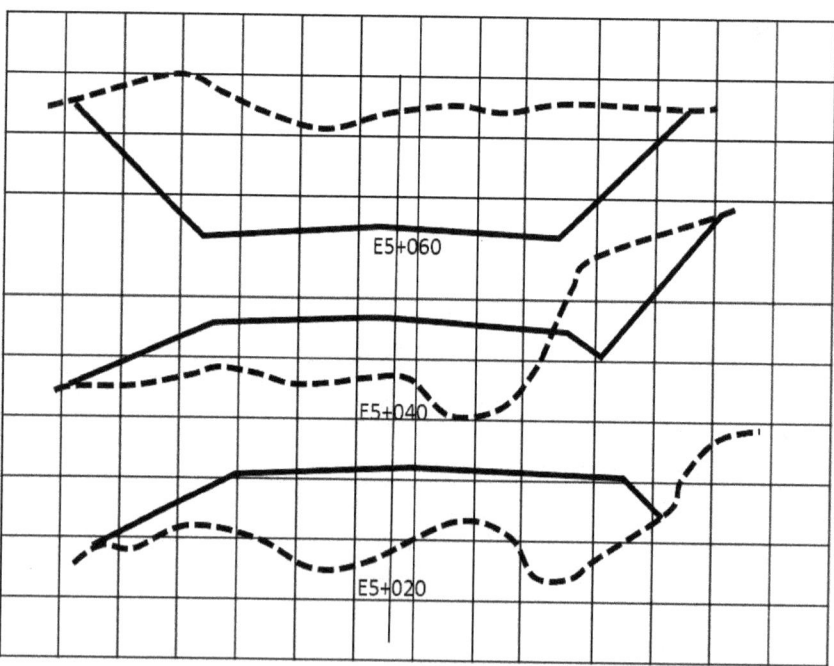

Figura 1.21- presenta varias secciones transversales

Las secciones se dibujan con los datos del levantamiento original, luego al establecer la rasante, la altura de la misma es colocada en cada sección tomando en cuenta los datos que nos aporta la sección típica, como podemos ver en la figura No. 1.21.

1.3.20. PROCEDIMIENTO PARA GRAFICAR UNA SECCIÓN TRANSVERSAL.

1- Sistema de nivelación directa.

En una carretera con una nivelación realizada, el topógrafo se dispone a realizar las secciones transversales correspondientes. Parte de un BM conocido, con la mira en el centro de la estación correspondiente, obtiene la altura de esa estación, la escribe en el centro de la libreta; se mueve el portamira de manera perpendicular al eje de la carretera, al primer punto donde se vea que el terreno cambia de altura; el topógrafo lee la mira, obtiene una elevación y el cadenero obtiene una distancia desde el eje a la mira, lo escribe en la libreta de manera que la altura esté arriba y la longitud abajo.

96.89 / 3.75, significa que un punto a una distancia de 3.75, tiene una elevación de 96.89 M, partiendo de un BM que tiene una altura conocida.

Así sucesivamente se van localizando los puntos, con su distancia desde el eje, como lo podemos ver en la tabla 1.22.

2- Sistema del más y el menos

Con este sistema el topógrafo trabaja más, pero es mucho más cómodo para dibujos a mano; mientras que el anterior, es más cómodo para trabajo a computadora.

Este sistema consiste, conocida la altura de cada estación; el topógrafo con un nivel de trípode o un nivel de mano, ubica al portamira en la estación correspondiente en el eje de la carretera; toma esa lectura, la conserva en memoria.

Se mueve el portamira a un lateral, el topógrafo toma la lectura y se lo resta al valor que tiene en memoria se obtiene un valor + o -. Este valor se escribe en la libreta y se toma una longitud que se escribe en la parte debajo de ese número, tal como mostramos a continuación:
-0.33 / 3.75.

Esto significa que este punto a 3.75 M del eje, tiene 0.33 M por debajo del nivel del eje. Se toman los puntos que sean necesarios para obtener una sección bien representativa.

El 0.33 dio negativo porque la lectura del eje es menor que la leída a una distancia de 3.75 M;

Por ejemplo:
Lectura del centro = 1.50
Lectura a 3.75 M = 1.83, donde 1.50 −1.83 = − 0.33 M

Ejemplo

Más abajo presentamos varias secciones transversales con los dos sistemas de un tramo con sección transversal.

(1)	97.48	97.53	96.97	96.87	97.47	97.44	96.96	96.72	97.87
	-----	-----	-----	-----	0+360	-----	-----	-----	-----
	6.48	4.11	3.83	0.50		3.75	4.82	5.71	6.49

(1)	97.42	97.89	96.84	96.86	97.44	97.47	96.89	96.84	93.63
	-----	-----	-----	-----	0+380	-----	-----	-----	-----
	5.79	4.05	3.55	0.30		3.65	3.90	4.81	5.30

(1)	93.36	91.74	91.76	93.01	93.16	93.20	92.60	92.60	93.45
	-----	-----	-----	-----	0+400	-----	-----	-----	-----
	4.50	4.10	1.50	0.90		3.80	4.30	5.30	5.70

Tabla 1.22 a- Representa la forma de llevar una sección transversal, con el método de nivelación directa.

(2)	+0.01	−0.06	−0.50	−0.60		−0.03	−0.51	−0.55	+0.40
	-----	-----	-----	-----	0+360	-----	-----	-----	-----
	6.48	4.11	3.83	0.50		3.75	4.82	5.71	6.49

(2)	−0.02	+0.05	−0.60	−0.58		−0.02	−0.55	−0.60	+0.63
	-----	-----	-----	-----	0+380	-----	-----	-----	-----
	5.79	4.05	3.55	0.30		3.65	3.90	4.81	5.30

(2)	+0.20	−1.42	−1.40	−0.15		+0.04	−0.56	−0.56	+0.29
	-----	-----	-----	-----	0+400	-----	-----	-----	-----
	4.50	4.10	1.50	0.90		3.80	4.30	5.30	5.70

Tabla 1.22b Representa la forma de llevar una sección transversal, con el métodos + o -

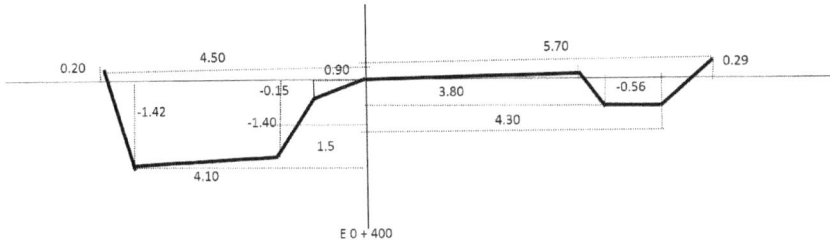

Figura 1.23- Muestra la gráfica de la última sección transversal de la hoja de la libreta.

Las secciones deben ser lo más extensa posible, para que el diseñador, al introducir la sección típica no tenga necesidad de extender las secciones originales por falta de ancho.

1.3.21. RASANTE.

Es el acomodamiento altimétrico o nivel de lo que deseamos como carretera, tomando en cuenta las normas para curvas verticales; además tenemos que tomar en cuenta las relaciones curvas verticales – curvas horizontales. Sabemos que al establecer la rasante ya las curvas horizontales están definidas, y nos toca con la recta de la tangente ver donde nos interesa ubicar las curvas verticales; aunque en algunas ocasiones se dificulta cumplir con esas reglas tan importantes, se busca establecer una rasante que resulte cómoda y económica. Las curvas verticales deben ser calculadas para suavizar el encuentro de las dos tangentes.

No es conveniente entrelazar curvas verticales y curvas horizontales, salvo una necesidad topográfica imperiosa.

La rasante es una de las variables más importante en el diseño de carretera, porque conjuntamente con la disposición del trazado, definen la volumetría del proyecto.

Una buena disposición de la rasante, nos permite compensar los cortes con los rellenos y disminuir los costos del proyecto.

Si levantamos mucho la rasante obtenemos grandes volúmenes de rellenos; pero podríamos tener poco volumen de corte; lo que indica que debemos tener una rasante equilibrada. Como se advierte es muy importante la experiencia del técnico que diseña la carretera.

Ver la figura 1.24

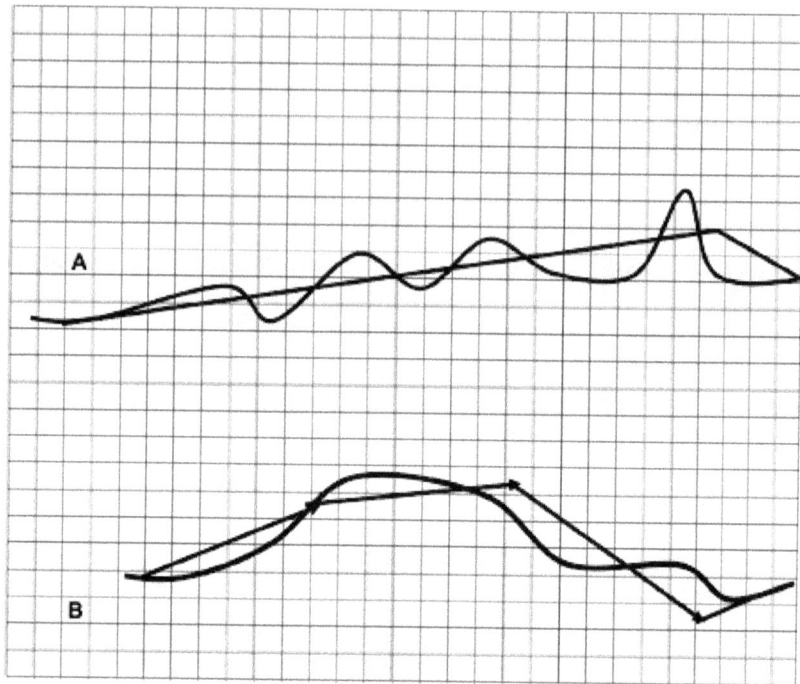

Figura 1.24- Muestra un perfil con su rasante establecida

1.3.22. SECCIÓN TÍPICA.

La sección típica nos muestra los parámetros transversales de ancho de la plataforma, paseos, pendiente transversal, sección de cuneta, talud de corte, de relleno.

También espesor de asfalto, de base y sub-base y cualquier otra información necesaria. En una sola gráfica nos describe los parámetros geométricos que van a definir tanto la sub-base, base y carpeta, como otros factores para el drenaje.

En definitiva la sección típica es una herramienta importante para conocer todos los parámetros transversales. Ver figura 1.25 y 1.26.

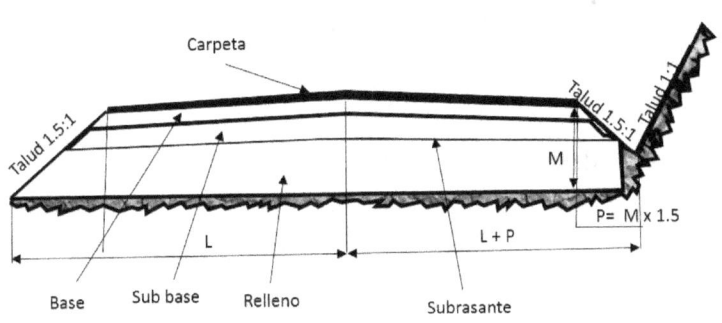

Figura 1.25 Sección representando datos básicos en una obra vial

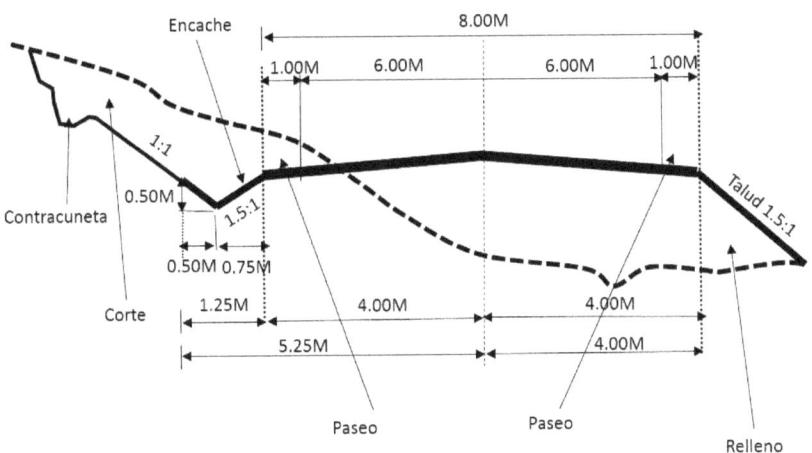

Figura 1.26 Muestra una sección típica.

1.3.23 TALUDES

Es el ángulo de reposo natural o inclinación construida en un área de terreno.

Cada material tiene su inclinación natural de reposo que determina el ángulo máximo de declive, donde la fuerza de fricción que se opone al deslizamiento se iguale a la presión provocada por la fuerza del material sin cohesión que tiende a deslizarse.

En general los taludes que más se usan en carretera son los siguientes:

1: 1, 1.5: 1, y 2:1
COMO SE FORMA UN TALUD.

Desplazamiento usando un talud diferente.

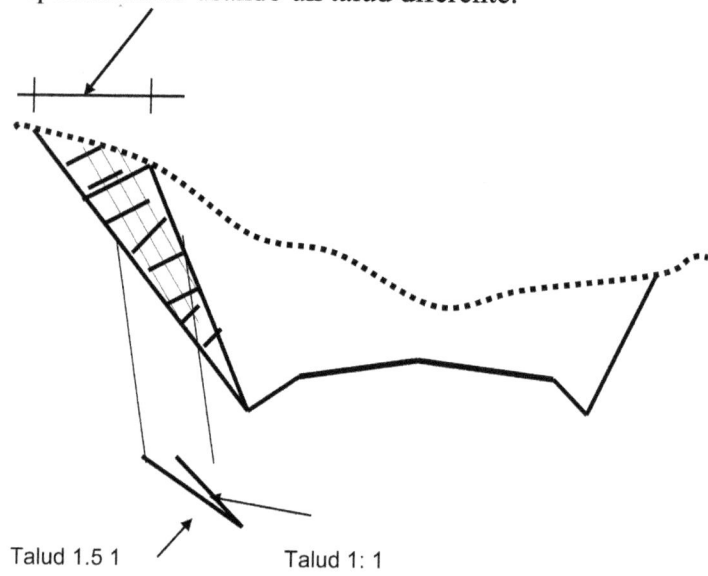

Figura 1.27- Muestra una sección, usando dos taludes diferentes; se puede apreciar la diferencia de área.

En la figura 1.26, Podemos ver que la dimensión que corresponde al corte es mucho más ancha (5.25 m), que la dimensión de relleno (4.00 m); debido que en ese caso hay que tomar en cuenta el ancho de la cuneta más el talud interior, como el talud exterior:

$$1.50 \times 0.50 = 0.75 \text{ m.}$$
$$1.00 \times 0.50 = 0.50 \text{ m.}$$
$$\overline{}$$
$$1.25 \text{ m.}$$

Entonces se lo sumamos al ancho normal:

4.00 + 1.25 = 5.25 m

El tipo de talud que se aplique incide en gran parte en el volumen del corte final, como lo observamos en la figura 1.27; aunque normalmente en corte se usa el talud 1: 1, en algunas ocasiones es más conveniente 1.5:1 ya que algunos materiales son pocos cohesivos y necesitan de mayor inclinación para poder estabilizarse.

En el caso de que la composición del material de corte sea rocosa entonces el talud podría ser de 0.50: 1 tendiendo al vertical.

1.4. MANTENIMIENTO.

Este tema en muy importante para asegurar la cuantiosa inversión en obras viales; por tanto lo trataremos en el tema 13, sección 13.1.

2

GUÍA Y PROCEDIMIENTOS CONSTRUCTIVOS

2- PROCEDIMIENTOS CONSTRUCTIVOS.

Conocer el proceso constructivo en una obra vial, es una herramienta muy importante en el seguimiento técnico a cualquier obra; éste sólo se logra participando de una forma directa ya sea en construcción o supervisión directa en el campo.

El manejo del procedimiento constructivo da la ventaja de que se pueden planificar actividades que solamente se logran con la experiencia. Aunque existen los rendimientos de equipos para cada partida, solo habiendo vivido en cuerpo y alma las incidencias del campo, se podría conocer con cierta exactitud todos los movimientos, todas las contingencias y los pormenores de la construcción de una carretera.

El proceso constructivo, es conocer con detalle cada uno de los pasos desde el primer eslabón hasta el último, en la construcción de cualquier actividad, en este caso, en la estructura y seguimiento vial.

2.1- ¿COMO INICIAR UNA OBRA VIAL?

Con las libretas en las manos de la brigada Topográfica, ésta procede a realizar el trazado de la vía. Las libretas contienen las referencias necesarias, tanto para el inicio de la vía, y en las curvas; así como los datos concernientes a los parámetros de las diferentes curvas.

Al iniciar una obra vial, la brigada topográfica traza el eje de la vía, y establece estacas cada 20 m,- ver figura 2.1, la cual cada punto corresponde a una estación. En las curvas fuertes, para deflectarlas, se colocan bolos a 10 m en vez de 20 m.

En esos momentos, si es necesario debe reforzarse la brigada topográfica, con una brigada más amplia de obreros para abrir trochas.

Las trochas deben ser lo más anchas posibles, para permitir la visibilidad del tránsito, teodolito o estación total, hacia el enfoque de la mira; también se deben abrir trochas transversales al eje, ya sean para hacer las secciones, o para replantear el ancho de la vía de acuerdo a la rasante establecida en los planos.

Debe escribirse en cada estaca la estación correspondiente, empezando por la Est. 0+000, y siguiendo con 0+020, 0+040,

0+060, 0+080, 0+100 ---------0+980, 1+000, 1+020 etc.
Ver figura 2.1

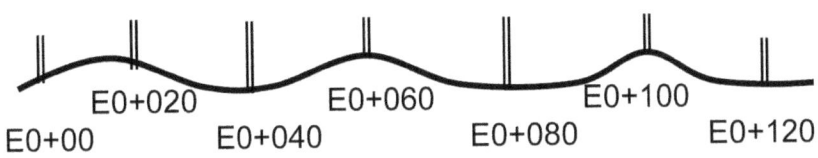

Este perfil muestra las estacas correspondientes a cada estación, es una de las formas de numeral las estaciones y es la mas sencilla.

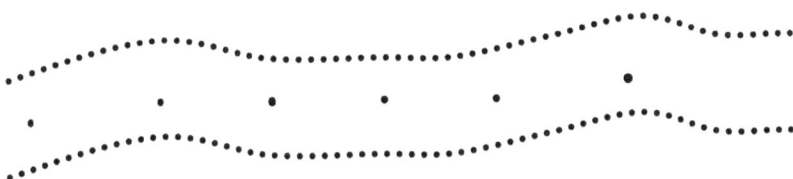

Figura 2.1 En este trazado se muestran las estacas correspondientes a cada estación.

Es importante destacar que los planos están hechos basados en las alturas de los BMs establecidos en el levantamiento, y cualquier error en los mismos, distorsiona el volumen real de la obra.

2.2- REPLANTEO PARA EL INICIO DEL TRABAJO.

Después que la brigada topográfica realiza el levantamiento de chequeo o de confirmación, procede a replantear la obra.

Con el trazado realizado y bien referenciado y conociendo la sección típica, el agrimensor puede calcular el ancho para desbroce sin el replanteo topográfico formal -si así lo considera por la rapidez; pero lo lógico es realizarlo como debe de ser.

Muchas veces, en el desbroce de los grandes cortes, hay que replantear con los niveles indicados en los planos, para poder obtener en la realidad hasta donde llega el pie del talud; tanto en los cortes como en los terraplenes.

El replanteo nos da en el aspecto físico, la impresión general de lo que tenemos, y lo que vamos a realizar.

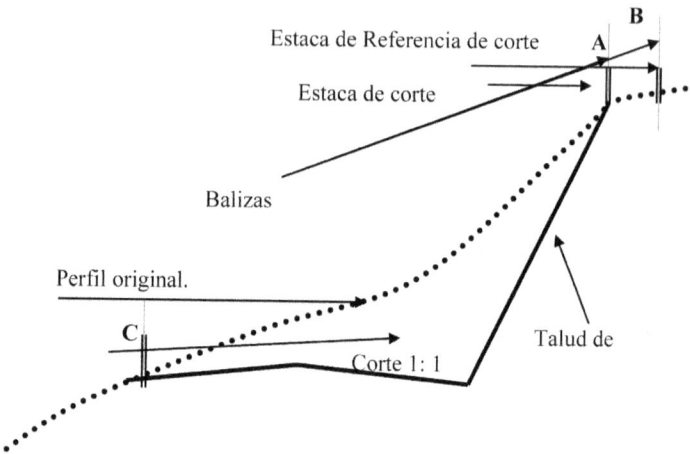

Figura 2.2- Representación de una sección indicando las estacas de cortes.

Es importante colocar en los grandes cortes una estaca de referencia, indicando la diferencia de altura y distancia entre la estaca de corte y de referencia. La estaca de referencia es muy importante; es muy posible que los equipos al realizar el trabajo muevan o quiten algunas de las estacas, entonces con la referencia se puede reponer rápidamente la estaca principal. Si en la estaca principal el corte indica 10.20M, y a 2.00M hay una altura adicional de 0.80M; entonces la estaca de referencia indicaría un corte de 11.00M, cuya indicación la podemos ver la figura 2.3.

En la parte principal de las estacas, se le escribe el corte y en la parte de atrás la distancia.

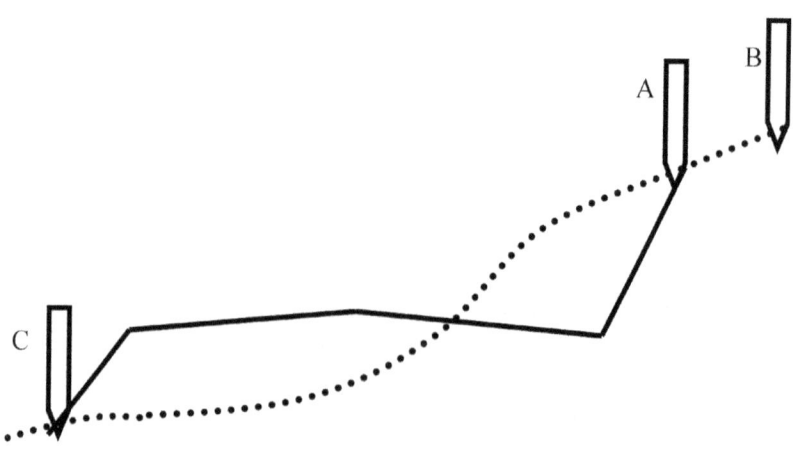

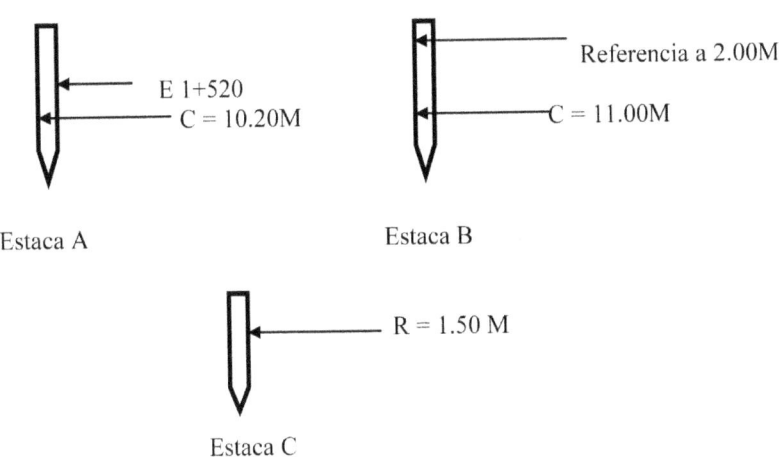

Figura 2.3. Vemos en una sección el corte y relleno, además de las indicaciones en las estacas.

2.3- ¿EN QUE CONSISTE EL REPLANTEO?

Replantear es establecer los parámetros reales en el terreno, tanto en altura, como en ancho, de acuerdo a la sub-rasante establecida en los planos.

El Replanteo es imprescindible para la correcta ejecución de una obra, establece parámetros, delimita, ajusta los laterales tanto de los cortes como de los terraplenes a la línea del trazado.

La brigada topográfica inicia el trabajo, con el nivel localizado en un lugar donde pueda ver tanto el BM, como el mayor número de estaciones. Luego de localizar la mira en el BM #0, toma la lectura, que sumándosela al valor del BM, se obtiene la altura del instrumento, a esta lectura le llamamos EJE DE GIRO. El eje de Giro es un valor fijo para todas las estaciones que pueden verse sin mover el nivel del lugar.

Se localiza en los planos la rasante de la estación deseada, en este caso la Est 0+000, este valor se lo restamos al eje de giro, y nos da la lectura que debemos leer en esa estación, a la cual llamaremos A.

El portamira se mueve a la Est. 0+000, y se toma la lectura, esta lectura restada al valor de A, nos da la situación real de esta estación; si corta o rellena.

- Si el valor es negativo, nos indica que en ese punto hay que rellenar el valor indicado,
- Si es positivo, nos indica que tenemos que cortar.

Después de conocer la situación del eje y colocando una estaca indicando el corte o el relleno; procedemos a replantear los laterales, conociendo la situación topográfica del terreno, vemos si la sección está en corte o en relleno; también sabremos de una manera precisa, si buscamos esa estación en los planos de secciones transversales, donde nos muestran con exactitud la situación de todas las secciones transversales. Analizamos la sección típica y conocemos el ancho de replanteo para rellenos y para cortes.

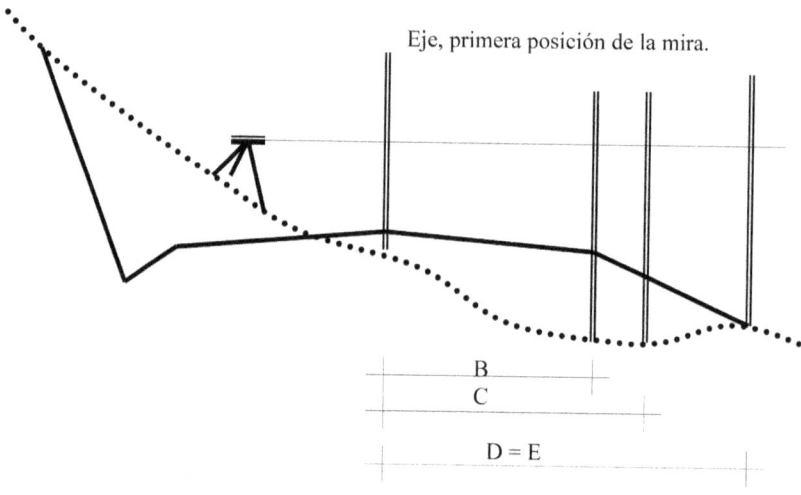

Figura 2.4. Muestra los movimientos transversales que realiza el portamira, para ubicar el pie del talud, en este caso el de relleno.

- El agrimensor conociendo todos estos parámetros, ordena al portamira a moverse transversalmente al eje a una distancia no menor que el ancho de corte, o de relleno según el caso (B).
- Leemos la lectura de mira, y se la restamos al eje de giro (A) y nos da un valor, indicándonos lo que corta o rellena.

- Esa diferencia se multiplica por el talud, y se le suma al medio ancho, (C).
- Comparamos (B) y (C), si no son iguales, procedemos a dar otro ancho no menor que la distancia de (C).
- El portamira se mueve a la nueva distancia (D) indicada por el topógrafo, se obtiene la lectura de mira, se le resta a (A),

la diferencia se multiplica por el talud y se le suma al medio ancho (E); si (D) y (E) son iguales, el ancho de corte o relleno es el último indicado, que es igual al calculado. Como lo podemos ver en la figura 2.4. Este mismo procedimiento se hace para el caso de cortes.

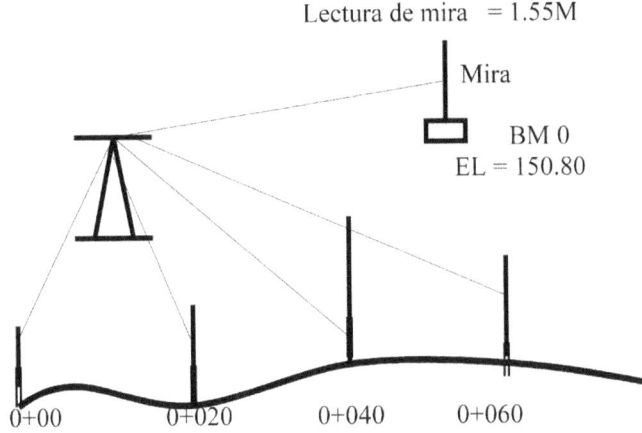

Figura 2.6. Muestra un nivel estacionado en un lugar fuera del eje de la carretera, alcanzando cuatro estaciones.

Figura 2.7. Muestra una brigada topográfica replanteando los niveles de la carretera con fines de imprimación; además muestra como el operador del nivel puede ver desde un solo punto, varias estaciones de la carretera, logando mayor eficiencia en el trabajo.

EJEMPLO PRÁCTICO:

Necesitamos iniciar la Carretera POLO – LOS LAZOS, que tiene las siguientes características:

Longitud = 8.50 km.
Ancho   = 8.00 m
Sub-base = 0.25 m
Base   = 0.15 m

Se busca la Sección Típica y se consigue el ancho de corte, y el del terraplén. Si estos anchos, no aparecen, se procede a calcularlos de la siguiente manera.

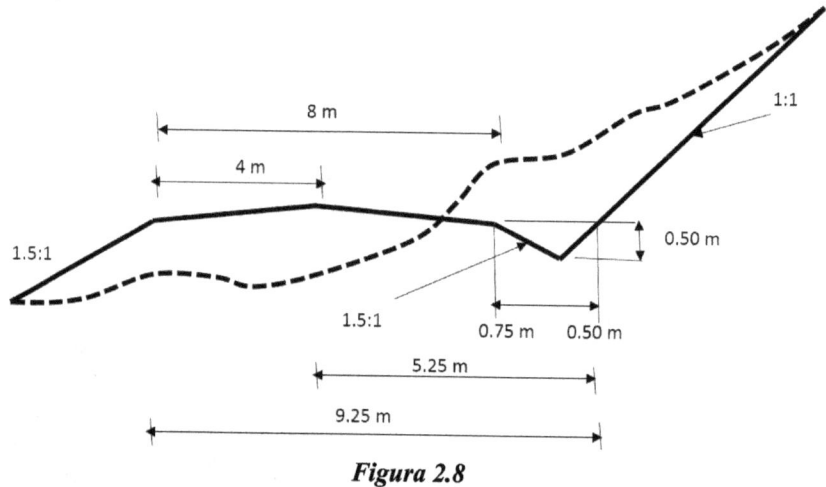

Figura 2.8

En este caso:
El ancho del relleno = 4.00M
El ancho en corte   = 5.25M

1- Con el nivel localizado en un lugar fuera de la plataforma de la carretera, la mira colocada en el BM 0, se lee 2.55M, sumamos este valor a la elevación del BM, y resulta que la Altura de Instrumento = 150.80 + 2.55 = 153.35M; este valor en llamado **EJE DE GIRO**, quedando fijo en memoria.

2- Se localiza en el plano de perfil la rasante de la Est. 0+000, que en este caso es = 152.00M, restamos el Eje de Giro de este valor y obtenemos:

153.35 m − 152.00 m = 1.35 m, esto indica que debemos leer en esa estación una lectura de 1.35 m., este valor lo llamamos (A).

3- El portamira se mueve al eje en la Est 0+000, y se lee 1.60m (ver Figura 2.9), restamos:

1.35 − 1.60 = − 0.24m., este valor nos indica que esa Estación debe rellenar 0.25m en el eje. ver figura 2.10

4- Ahora el portamira se mueve al lado derecho donde se ve que el terreno transversalmente se eleva, usamos un ancho de 5.25m como 1er. tanteo.

5- En ese 1er ancho se lee = 0.80m, restándoselo a A, nos da:

1.35m − 0.80m = 0.55m, nos dice que corta 0.55m, que multiplicado por el talud 1:1, tenemos que 0.55 x 1 = 0.55, se lo sumamos al ancho de corte, y nos da:

7.00m + 0.55m = 7.55m.

Donde el ancho medido con la cinta fue de 7.00m, y el calculado = 7.55m, esto nos indica que debemos dar un nuevo ancho de 7.55m.

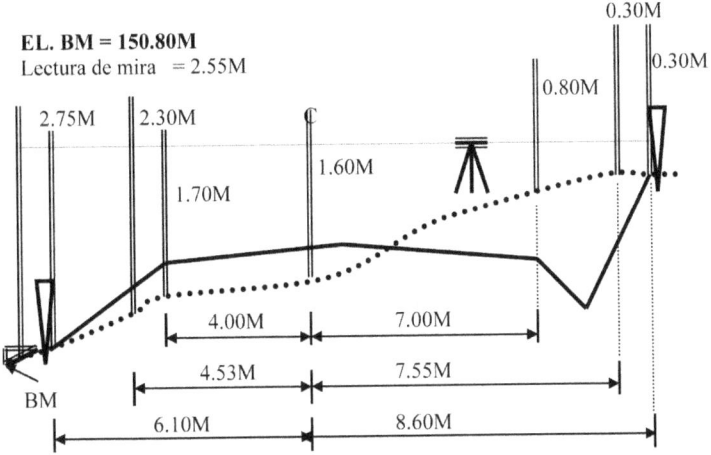

Figura 2.9- Sección trasversal de la est. 0+000, representa la distancia de cada cambio. Así como la altura de mira correspondiente.

2- En el 2do ancho tomado a 7.55M se lee una lectura en la mira = 0.30M, lo restamos de A.

1.35M − 0.30M = 1.05M, esto nos indica, que a un ancho del eje de 7.55M, corta 1.05M; este valor multiplicado por el talud de corte, más el medio ancho resulta:

7.55M + 1.05M x 1.00 = 8.60M, es decir, que el ancho calculado no coincide con el medido; por tanto tenemos que hacer una 3ra medida, a 8.60M.

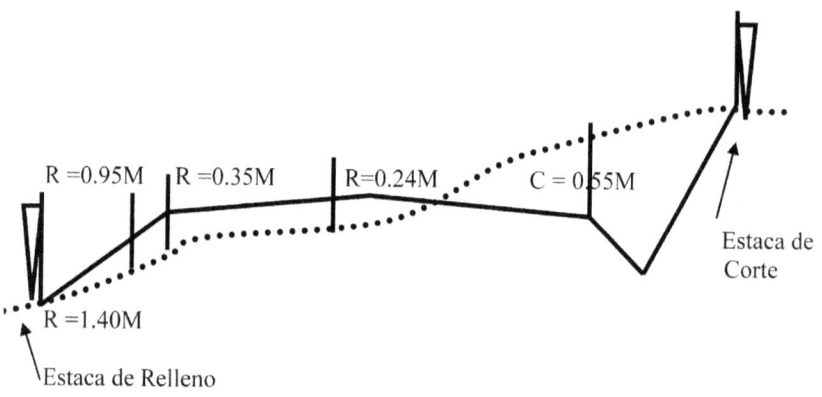

Figura 2.10- Sección donde muestran los cortes y los rellenos de la Est. 0+000, acorde con el replanteo presentado en la figura anterior.

3- El portamira se mueve ahora a una distancia del eje de 8.60M, se lee la mira y se lee = 0.30M, el cual se lo restamos a A; obteniendo el ancho calculado por el procedimiento anterior de 8.60M; siendo este ancho igual al que se tomó con la cinta. La coincidencia de ambos, nos indica que la estaca de replanteo en el lado derecho va a 8.60M del eje. La brigada topográfica procede a clavarla, indicando en la cara frontal de la misma el corte que se va a realizar en ese lateral. En este caso se expresa:

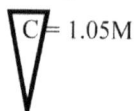

Este procedimiento de replanteo que aparenta muy largo y tedioso, en la práctica no es así, debido a que con la destreza del topógrafo solamente daría un par de cambios de una manera rápida, que parecería como algo normal.

Conceptos prácticos de procedimientos constructivos

Vamos a analizar el lado izquierdo, de igual manera que el procedimiento del lado derecho.

1. Tenemos fijo el valor de A = 1.35M. La 1era distancia que debemos tomar es el medio ancho de relleno = 4.00M.

2. El portamira se mueve a 4.00M, se toma la lectura = 1.70M, si restamos este valor a 1.35M.

   1.35M − 1.70M = 0.35M, que multiplicado por el talud, que en este caso es 1.5:1, y sumado al medio ancho del relleno, tenemos:

   4.00M + 0.35M x 1.5 = 4.53M; esto significa que debemos tomar otro ancho a 4.53M del eje, ya que el ancho tomado con la cinta y el calculado, no coincidieron.

3. El portamira se mueve a una distancia del eje de 4.53M, se toma la lectura y nos da = 2.30M, hacemos el mismo proceso anterior:

   1.35M − 2.30M = −0.95M
   Donde la distancia calculada es:
   4.53M + 0.95M x 1.5 = 5.96M, la distancia medida no coincide con la calculada, por tanto hay que realizar un nuevo movimiento transversal.

4. El portamira se mueve a una distancia donde la experiencia del topógrafo le indique según el terreno suba o baje. El ordena rápidamente colocarse a 6.10M, donde se lee 1.40M, ahora verificamos el ancho calculado:

   1.35M − 2.75M = 1.40M

Donde la distancia calculada es:
4.00M + 1.40M x 1.5 = 6.10M, coincidiendo esta distancia calculada con la distancia medida, es decir:

6.10M medido = 6.10M calculado.

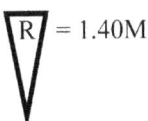
R = 1.40M

Se procede a clavar una estaca de relleno a una distancia de 6.10M desde el eje de la carretera, en el lado izquierdo de la Est 0+000.

En realidad hay una manera más lógica de llevar un replanteo, tomando en consideraciones algunas observaciones.

- Si usted observa que en la estación a replantear, en el lado derecho corta, inmediatamente localice o ubique el ancho de corte, si no lo consigue calcúlelo como le hemos explicado anteriormente.
- Inmediatamente, el portamira debe moverse con la cinta en las manos, manteniendo el cadenero, un jalón y el control de la distancia en el eje, entonces mide como primer ancho de tanteo, el ancho de la plataforma.
- Realiza el primer cálculo de comprobación de la distancia.
- Chequea el comportamiento de la sección transversal: Si sube o baja.
- Si sube, indica que el ancho va en aumento, y que debe localizar el punto de replanteo a mayor distancia.
- Si baja, nos indica que la distancia no variará mucho.

No siempre la visual del nivel está tan cerca del BM, esto no acarrea grandes inconvenientes, ya que se puede tener por la frecuencia que se van a usar, una red de elevaciones en punto estratégicos, que nos permitirá en cualquier momento disponer de ellas sin ningún problema.

Si hemos hecho una nivelación, y aún quedan los bolos en cada estación, también podemos usar esta herramienta para en cualquier punto replantear el tramo de carretera que necesitemos en ese momento.

El replanteo se realiza al principio de la Construcción de la obra vial, como reconocimiento de lo que tenemos y de lo que vamos a hacer, pero su importancia y su función no termina ahí, sino que este proceso durará durante toda la construcción, ya que cada vez que haya un movimiento sea de corte o de relleno, se usará en varias etapas.

También para el rechequeo de sub-rasante, para marcar la sub-base, la base, en fin es una herramienta de primera en la construcción o reconstrucción de una carretera.

Más abajo presentamos en una tabla los datos de un tramo con rasante y la nivelación en terreno natural, de diferentes estaciones, así como los cortes o rellenos según el caso presentado en cada estación.

EST.	RASANTE	REPLANTEO	DIFERECIA	CORTE	RELLENO
0+000	101.50	101.30	+ 0.20	------	0.20
0+020	101.50	100.20	+ 1.30	-------	1.30
0+040	101.00	101.75	- 0.75	0.75	-----
0+060	100.50	101.20	-0.70	0.70	-----

Tabla 1.1. Presenta los cortes y rellenos en diferentes estaciones, según la rasante indicada.

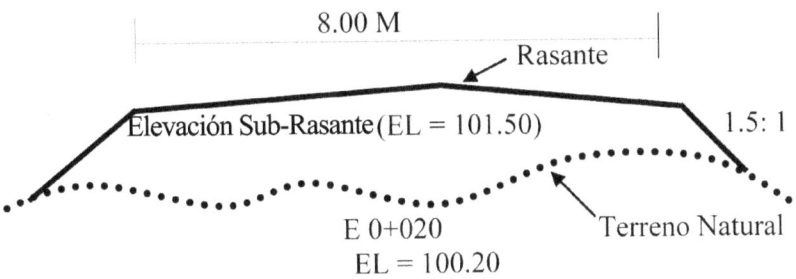

Figura 2.11- Muestra una sección de relleno, fruto del establecimiento de una rasante por encima del perfil natural.

Elevación de la rasante en la E0+020 = 101.50M.
Elevación del perfil la estación 0+020 = 100.20M.

1.30M.

El valor de la rasante la conseguimos en el diseño, mostrado en el plano de perfil natural, donde se establecen las líneas rasantes con las curvas verticales calculadas.

2.4- PERFIL Y RASANTE

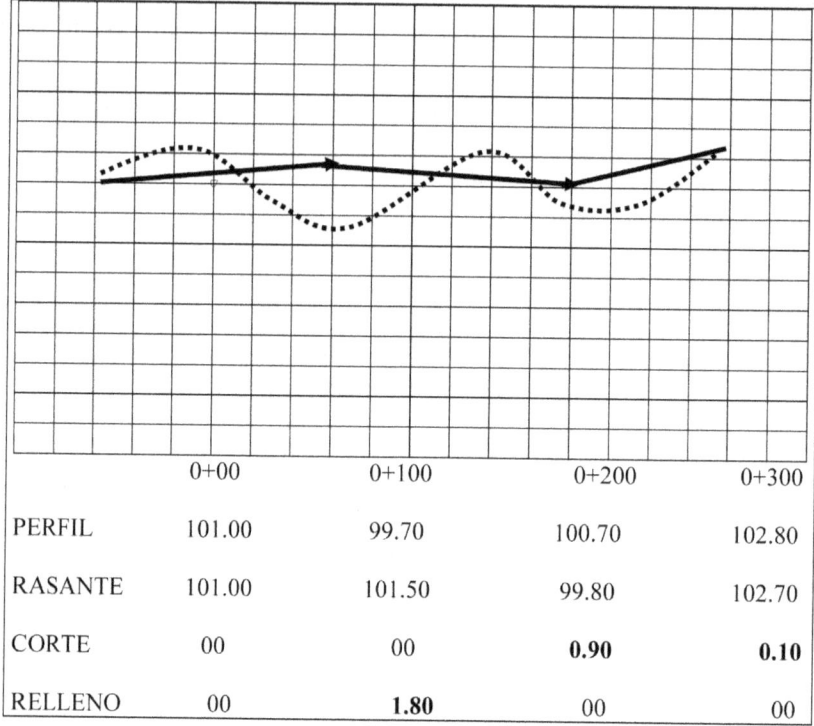

	0+00	0+100	0+200	0+300
PERFIL	101.00	99.70	100.70	102.80
RASANTE	101.00	101.50	99.80	102.70
CORTE	00	00	0.90	0.10
RELLENO	00	1.80	00	00

Figura 2.12- Representación de un perfil, su rasante y como se representa en el papel.

2.5- NIVELACION AL MOMENTO DEL REPLANTEO.

Estación	+	$\wedge$	-	Mira	Elevación
BM # O	1.50	101.50			100.00
0+000				0.50	101.00
0+020				1.80	99.70
0+040				0.80	100.70

Figura 2.13- Muestra el inicio de una nivelación.

Todas estos análisis y problemas han sido enfocado usando las bases e instrumentos de la Topografía tradicional, la cual consideramos necesaria para el aprendizaje de cómo funcionan la diferentes variables y como se llegan a solucionar los problemas topográficos; no obstante existen otros aparatos y sistemas mucho más cómodos y de tecnología más ágiles como la Estación Total.

2.6. ESTACION TOTAL.

Los adelantos de la tecnología en el área de la agrimensura y la topografía sigue en avance continuo, con ello facilitar el trabajo que muchas veces se dificulta con los instrumentos tradicionales como, tránsito y nivel; dentro de estos instrumentos que suplen o suprimen todos los demás es la Estación Total; las cuales tienen la capacidad de medir distancias, ángulos y niveles todos a la vez.

Fuente: Direct INDUSTRY

Figura 2.14. Estación Total

La Estación Total es un instrumento basado en la tecnología electrónica con un sistema electro-óptico, con una pantalla alpha numérica de cristal líquido y calculadora, distanciómetro que facilita el trabajo topográfico, almacenando informaciones que luego se descarga en programas de computadora, pudiendo después utilizarlo o tomarlo como base para otros levantamientos.

La Estación Total sustituye la amplia brigada que se usan con nivel y transito, así mismo, el uso continuo de cintas métricas, por un equipo humano de dos personas con la Estación y un prisma el cual sirve como receptor de ondas electromagnéticas devolviéndola de nuevo a dicha Estación.

2.7. ESTACION TOTAL ROBOTICA (GPS).

Ese avance continuo de la tecnificación de aparatos para el uso de la Agrimensura ha llegado hasta la Estación Total Robótica, la misma cuenta con un prisma, al cual en el batón se le adiciona una unidad controladora compuesta por batería, radio modem y antena.

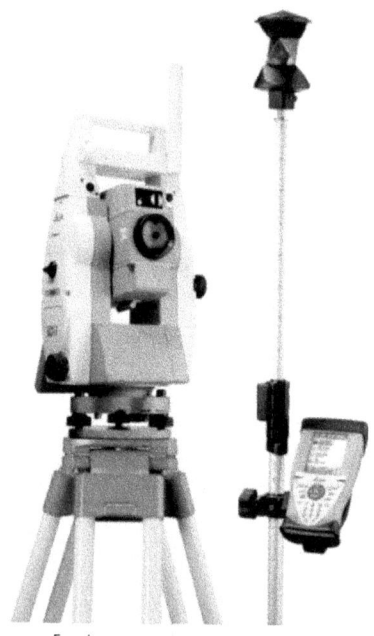

Fuente: www.grupoacre.com

Figura 2.15. Total Robótica.

Después de la configuración de la Estación se realizan mediciones automáticas, rastreando el prisma donde quiera que se mueva. Para medir con la Estación Total Robótica, la cual está basada en el sistema Satelital de Navegación Global (GNSS), no es necesario tener un contacto directo con el prisma, la medición se realiza a través de láser. Se establece sobre las limitaciones de este sistema en lugares en presencia de algunas edificaciones y otras áreas que pudieran limitar la señal satelital.

3
MOVIMIENTO DE TIERRA. GUÍA DE SEGUIMIENTO Y PROCEDIMIENTOS CONSTRUCTIVOS.

3.1- DESBROCE O DESMONTE

Tal como lo explicamos en el capítulo II, la brigada topográfica comienza realizando el replanteo total o parcial de la obra; pero si el contratista desea comenzar de una vez, la brigada topográfica puede trabajar poniendo estacas visibles, marcando el ancho en áreas de rellenos y en las longitudes donde no haya grandes laderas; en ese sentido se autoriza al operador del tractor a desbrozar o limpiar toda el área señalada.

Encontrar el área de desbroce de 20 km con un ancho de 10 m.

El desbroce o desmonte se mide en Hectáreas.

Ejemplo: 20,000 ml x 10 m = 200,000 m² / 10,000 m² / ha= 20 Hectáreas.

Si se va a realizar una construcción nueva se toma todo el ancho para cálculo de desbroce, por la longitud de la vía; en caso de ser una reconstrucción, se toma sólo el sobre ancho de la ampliación.

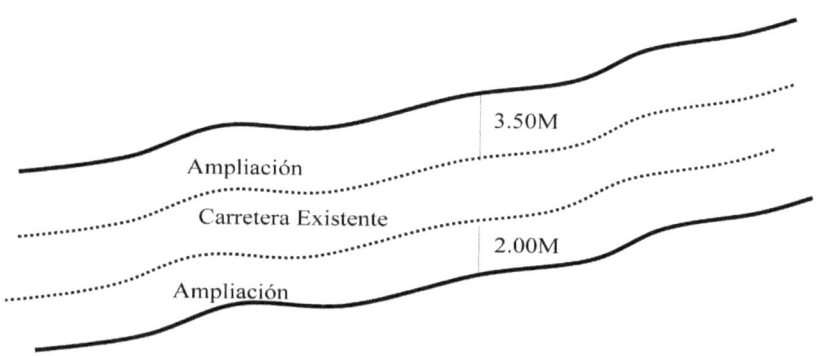

Figura 3.1. En esta figura. Se ve un trazado, con una carretera existente y una ampliación a ambos lados.

3.50 + 2.00 = 5.50 m
5,000 m x 5.50 m = 27,500.00 m²/10,000 m²/Hect. = 2.75 Hect.

Si el área replanteada no tienen grandes árboles solo yerbas o arboles menores, se puede inmediatamente proceder a cortar el material inservible; así ganamos tiempo, debido a que este material necesariamente debe botarse.

Desbrozar es limpiar, poner adecuada el área para poder iniciar la obra en condiciones óptimas de limpieza, y se pueda empezar a cortar o rellenar el ancho establecido en el replanteo.

3.2- REMOCIÓN Y RECOPILACIÓN DE EMPALIZADAS

Después que la brigada topográfica haya marcado el derecho de vía, se procede a remover las empalizadas que estén dentro del área medida. Es importante recordar que los terrenos donde están las empalizadas tienen dueños y por tanto, antes de removerlas se debe conversar con los mismos para convencerlos de la importancia de dicha construcción y que las mismas serian recolocadas.

Esta partida se mide en Ml.

Partidas que intervienen en el análisis:

- Remoción.
- Excavación
- Postes
- Madres
- Alambre de púa
- Grapas
- Herramientas
- Personal.

Para poder analizar las empalizadas hay que tomar en cuenta, la distancia de los postes, y el número de cuerdas de alambre. Las empalizadas deben estar bien alineadas usando hilos, colocando postes que sirvan de maestras para poder tener una empalizada bien alineada. Cuando son remoción y además empalizadas especiales, suele colocársele una similar a la existente.

3.3- EXPROPIACIÓN DE TERRENOS.

Los terrenos con títulos son evaluados por el Departamento de Avalúo de la Ministerio de Obras Públicas y Comunicaciones (MOPC), procediendo en lo adelante a pagarle a cada dueño personalmente. Se pagan los árboles frutales y las siembras en el momento de ejecutarse el proyecto.

En ocasiones el contratista para seguir trabajando, se ve obligado a realizar dicho pago, siendo ese dinero reembolsado más adelante en una cubicación.

Muchas veces este es uno de los escollos para poder avanzar las construcciones de carreteras y caminos, debido a impases con la evaluación de dichos terrenos; así como las siembras o árboles frutales sembrados en el área a utilizar en la construcción de la obra.

Para estos casos debe haber un personal entrenado para enfrentar esta situación.

3.4- EXCAVACIÓN DE MATERIALES

Con todas las libretas en mano, los planos de perfiles con su rasante y las secciones transversales; suministrados por la institución contratante o la compañía supervisora, la brigada topográfica replantea la vía. Este proceso es muy importante porque define el ancho de trabajo, ya sea para cortes o rellenos, indicando las excavaciones de materiales con las dimensiones correspondientes y las alturas de los terraplenes que tendrá la vía.

Los cortes pueden realizarse con:

- Tractores.
- Retroexcavadoras.
- Motoniveladoras.
- Palas mecánicas.
- Moto traíllas, etc.

Todo depende del tipo de material, de las condiciones físicas y topográficas del lugar donde se encuentre el material a cortar. El tractor es el equipo por excelencia para los cortes. En los últimos tiempos en nuestro país se están usando con muchos éxitos las retroexcavadoras o una combinación con tractores. También pueden combinarse con palas mecánicas.

Es importante destacar que las palas mecánicas no son equipos para realizar cortes, sino para cargar camiones. Aunque las mismas son muy versátil, es usada también para botes directos, regar o tumbar materiales; de esta manera la motoniveladora entra a operar en condiciones más suaves y con el terreno mucho más trabajable, logrando así un mejor rendimiento.

En esta etapa en el cual se va a iniciar los cortes, es importante definir el tipo de material que se va a cortar, si es un material inservible o es un material apto para relleno o para sub-base. El operador debe conocer para saber qué sistema usar, porque no es lo mismo trabajar uno o el otro material.

Cuando estamos realizando cortes se pueden determinar dos tipos de materiales

a) Material inservible.
b) Material no clasificado.

3.5- EXCAVACION DE MATERIAL INSERVIBLE

El material inservible es un material no apto desde el punto de vista técnico de la ingeniería, no puede usarse en ningún lugar de la vía y por tanto hay que botarlo en algún banco acordado por la supervisión, a la menor distancia posible.

Después del desbroce, ya limpio el área a trabajar, la brigada topográfica replantea la vía, entonces se procede a realizar los cortes o rellenos según la sub-rasante establecida por los planos, como hemos explicado anteriormente.

Fig. - 3.2. Corte de material con tractor y retroexcavadora afinando taludes.

3.6- ¿CÓMO SABEMOS QUE UN MATERIAL ES INSERVIBLE?

Lo recomendable es que al presentar el diseño de la vía la institución contratante, presentara también mediante un estudio de suelo bien ponderado las estaciones o los tramos donde habría que excavar y la profundidad correspondiente. En nuestro país lamentablemente una gran parte de los diseños no son acompañados por esos estudios tan importantes y determinantes. Si los estudios de suelos no se encuentran, entonces queda aplicar el olfato que da la experiencia, y de forma conjunta la supervisión y el ingeniero contratista determinan la profundidad de material inservible. La supervisión debe tener un Ingeniero residente, además de inspectores que están pendientes al desarrollo de la obra.

En ocasiones se ha establecido según la sub-rasante, un corte en una o varias estaciones y nos percatamos que el material que lo compone es inadecuado o su CBR es muy bajo, lo que es preciso seguir cortando por debajo de la sub-rasante establecida; como podemos ver la secuencia en la fig. 3.4, es lo mismo que pasa en la fig. 3.2 que presenta un material color marrón, no hay que ser un experto para darnos cuenta que el material existente no reúne las condiciones necesarias para quedarse como sub-rasante; en ese caso debe realizarse un corte excedente de material por debajo de la sub-rasante, convirtiéndose en corte de material inservible. **El corte producto de una excavación excedente es repuesto con material de préstamo, llamado relleno de reposición.**

Figura 3.3-. Excavación de material inservible

Al realizar un corte inservible por debajo de la sub-rasante, lo más conveniente es realizarlo de forma encajonada, eso permite economizar material de corte y luego material de préstamo y de relleno, por ser innecesario cortarlo de manera trapezoidal, debido a que cuando el relleno sobrepasa de un metro los esfuerzos producidos por el transito no llegaran a los extremos de esos lugares.

El material de corte se mide en m3n

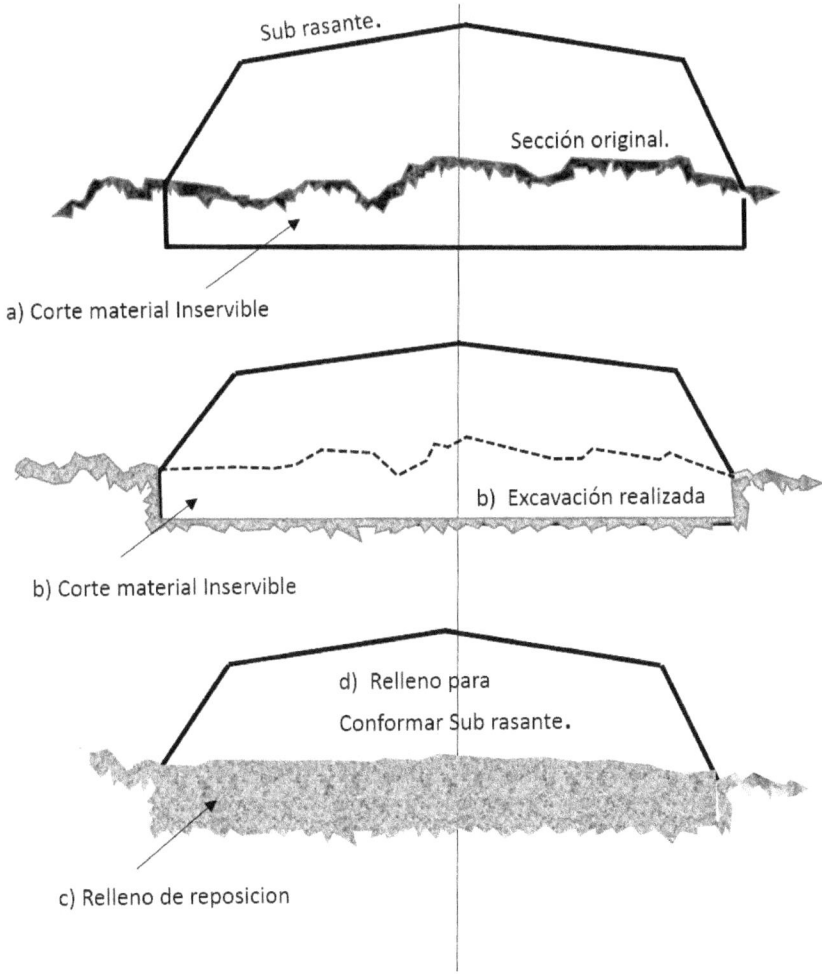

Figura 3.4- Muestra un corte con sobre excavación, por debajo del nivel de la sub-rasante y sobre excavación de material inservible.

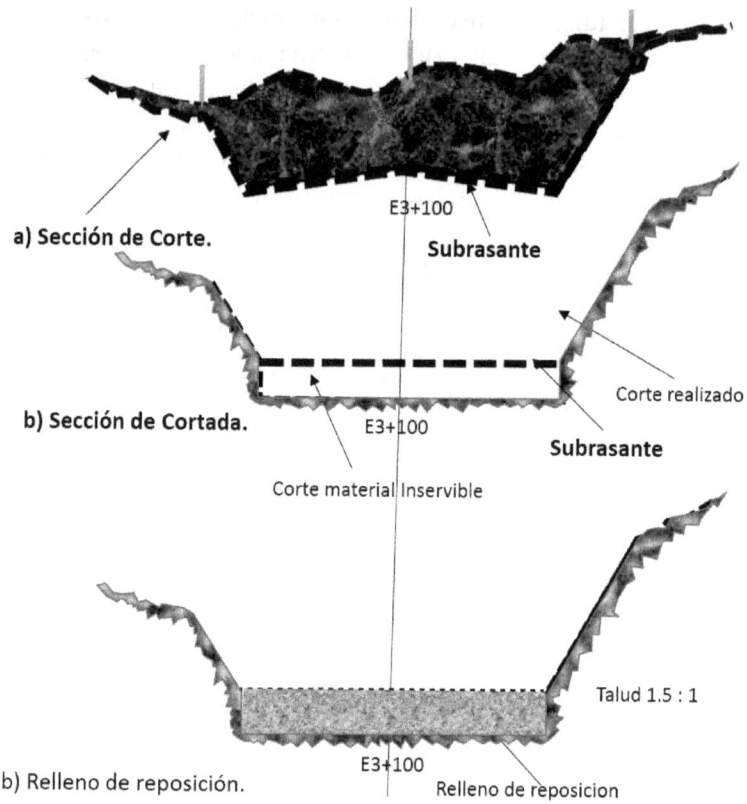

Figura 3.5- Muestra una sección de terraplén, con excavación de material inservible.

En las figuras 3.4 y 3.5, se presentan dos casos importantes de cortes de material. En la figura 3.5 se produce un corte de material, en principio podría ser la excavación de un material no clasificado, pero al excavar y llegar a la sub-rasante se nota que este material no cumple con las especificaciones mínimas de capacidad de soporte. En este caso debe calificarlo como material inservible, y se produce una reposición de material inservible.

En resumen el procedimiento constructivo es el siguiente:

a) Se realiza el corte indicado en el replanteo por la brigada topográfica.
b) Como el material es no apto para que se establezca como sub-rasante, se excava por debajo de la misma (excavación de material inservible).

c) Bote de material.
d) Se repone el material con uno apto para y que reúna las condiciones necesarias como material de relleno (relleno de reposición). Quedando este como sub-rasante.

En la figura 3.4. Según la rasante, se marca en la primera parte un relleno para conformación de sub-rasante, pero según los estudios, o la observación del ingeniero, este material tampoco tiene condiciones para ser parte de una sub-rasante y se produce en la parte baja una extracción de material inservible; y ese material que tenemos que reponer por debajo del perfil original, es lo que le llamamos **relleno de reposición.**

El procedimiento constructivo es el siguiente:

1. Realizar corte por debajo del terreno natural (excavación de material inservible).
2. Bote de material.
3. Reposición de material inservible.
4. Continuación del relleno hasta llegar a la sub-rasante.

Figura 3.6- Excavación material inservible.

Tenemos que tener los conceptos claros sobre las excavaciones, porque si se realiza un corte debemos saber si el nivel terminado, según la sub-rasante establecida en los planos, es apto o no. En el caso de la figura 3.4, fue necesario una sobre excavación por resultar un material no apto para dejarlo como sub-rasante, entonces en ese caso, es necesario excavar y reponer con un material más adecuado, también da como resultado un relleno de reposición.

Si en cambio el material hubiese sido apto, no era necesario la sobre excavación y en ese caso se perfila, se escarifica y compacta con un rodillo vibrador y queda el material natural como sub-rasante terminada. Por eso es tan importante un equipo de laboratorio de suelo, para analizar inmediatamente el material resultante de dichas excavaciones.

En el caso de las figuras 3.2, 3.3, 3.6 y 3.7, se presentan excavaciones de material inservibles, aunque tienen diferentes colores y apariencia, todos coinciden que son materiales arcillosos de baja resistencia; en el caso de la fig. 3.6, el agua profundiza el mal.

3.7- PROCESO A SEGUIR PARA LA EXTRACCIÓN DE MATERIAL INSERVIBLE.

Lo más aconsejable es verificar los planos correspondientes a cada tramo o longitud. Si los planos no vienen acompañados del estudio de suelo para la extracción de material inservible, procedemos a introducir un equipo en las estaciones que así lo requieran; a medida que el equipo va avanzando en profundidad en la extracción de material inservible, si el material va cambiando de color y textura; llegando en muchas ocasiones a encontrarse un estrato muy estable. En ocasiones pueden aparecer materiales con cierta granulometría.

En otras ocasiones aparecen algunos materiales que al observarlos notamos su baja capacidad de soporte, o muy poco cohesivos por tanto se debe extraerlos para reponerlos con un material apto desde el punto de vista constructivo. Hay diferentes tipos de suelos según el lugar donde se construya; no necesariamente el suelo de color negro es el único no apto, la poca cohesión de los materiales y la falta de granulometría adecuada pueden determinar su baja capacidad.

Muchas veces se encuentran a cierta profundidad un material estable, tales como: Caliche, arcilla con cierta granulometría o cualquier otro que reúna las condiciones de estabilidad para soportar sin ceder al peso y a la presión, tanto del terraplén, como de los vehículos. La arcilla por si sola es un material que tiene un comportamiento definido, pero es muy engañoso para quien no conoce su comportamiento ante la presencia del agua.

Podemos confundirnos, al ver –por ejemplo–, un material amarillento, seco con una estructura aparente muy resistente y estable al paso de los vehículos; pero, esa apariencia fortificada se desvanece al caerle unos cuantos litros de agua; así que, es muy importante conocer este material, aún para el uso de relleno, porque los cambios producidos cuando pasa de un estado seco a húmedo y viceversa, son catastróficos para cualquier estructura vial, siendo este según la clasificación de la AASHTO: "Un material fino granular de un índice plástico igual o mayor que 11".

Figura 3.7- Excavación material inservible.

Cuando en las excavaciones aparecen materiales de color negro, casi siempre aparece algún propietario de finca para que se lo lleven y así mejorar algunos suelos de su propiedad; esto es importante debido a que abarata el costo de la obra porque se evita el acarreo a larga distancia. Este cambio lo debe autorizar la supervisión.

3.7.1- CADA MATERIAL Y CADA TIPO DE OBRA, REQUIEREN DE UNA PROFUNDIDAD DE EXCAVACIÓN DIFERENTE:

a) En autopistas se requiere de una profunda extracción de material inservible, ya que el peso, la velocidad y la cantidad de vehículo por hora, influyen de una manera considerable, a diferencia de algunas otras obras, como las construcciones de calles, que su requerimiento es mucho menor.

b) En la construcción de calles no es necesario hacer grandes excavaciones que pasen de 0.80m a 1.00m, siempre y cuando no sea un material fangoso e inestable. En las calles los vehículos corren a baja velocidad y por tanto la tracción que producen las gomas sobre el pavimento son bajas.

El estudio de suelo y el diseño de pavimento determinaran que hacer, cual es el proceder con las excavaciones en cada tramo, en cada estación.

La excavación de material inservible se mide en M3n.

ANÁLISIS: las variables que intervienen en el análisis de estas partidas son:
- Extracción.
- Carguío.
- Arranque.

3.8- EXCAVACIÓN DE MATERIAL NO CLASIFICADO.

Es posible que en un corte aparezca un material granular, una tosca o una arcilla que no sea muy plástica o un material con características errática y que las pruebas de suelos o la experiencia del supervisor entienda que puede usarse como relleno en la vía, este tipo de material lo nombramos como material no clasificado, no tiene una clasificación específica; tanto puede usarse para relleno, sub-base y, en algunas ocasiones para base granular, o puede simplemente botarse.

Muchas veces en los cortes aparecen vetas muy erráticas, que es imposible determinar desde el primer momento que tipo de material va a aparecer y lo llamamos material no clasificado; es posible que en una parte de ese corte encontremos material apto para relleno y más adelante se encuentre otro que haya que botarlo. Establecer a priori un material apto para uso en la vía, es determinante en el presupuesto de la misma. Se debe tener mucho cuidado, porque puede distorsionar el presupuesto inicial o definitivo, porque un material que es tipificado como inservible, es inminente un corte y un bote.

Mientras el corte que es tipificado como material no clasificado, es necesario un corte y un transporte para uso de la obra, y en la estructura del presupuesto produce una economía al proyecto porque disminuye el corte de material de préstamo sin un costo adicional.

En las figuras 3.9, 3.11 y 3.14 presentamos un material no clasificado y que a la vez puede usarse para material de relleno.

3.9- EL MATERIAL NO CLASIFICADO DESDE EL PUNTO DE VISTA DEL ACARREO PRESENTA DOS POSIBILIDADES.

a) **Material no clasificado con acarreo libre.**

Este material el tractor puede acarrearlo a un máximo de 60 M, sin costo adicional al costo de la excavación, donde será levantado para uso o no en la vía.

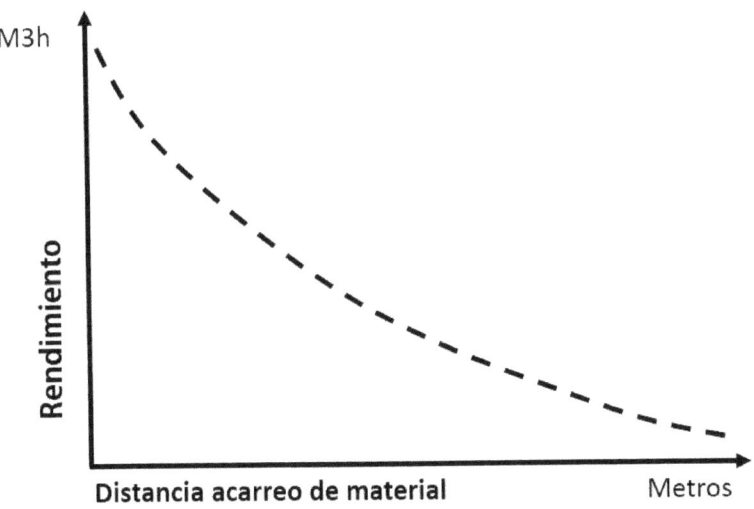

Figura 3.8- La curva muestra el rendimiento del tractor afectado por la distancia.

Figura 3.9- Tractor realizando excavación de corte no clasificado.

Si es para uso en la vía este material puede ser tendido por el mismo tractor o por una pala, para luego ser conformado por una motoniveladora. En los lugares incómodos, donde aún no entra una motoniveladora, el operador del tractor se encargará de regarlo, conformarlo y darle unas cuantas pasadas de cadenas, ayudando de esa manera a la compactación del material.

El material de acarreo libre el tractor lo corta, lo transporta a un máximo de 60 M sin costo fuera de la partida; si en estos 60 M logra botarlo, deslizarlos hacia algún banco factible, el costo de este material sería solo el costo de excavación; es decir, que la partida de: Excavación no clasificado con acarreo libre en su costo incluye el trasporte del material hasta 60 m.

b) **Material no clasificado con sobre acarreo:**
Este material después de cortado es levantado, ya sea para ser usado en la vía o para ser botado; es decir, que su acarreo es mayor de los 60 m indicados anteriormente. Ver figura 3.10.

Cuando el material es no clasificado queda como sub-rasante, es decir, cuando se corta hasta la altura de sub-rasante, aparece un material que lo consideramos adecuado tenemos que determinar si el mismo es apto para cumplir con la función estructural. Si lo analizamos y el CBR y es bajo, en ese caso se debe cortar por lo menos 0.35 a 0.50 m. adicional, para reponerlo con un material de mayor calidad; se podría también establecer una sub-rasante mejorada.

Aunque un material con CBR alrededor de 20% en la sub-rasante, se puede realizar un diseño de pavimento adecuado a esta realidad, el cual traería como consecuencia un mayor espesor de sub-base y base, o estabilizar el material de sub-rasante con cal, o cemento, para dotarlo de una mayor capacidad de soporte, aumentando el CBR, y bajando la plasticidad del material.

Esta es una decisión puramente económica; es decir se debe sopesar los aspectos técnicos y las normas requeridas; con la necesidad de extraer un material, reponerlo, o estabilizarlo; más adelante hablaremos de este tema.

En el bote del material no clasificado con sobre acareo es necesario restarle a la distancia, los 60metros de acarreo libre.

La excavación de material no clasificado se mide en M3N.

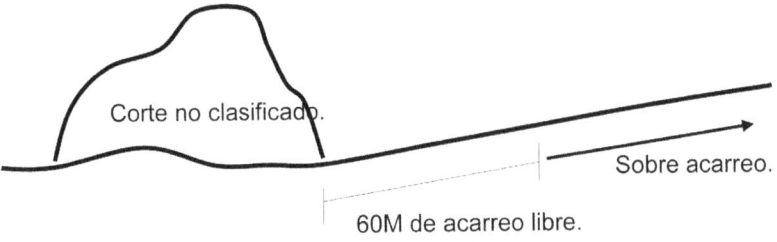

Figura 3.10- Muestra un corte, indicando hasta donde se considera un acarreo libre, y desde esa distancia hacia delante, sobre acarreo.

3.10- SEGÚN LA RASANTE ESTABLECIDA Y TOMANDO EN CUENTA LAS CONDICIONES TOPOGRÁFICAS DEL TERRENO, LA SECCIÓN PUEDE PRESENTARSE COMO:

a- Cortes en laderas.

Son aquellos cortes que se producen en terrenos con una pendiente transversal en una sola dirección, y por tanto al producirse el corte una parte de material se derrama hacia la parte más baja.

Desde la figura 3.12 y 3.13, se muestra lo que puede ser un corte en ladera.

Figura 3.11- Corte de Material no clasificado, a la vez es usado para relleno.
Tramo II, Circunvalación Santo Domingo.

Aunque inicialmente en algunos casos se dificulta el acceso para construir la banquina inicial, más adelante se le facilita un poco el trabajo al tractor, ya que el operador tendrá la oportunidad de ir abriendo trocha y acomodándose a medida que avanza. Es importante que el corte sea siempre hacia la ladera, con una pendiente de empuje hacia abajo para facilitar el rendimiento del equipo. Aunque no siempre se da este caso, debido a que si se puede construir un camino para que puedan subir camiones, esta podría ser una muy buena opción para levantar el material cortado.

Sin embargo las dos opciones presentadas en el párrafo anterior, tienen un componente económico; debido a que, en una hay acarreo libre y en la otra sobre-acarreo. Son casos de analizarlos y tomar decisiones, empujar hacia abajo también tiene sus desventajas; debido a medidas que empuja, si la pendiente no es tan fuerte, parte del material va quedando en la parte baja del corte, lo que indica que el equipo tendrá más volumen de material que mover, porque tendría que hacerlo dos veces.

Es decir que en corte en ladera con empuje inclinado hacia abajo, se debe tener cuidado, porque podría acumularse material más abajo, en ese caso el tractor empujaría un porcentaje adicional al producido y por ende su rendimiento en menor.

Otra de las situaciones es que a medida que empuja material a la ladera, se produce un daño a la ecología y el medio ambiente, porque se convierte en un área mayor de daño, produciendo un mayor impacto ambiental.

Banquina y sobreancho fuera de diseño para acomodar tractor.

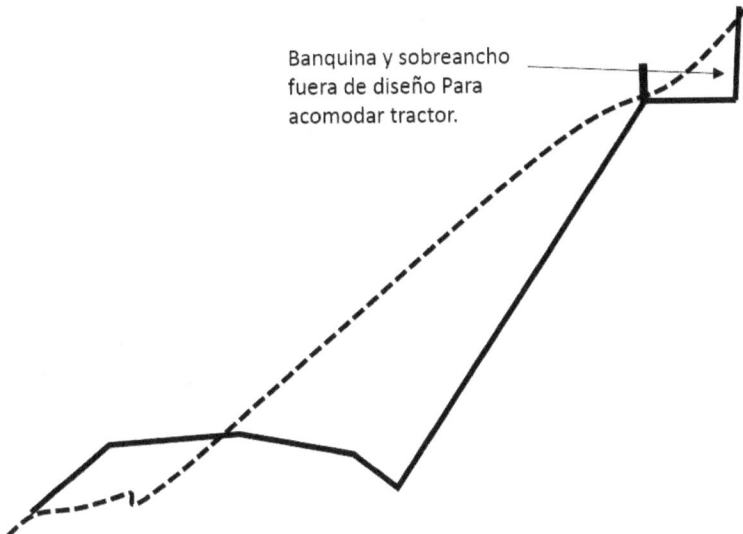

Figura 3.12- Muestra donde debe comenzar a trabajar un tractor cuando tiene poco espacio en el área de replanteo.

3.11- ¿CUALES SON LAS OBSERVACIONES QUE PODEMOS HACER EN ESTE CASO?

- En algunas ocasiones, al operador se le dificulta acomodarse en la estaca de replanteo: En este caso, es posible que se produzca una banquina inicial fuera de lo que indiquen los planos, o por el contrario para acomodarse el equipo, entre el 1er. y 2do. metro se produciría un corte casi vertical, aunque no es lo aconsejable. Ver figura 3.12.

- El tractor debe cortar hacia abajo, siempre y cuando el espacio se lo permita hacia la parte más corta de la ladera.

- El acarreo máximo en condiciones óptimas de rendimiento de un tractor debe ser de 60 m.

- Si por alguna casualidad un tractor tiene que acarrear material por encima de los 60 m., este proceso debe ser tomado en cuenta por el ingeniero contratista y el supervisor, porque en este caso hay un sobre-acarreo, el cual produce mayor gasto de combustible y ahorra equipo. Aunque los sobre-acarreos se realizan con camiones; la misma dificultad del terreno obliga en ocasiones a usar tractores, palas mecánicas y hasta retroexcavadoras, donde el uso de cada equipo tiene un costo diferente.

- En los cortes tanto encajonados, o en laderas; cuando se realiza con el paso normal del tránsito se reduce el rendimiento por las paradas que se hacen para dejar pasar el vehículo, o ir a limpiar el camino para dar paso, esta acción debe ser tomado en cuenta por la supervisión.

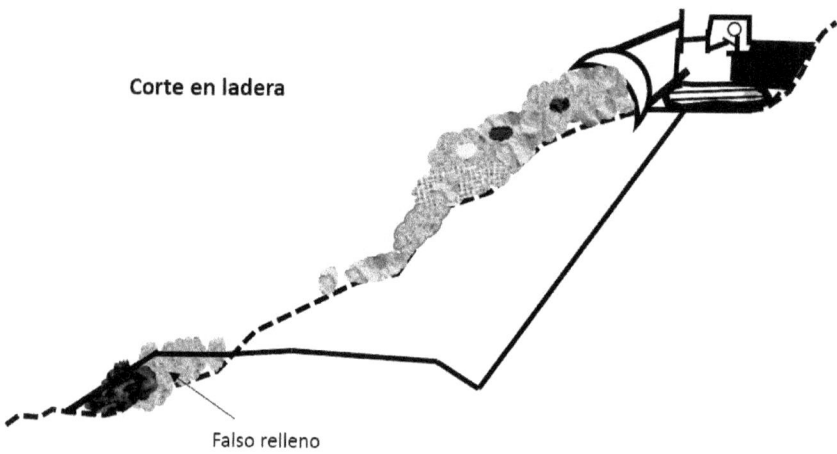

Figura 3.13- Un tractor empujando hacia abajo en corte en ladera.

- Cuando tenemos cortes en laderas lo más aconsejable es tener otro tractor abajo para empujar el material y hacer la limpieza. De cualquier manera uno u otro procedimiento acarrea un costo mayor en la realización de la partida. Esto se da cuando no existe un desvío provisional del tránsito.

Uno de los factores que tienen que tomar en cuenta los analistas de presupuestos en el rendimiento de los equipos, son las dificultades que muchas veces presentan los operadores de tractores para romper o mover algunas rocas para poder seguir desarrollando el trabajo.

En nuestra experiencia hemos visto tres tractores luchar para mover una roca; ¿Cuánto costó realizar esta operación?, nadie lo sabe, al menos que no se estuviera pendiente a esa operación. Podrían aparecer un sin número de casos que sólo con la observación en el campo nos podríamos dar cuenta. Se podría pensar en compresor o en una retro-martillo, un equipo de resultados maravillosos para la ingeniería, pero muchas veces no se tiene en el campo, y el costo es mucho mayor desplazándola al lugar de trabajo, por el poco volumen a mover; en esos casos lo lógico es tomar en cuenta el sobre costo del tiempo empleado para tal acción.

Figura 3.14- Muestra la combinación de trabajo entre un tractor y una retroexcavadora.

3.12- CORTES EN LADERAS COMBINADO CON TERRAPLÉN.

- Rendimiento.

Cuando hay cortes en laderas combinado con terraplén, significa que hay que construir un terraplén al pie del talud. Al realizar el corte, lo más posible es que el terraplén sea completado de una manera irregular con material caído del corte, y por tanto se produce un relleno superfluo –imperceptible a los ojos de cualquier extraño– sin compactación, contaminado y sin ningún requerimiento científico. Ver figura 3.13 se formó un relleno con el material caído desde arriba.

Para poder determinar lo que ocurre en cada estación, es importante ver cada sección transversal; es de la única manera de darnos cuenta sobre la situación topográfica real y natural de cualquier vía en proceso de construcción. Se debe evitar levantar cualquier terraplén sin la debida compactación, porque al poco tiempo al consolidarse el material tendríamos la formación de asentamientos y grietas indeseables.

En algunas ocasiones, durante el proceso de construcción, podemos combinar el corte en ladera con el relleno del terraplén, esto se realiza acarreando hacia atrás o hacia delante el material cortado. Cuando el tractor comienza a trabajar, tiene que construir una banquina de no menos de 3.00 m. para poder comenzar a bajar el talud, se debe tener cuidado para no contaminar el material a usar.

En ese caso el operador del tractor comienza a cortar y a ampliar la banquina y así acarrea material hacia donde se encuentra el terraplén.

Se debe esperar el momento más adecuado para realizar una operación como esta, debido a que un equipo empujando material con pendiente, con inclinación hacia arriba disminuye su rendimiento.

Muchas veces es casi imposible para el tractor subir al pie del corte, por lo que hay que realizar un camino adicional que se lleva un tiempo apreciable en realizarlo, y se refleja en un costo adicional en la relación volumen-hora, esto si no se cuenta con una retro-pala de gran alcance.

En cortes en laderas, prácticamente todo el material producido va a parar hacia abajo por el talud natural, y solo cuando se consigue formar una banquina lo suficientemente ancha, se logra acumular material para empujarlo y usarlo en terraplén, en casos especiales, se consigue construir un camino para acarrearlo con camiones. Por lo tanto es casi inevitable el derrame de material hacia abajo.

Figura 3.15- Esta figura muestra un talud inestable.

Se debe de tomar en cuenta al momento de determinar los volúmenes aptos a usarse en terraplenes, y por consiguiente la preparación de la relación de partidas de una vía, los volúmenes derramados de los cortes en laderas que no pueden usarse por las condiciones topográficas del terreno, o materiales inservibles que aparentemente pueden aprovecharse para relleno, pero en la realidad no sucede así.

Es bien sabido que los diseñadores viales establecen una rasante, tomando en cuenta unas series de factores, que entre ellos está la compensación del material de relleno con el material de corte, y si no se toman en cuenta los aspectos indicados en el párrafo anterior, no tendríamos con precisión el volumen a usar en terraplenes.

La posibilidad de compensación de materiales en una obra vial es una decisión muy importante, desde el punto de vista económico.

3.13- CORTES ENCAJONADOS.

Los cortes encajonados se producen cuando tenemos una rasante que cruza una montaña, por el centro, produciéndose un túnel a cielo abierto, con talud en ambos laterales. Cuando los mismos son muy altos hay que formar banquinas, tal y como se muestra en las figuras 3.17, 3.18 y 3.19.

Procedimiento Constructivo para realizar un corte

El procedimiento constructivo para realizar este tipo de corte es el siguiente:

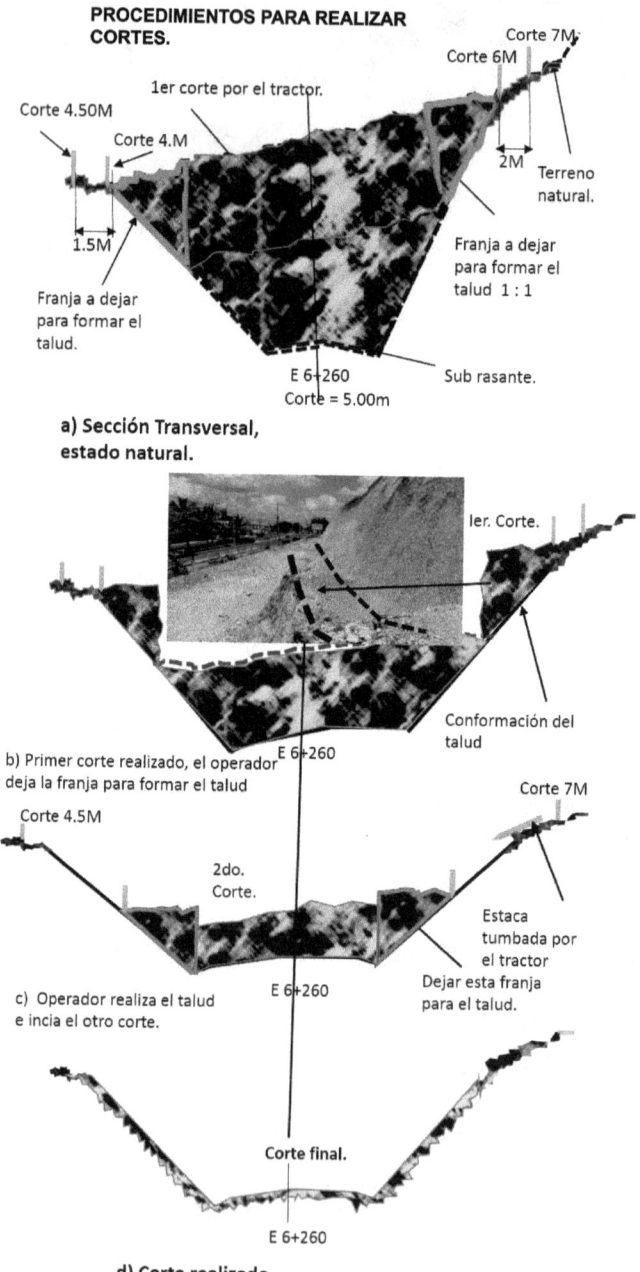

Figura 3.16 – Procedimiento constructivo para realizar un corte

– La brigada topográfica replantea los cortes a realizar, realiza una nivelación del tramo, la compara con la rasante y da como resultado un corte los cuales se marcan en ambos extremos, como podemos ver en la figura 3.16a

PROCEDIMIENTO:
1- Establece la diferencia de nivel entre ambas alturas.
2- Conoce el talud que va a usar; por ejemplo 1.5: 1 o 1: 1
3- Conoce el ancho de la Sub-rasante, suministrada en la Sección típica, analizada en el capítulo 1.
4- Se marcan los cortes con sus estacas auxiliares.
5- Después marcado los cortes, tal y como se ve en la fig. 3.16a, el operador del tractor inicia el mismo y deja en ambos lados un triángulo según el talud establecido, si es 1:1 y el primer corte es de 2 m, entonces se retira 2 m de la indicación de la estaca y también corta 2 m. Ver figura 3.16b
6- Se realiza el talud, ya sea con el tractor o con una retroexcavadora. Ver figura 3.16c
7- En el siguiente paso el operador se retira de la estaca replanteada nueva vez por la brigada, tal y como se muestra en la figura 3.16 parte c y d.

Como se forma un talud
En el caso del talud 1:1, el tractor corta una franja de un metro a todo lo largo y de profundidad, dejando un metro de separación de la estaca de talud, para luego unir ambos puntos y formar el talud. Para el talud 1.5: 1 se separa 1.5 M horizontal y cortando un metro vertical (ver sección 1.3.23)

Figura 3.17- Corte encajonado, con banquina.

Si por ejemplo, la diferencia de nivel es 20.00 Metros, el ancho de la sub-rasante es de 15.00 Metros. Los extremos o pie de talud, donde comenzarán los tractores se obtienen de la siguiente manera:

Multiplicamos la diferencia de nivel por el talud, y le sumamos el medio ancho de la subrasante

$$Pt = 20.00 \times 1.5 + 7.5 = 37.50M.$$

Lo que significa, que a partir del eje de la vía, se miden 37.50M, esto si hubiera una planicie a nivel en la parte más alta, es decir, si la altura del eje fuera igual a la atura de los laterales, pero no siempre es así. En ese caso se procede tal y como se analiza en el acápite 2.3 del capítulo II.

Con esto estamos expresando que para el replanteo, necesariamente el medio ancho derecho, no es igual al medio ancho izquierdo, aunque con el corte terminado quedan con iguales ancho a partir del eje de la carretera.

En estos análisis, no hemos tomado en cuenta las banquinas, si las hubiere. En este caso, se le suma al medio ancho, la suma del ancho de las banquinas.

Ya en el procedimiento de extracción, los operadores de tractores comienzan a definir el corte a partir de los extremos.

Si el ancho es suficiente, se puede organizar una batería de tractores, bien organizados para obtener un rendimiento óptimo, bajo la supervisión de una reducida brigada topográfica, con cabo de corte, un obrero y un portamira.

En los cortes encajonados se debe estar preparado inmediatamente para mover el material cortado, y así evitar el congestionamiento de materiales y limitar el rendimiento de los equipos.

Las Rectroexcavadoras son una ayuda muy importante en la realización de los cortes encajonados, porque tienen libertad de movimiento, además excavan y llenan los camiones. También con ellas se realizan los taludes, que es donde los tractores pierden más tiempo.

Figura 3.18- Presenta un corte con banquina.

3.14- ANALIZAREMOS ALGUNOS CASOS IMPORTANTES TANTO EN CORTE, COMO EN RELLENO.

1- En la figura 3.20, podemos ver un corte en ladera combinado con terraplén, donde en el área A, no cabe un equipo para iniciar el proceso de relleno, ni formar un talud con el ancho del espacio indicado; ya que los equipos que intervienen en un terraplén no caben en esa área indicada, por lo tanto, en el procedimiento de construcción se presentan dos posibilidades:

a) Realizar un corte en el pie del talud, de tal manera que un equipo indicado pueda entrar a inicial el terraplén y, si con este procedimiento se puede lograr continuar el mismo. Para este caso se debe tomar en cuenta un volumen adicional de corte, que no se presenta en un diseño normal, por ejemplo, como se puede ver el área indicada como LNM en la figura 3.20.

b) El otro procedimiento, el cual consideramos más correcto, es iniciar el terraplén en ladera, produciéndose un ancho de relleno no contemplado en el diseño, ya que el ancho normal de los equipos requieren de esa área para moverse. Por tanto en este caso se genera un volumen de relleno adicional al presentado en los planos: como es el caso, el área que podemos ver en la figura. 3.20, con las letras L'L, R'R

En un diseño bien ponderado, con la experiencia de un diseñador de fino olfato en el área y conocedor de los procedimientos constructivos, estos casos pueden predecirse e inclusive indicar cuál sería el procedimiento a seguir y se tendría volúmenes finales más ajustados a la realidad.

TOMAR FOTOGRAFÍAS

Tomar fotografías del terreno original, de todas las etapas del proceso de construcción es muy importante, porque las fotografías hablan por sí solas, y son unas herramientas irrefutables en cualquier situación de contingencia. Dice un refrán que "una fotografía vale más que mil palabras".

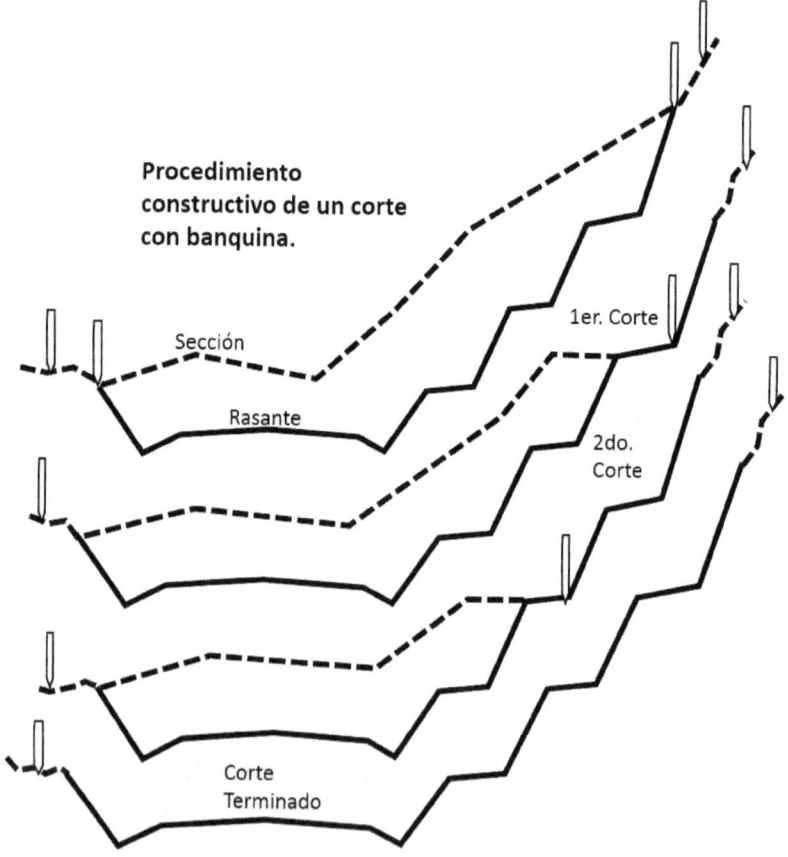

Figura 3.19- Procedimiento constructivo ce cortes con banquinas.

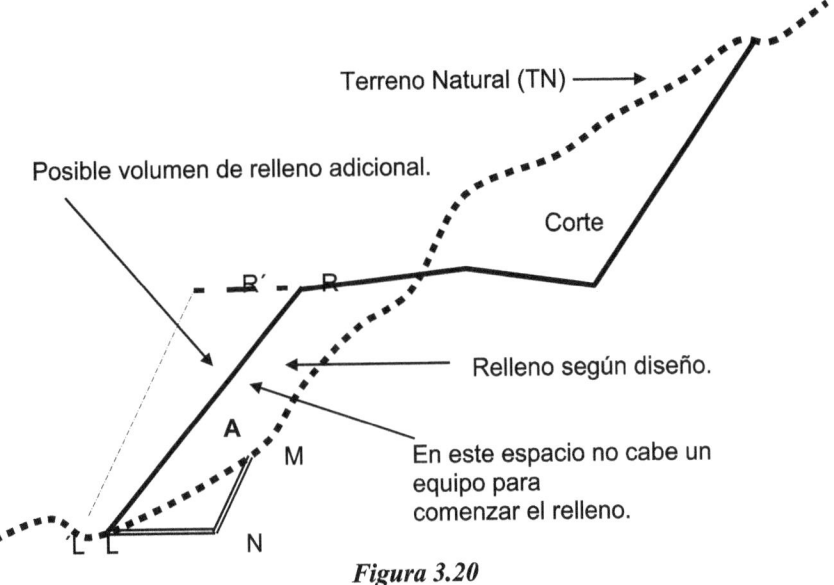

Figura 3.20

Tanto en la figura 3.20 y figura 3.21, se presentan anchos y por consiguiente volúmenes adicionales a los planos de diseño, que al momento de una cubicación general deben tomarse en cuenta.

2- La sección de la figura 3.21 muestra una cañada, donde se debe rellenar a nivel de sub-rasante. Según la profundidad y el ancho, notamos que no es posible desde el punto de vista técnico proceder a rellenar en esas condiciones; es necesario entonces ampliar la base en el fondo de la misma, y sanearla con la introducción de un tractor, una pala mecánica o una retroexcavadora.

Este proceso es importante, porque algunas cañadas contienen muchas basuras y cieno con alto niveles de sedimentación.

El procedimiento de construcción en estos casos a veces es muy incómodo, debido a que se debe usar equipos adicionales a los usados en un terraplén normal; como son la combinación de tractor, pala, rodillo, etc

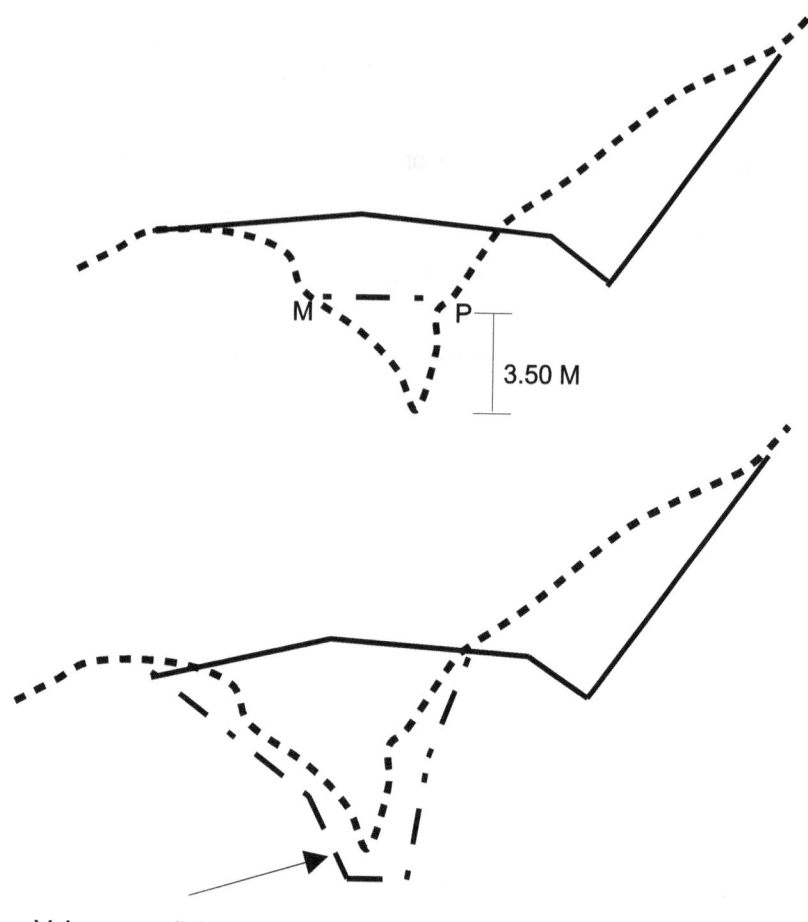

Figura 3.21 -Cañada con ancho deficiente.

Es importante observar que tanto el que construye, como el supervisor, tienen que estar atento a estas variaciones, y en cada movimiento realizar el levantamiento con la brigada topográfica, que es la manera más precisa de obtener, los volúmenes de las excavaciones y las variaciones del diseño original.

La observación y la autorización de la supervisión es importante, porque después de realizado el terraplén, no es posible posteriormente ver lo que se ha hecho. Como dijimos las fotografías son muy importantes porque muestran el historial de la obra, y perduran por mucho tiempo.

3.15- CASOS IMPORTANTES QUE APARECEN AL REALIZAR CORTES.

1- En corte en terreno natural con pendiente muy pronunciada, muchas veces se dificulta comenzar la banquina de inicio del trabajo, por la incomodidad del tractor colocarse, según el replanteo indicado, como podemos observar en la figura 3.13, que representan una sección transversal. Si vemos la estaca de replanteo, podemos notar que un tractor no puede iniciar el trabajo en ese punto; ya que no encuentra base firme para sostenerse, entonces tendría dos opciones para comenzar a trabajar:

• Iniciar un poco más abajo de la estaca de replanteo, en este caso comienza con un talud prácticamente vertical, siendo este procedimiento no recomendable en materiales poco cohesivos, porque produciría derrumbes constantes hasta encontrar su talud de equilibrio, y por consiguiente se producirían obstrucciones en uno de los laterales de la vía, esto traería como consecuencia el entaponamiento de cunetas, produciéndose unas secuelas de daños en la vía.

Este tipo de procedimiento bien podría hacerse en terreno de origen rocoso.

• Iniciar el corte un poco más atrás de la indicación del talud, aunque produciría un excedente o una diferencia de volumen, es más conveniente este procedimiento.

En este caso podría no necesariamente iniciar con un talud como el indicado en diseño, porque es posible que fruto de esta situación se produzca un sobreancho que amerite una banquina, es decir que si el terreno esta estable el talud puede ser menos inclinado.

• Se debe tener mucho cuidado con esta situación, porque en grandes cortes la diferencia de volumen podría ser muy significativa; aunque como dijimos anteriormente, un diseñador con experiencia podría prever algunas situaciones contingentes, reduciendo así los adicionales por diferencias de volúmenes.

Figura 3.22– Construcción de talud. Esta es la solución del caso del derrumbe presentado en las figuras 3.15 y 3.24.

2- Podemos notar también en la figura 3.12, que es imposible para un tractor acomodarse para realizar el corte indicado en la sección, por tanto se debe producir un sobre-ancho no previsto en el diseño, y le toca esta observación, tanto al ingeniero residente como el agrimensor deben proceder a replantear la vía acorde con la situación planteada, como mostramos en la figura, lo que indica que se producirá un sobre-ancho LM que inclina un poco el talud en la parte arriba.

Lo mismo sucede en la figura 3.23, donde es necesario e inevitable un sobre-ancho a todo lo largo del talud, produciéndose un volumen importante, el cual algunas veces no es tomado en cuenta. Si se encuentra en el lugar una retro pala que tenga alcance necesario podría solucionarse el problema.

Estas son las situaciones que generan volúmenes no previstos, y que alguien que desconozca el procedimiento de construcción vial puede, inclusive discutir, que el volumen obtenido desde un diseño original sería el correcto.

Sin embargo hemos demostrado en varios casos que eso podría variar, si no se previó, dependiendo mayormente del olfato técnico del diseñador.

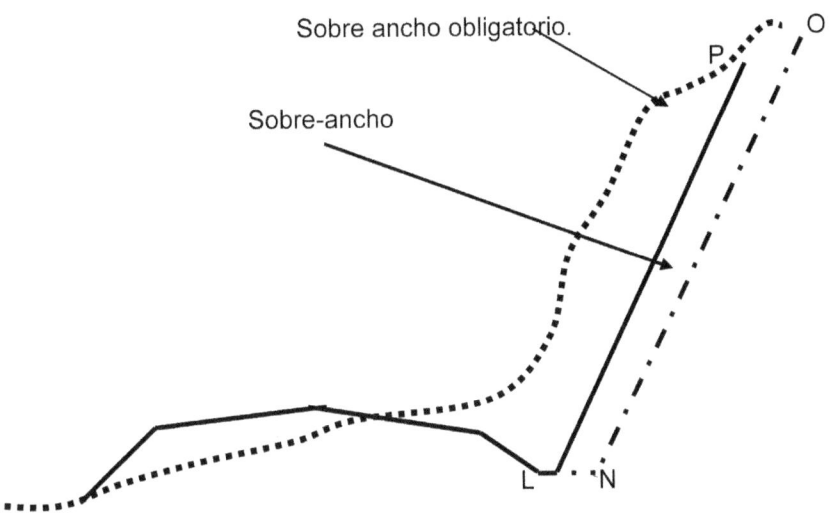

Figura 3.23. Sobre-ancho obligatorio, por ser el ancho del corte muy pequeño para un tractor.

3.16- DERRUMBES, MOTIVOS, CONSECUENCIAS.

Cuando transitamos por algunas vías, podemos observar deslizamientos de suelos en el pie del talud, como el presentado en la figura 3.23a estos deslizamientos ponen en peligro a los conductores que transitan por las carreteras, conjuntamente con los mismos podrían bajar algunas rocas, además tapan las cunetas y producen acentuados deterioros en las vías.

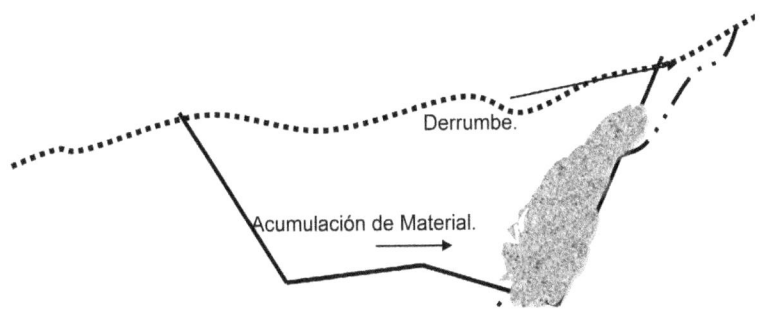

Figura 3.23a- Muestra derrumbe, provocado por inestabilidad en el talud.

a) Presentamos algunas causas que provocan estos deslizamientos:

- Ángulo de reposo no adecuado (La adecuación del ángulo de reposo se logra con un talud apropiado al tipo de material).

- La poca cohesión natural del terreno. Aunque se ha establecido el talud 1: 1, como el talud normal en la excavación de corte, es importante que al diseñar conozcamos los tipos de materiales que tenemos en cada tramo de la vía que vamos a diseñar. Si ha sido una inobservancia del diseñador, tanto el contratista, como el supervisor, deben tener la suficiente experiencia para notar la situación que se puede presentar, y disponer la variación del talud 1: 1 a 1.5: 1 o 2: 1. Ver figura 3.25.

- Grandes corrientes de aguas superficiales.
Como podemos ver en las figura 3.23, la pendiente del terreno natural continua en aumento hacia arriba, y el corte es lo suficientemente alto, de esta manera, aumentando el área de influencia para captar las aguas que caen con los torrentes aguaceros que suelen suceder, buscando su camino natural, bajando por los taludes y produciendo socavaciones y deslizamientos.

Figura 3.24- Derrumbe debido a talud muy vertical, material poco cohesivo

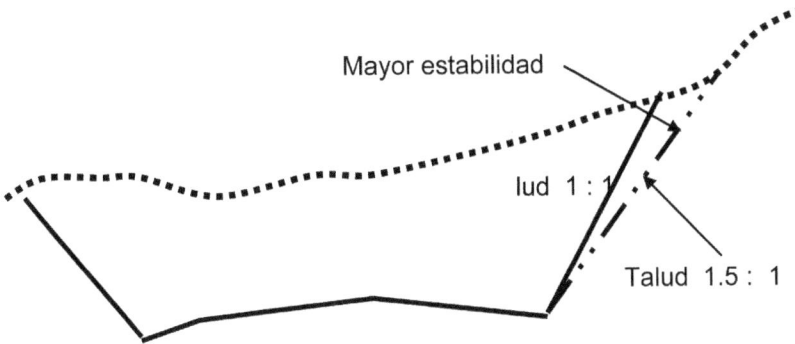

Figura 3.25– Talud muy vertical.

3.17- CONTRACUNETAS

Cuando hay grandes escorrentías en la parte más alta del corte, podemos construir una cuneta a lo largo del mismo, llamada Contracuneta: Esta cuneta tiene la particularidad de captar todas las aguas que se producen en las partes más alta de los cortes, y dirigirlas a lugares convenientes para bajarlas a las cunetas longitudinales que se encuentran al pie del talud.

Para bajar o canalizar las aguas mayormente se construyen cunetas escalonadas y encachadas, que tienen como objetivo disipar la velocidad y evitar socavación, como podemos observar en la figura 3.26.

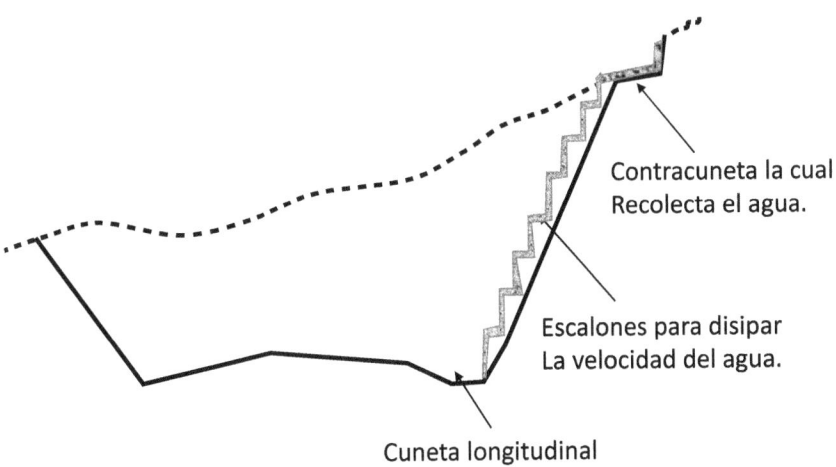

Figura 3.26- Cuneta escalonada para disipar agua.

Cunetas de Coronacion

Figura 3.26a- Cuneta escalonada para disipar agua.

3.18- BANQUINAS.

Cuando tenemos grandes cortes, ya sea encajonados o en laderas, lo recomendable es construir banquinas cada 3 a 6m de altura, con un ancho de 3.00M a 4:00M; ya que los grandes cortes, con un talud único y poco inclinado, dan una mala sensación al conductor, aparte del peligro que encierran los deslizamientos, como los hemos expresado antes. Ver figuras 3.18

Mientras más banquinas se hacen, más estabilidad y más seguridad tenemos; pero la ingeniería no es un deseo particular, ni medalaganarios, sino es el equilibrio entre la -calidad, la seguridad y la economía-

La ingeniería es un equilibrio entre la calidad, la seguridad y la economía.

Mientras más banquinas se introducen, más se amplían las secciones transversales del corte, lo mismo sucede con el cambio de un talud menos inclinado a otro más inclinado; lo que indica que aumenta el volumen de corte de una manera significativa, y por ende aumenta el costo de la obra. Lo que estamos indicando es que el diseñador debe sopesar cada acción en este sentido, que pueda dar al traste con una solución adecuada y económica al proyecto.

El diseñador puede, según las observaciones en campo, determinar:

a- Diseñar un talud más inclinado y no establecer banquina, esto, si la altura del corte no es muy grande.

b- Establecer banquinas a ciertas alturas que el considere, según el estudio del material.

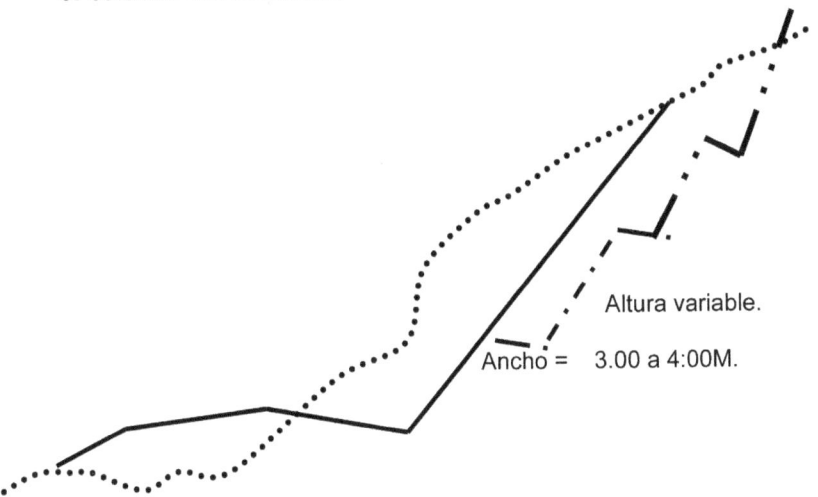

Figura 3.27- Sección con banquina.

Donde hay muchas escorrentías de agua y el terreno no es muy estable, se recurre a banquinas con muy buenos resultados.

No es un secreto que en el campo se solucionan muchos problemas, que después de realizados es que van a la oficina, ya que muchas veces el ingeniero encargado de campo no puede esperar dos o tres días para resolver los problemas técnicos que se presentan en la zona de trabajo de esa manera es necesario que tanto el ingeniero residente conjuntamente con el ingeniero supervisor, tengan la suficiente experiencia para determinar y buscar una solución inmediata a cualquier problema que se presente; por tal razón el supervisor debe ser un técnico que tenga el sentido de resolver situaciones varias que pueden presentarse en todo el proceso de construcción. Puede darse el caso que en los planos de diseños en un tramo determinado, aparezcan algunos cortes con alturas considerables y el material se note poco cohesivo e inestable con el talud indicado, entonces hay que pensar en una solución, los cuales pudieran considerarse como solución la introducción de banquinas. Las banquinas además de la estabilidad que producen en los taludes, sirven para:

- Romper la mala visión que producen los cortes muy altos.
- Sirven de drenaje longitudinal recogiendo todas las aguas que baja por el talud y llevándola a uno de los dos extremos de la misma.
- Pueden detener cualquier material deslizado o alguna roca que baje por el talud, impidiendo posibles accidentes.

Cuando la brigada topográfica replantea los cortes, debe tomar en cuenta el número de banquinas, y el ancho de cada una, y tener el control del proceso de construcción, para indicar con estacas las banquinas propuestas. El ancho de la banquina debe tener entre 3.00m y 4:00m, dependiendo el equipo que se utilice en el trabajo.

Procedimientos constructivos para realizar las banquinas en un corte.

- Se sigue el mismo procedimiento planteado en la sección 3.13 del procedimiento que se lleva al realizar un corte; tal y como se presenta en la figura 3.18 y 3.19.
- La brigada topográfica marca el primer corte de manera normal.
- El operador del tractor procede de la misma manera que los pasos dados hasta el numeral 6.
- La brigada replantea nueva vez el corte y marca la primera banquina, por supuesto que en el replanteo se tomó la precaución de incluir en el cálculo las banquinas que se construirán en el corte, ya sea encajonado o en ladera.
- Se dejan los metros indicados para la banquina.
- Se procede con el mismo sistema hasta el final.

El Material de Excavación no Clasificado se mide en M^3n.

ANÁLISIS.

Las variables que intervienen el análisis de esta partida son:

- **Extracción.**
- **Carguío.**
- **Arranque.**

3.19- EN RESÚMEN

Al realizar un corte de material necesitamos de informaciones que ayuden al diseñador a proyectar el talud necesario para cada ocasión; al analista de presupuesto a determinar unas series de factores que lo llevarán a realizar una relación de partidas más ajustada a la realidad y un presupuesto cónsono con las condiciones imperantes en el lugar; para determinar:

a- ¿Qué porcentaje de ese material podría usarse para compensar, o ser usado en terraplén?
b- ¿Qué porcentaje podría usarse para acarreo libre?
c- ¿Qué porcentaje podría usarse como sobre acarreo?
d- ¿Qué volumen tendría que botarse con sobre acarreo?
e- ¿Qué Volumen se botaría con acarreo libre?

No siempre el que realiza la relación de partidas es el que efectúa el presupuesto, por tanto si no es así, es importante siempre y cuando se pueda, que haya una comunicación entre ambos profesionales. Insistimos en que cada profesional que participe en todo ese proceso está en la obligación de visitar el lugar donde se va a construir la obra.

La gran utilidad de la retroexcavadora en nuestro país ha dado como resultado una excelente combinación con el tractor para trabajar en cortes, debido que este equipo corta, y la retro afina el talud. También la retroexcavadora por si sola realiza cortes que permite su alcance, se ha convertido en un equipo de considerable valor en la construcción, porque puede cortar y a la vez llenar los camiones.

3.20- EXCAVACIÓN DE MATERIAL DE PRÉSTAMO

El material de préstamo es aquel que debemos tomar de una mina o Banco de material para usarlo como relleno en un terraplén; también puede usarse en otras áreas que presente necesidad de material adecuado. Para usar este material primero hay que tomar unas muestras (de 3 a 4 sacos) y llevarlas al laboratorio.

Los resultados deben indicar si es apto para terraplenes, subbase o base natural; de lo contrario descartarlo por no reunir las condiciones técnicas necesarias.

Figura 3.28- Corte de material de préstamo.

A las minas seleccionadas, hay que extraerle toda la capa vegetal o material no apto para ser usado en estructuras viales.

El equipo más idóneo para la extracción de este material en el Tractor, porque limpia, corta la capa vegetal, la aparta y corta el material de préstamo.

Cuando aparecen minas que el material en sus condiciones naturales, le permite a otro equipo como la Retroexcavadora realizar la extracción; de inicio se lograría una gran ventaja; en vista de que este equipo, a medidas que corta va llenando los camiones, generando una economía tiempo-costo; también el factor puede desbrozar y la retro cortar y cargar.

Cuando el tractor corta y acumula, luego debe venir otro equipo, como la Pala mecánica y llenar los camiones; sin embargo con la retro está la ventaja de realizar esos dos trabajos en uno.

El volumen de material de préstamo a usarse en una obra vial, se determina a partir del volumen de material a usar en todo el trayecto de la obra, o en un tramo determinado:

Se toma de la partida relleno de reposición y relleno para conformar sub-rasante, que son representados en M3c.

Esta partida se mide en m3n.

ANÁLISIS.
Las variables que intervienen el análisis de esta partida son:

- Extracción.
- Carguío.
- Arranque.
- 1er. Km.
- Derecho de mina.
- Medio Ambiente.

3.21- ESTADOS FISICOS DE LOS MATERIALES.

Los materiales para terraplenes a usarse en Carreteras, se presentan mayormente en estado natural (M3n); aunque podría haber materiales en bancos ya cortado y acarreado, que se encuentran en estado suelto (M3s), o podría darse el caso de un material previamente compactado y hay que removerlo, en ese caso está en estado compacto (M3c); por tal razón es importante conocer cómo tratarlos en cada uno de los casos presentados.

Para poder obtener el volumen en M3n, o en M3c tenemos que tener informaciones de las condiciones físicas del material que vamos a usar; como son:

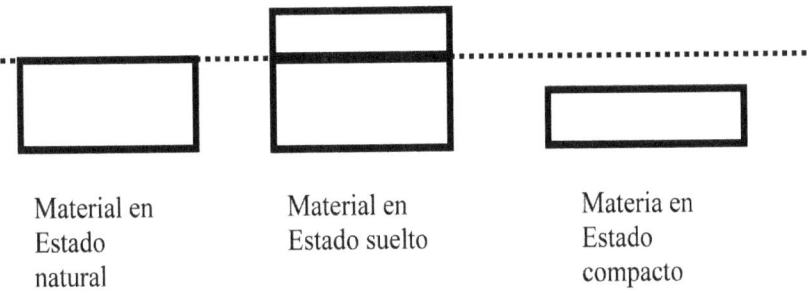

Material en Estado natural

Material en Estado suelto

Materia en Estado compacto

Figura. 3.29- Cambios volumétricos de los materiales.
Podemos observar el cambio volumétrico que sufren los materiales al pasar de un estado físico a otro.

Si escogemos de la tabla 3.1 el tipo de suelo, tierra común, nos muestra que: Un 1.00 metro cúbico natural, es 1.25 metro cúbico suelto; pero a la vez es 0.90 metro cúbico compacto.

Por otra parte podemos observar que al pasar del estado compacto a suelto, el cambio es mucho mayor, que cuando pasó de natural a suelto, estas observaciones son interesantes para familiarizarse con estos cambios rutinarios en cualquier obra vial, y en cualquier actividad, donde intervenga el uso de material de relleno.

Lo más recomendable es realizar los ensayos correspondientes a cada material, que son obtenidos con exactitud a partir de las muestras recogidas en el campo; pero cuando esto no es posible, se podría, para tales fines, usar rangos ya estudiados, donde se encuentran los diferentes tipos de materiales que comúnmente se usan en una área tabla 3.1.

La figura 3.29 nos indica que para suplir un área que debe ser compactada, se debe obtener un material de préstamo mayor al volumen medido in situ.

Tipo de suelo	Condicion Inicial	CONVERTIDO A		
		En el Sitio	Suelto	Compactado
Arena	En el Sitio	---	1.11	0.95
	Suelta	0.90	---	0.86
	Compactada	1.05	1.17	---
Tierra Común	En el Sitio	---	1.25	0.90
	Suelta	0.80	---	0.72
	Compactada	1.11	1.39	---
Arcilla	En el Sitio	---	1.43	0.90
	Suelta	0.70	---	0.63
	Compactada	1.11	1.59	---
Roca	En el Sitio	---	1.50	1.30
	Suelta	0.67	---	0.87
	Compactada	0.77	1.15	---

Tabla 3.1 Coeficientes de Expansión y contracción para distintos tipos de suelos.

a- Material en Estado Natural (M^3n).
Es aquel que se encuentra en su estado original, que no haya sido movido, o que al ser movido, por consolidación en el tiempo, se considere como tal.

b- Material en Estado Suelto o Esponjado (M3e).
Es aquel que ha sido movido de su lugar, es decir, que ha habido un cambio de su estado original, por ejemplo, cuando es cortado y luego trasladado a otra parte.

c- Material en Estado Compacto (M3c).
Es cuando el material que ha sido movido o transportado, se compacta con equipos mecánicos logrando una contracción apreciable en el mismo, y que es determinada por pruebas que indican su estado existente; también podría darse el caso que un material en estado natural, se le aplique compactación.

Los resultados de tablas son aproximados, debido a que cada material tiene su factor de expansión y contracción.

Ejemplo.
- Si en la partida de Relleno, tenemos un volumen de 12,000 m³c y queremos obtener el volumen que corresponde a la partida Material de Préstamo, procedemos de la siguiente manera:

Si el material que se está usando está tipificado como arcilla, vamos a la tabla 3.1, localizamos donde dice arcilla y buscamos el material en estado compacto, en seguida buscamos en la fila, donde dice suelto y encontramos que de compacto a natural (sitio), el factor de esponjamiento es = 1.11.

Tenemos:
Vr = 12,000.00M3c
Fe = 1.11
Vp = ?

Entonces:

Vp = Vr x fe

Vp es el volumen de relleno en M3c.
Fe es el factor de esponjamiento
Vp es el material de préstamo en M3n.

Vp = 12,000.00 x 1.11 = 13,320 M3n

3.22- CUNETA AL PIE DEL TALUD.

La formación de cuneta es muy importante para drenar las aguas longitudinales y evitar la acumulación de aguas que pueda dañar el trabajo realizado. Hay cunetas que hacen una función provisional preventiva, aunque a medida que se avanza con el relleno se van tapando, como aquellas que se realizan para drenar el área de manera provisional.

Ya terminado o definido el relleno, podemos formar las cunetas con más precisión, replanteando el eje, y tomando el ancho necesario según lo define la sección típica.

Aún después de conformada la cuneta esta sigue tapándose con el resto del material de relleno faltante, y con la aplicación de la Sub-base. Esto indica que para el análisis de esta partida hay que tomar en cuenta esta sobre operación del equipo, siempre y cuando sea necesaria la realización de cunetas en esas condiciones.

Aunque construir las cunetas en una etapa inicial del proceso de relleno, ayuda en caso de lluvias a drenar las aguas por los laterales haciendo el menor daño.

Lo más aconsejable sería realizar este proceso terminado el terraplén, porque los rodillos realizan un mejor trabajo en los laterales.

Si se construyen las cunetas longitudinales antes de terminar el relleno, los rodillos no pueden acercarse mucho al borde de las mismas, dejando un área a todo lo largo de la cuneta sin compactación suficiente, lo que provocaría tiempos después de terminada la obra, grietas longitudinales contiguas a la orilla.

Esta dificultad de compactación era cubierta por los llamados rodillos Estáticos de tres ruedas, desaparecido del mundo de la construcción vial de República Dominicana.

De todas maneras lo mejor es observar el lugar y proceder según lo amerite cada tramo.

Es importante, cada vez que sea posible, drenar las cunetas a distancias cortas, desviándola a cañadas o a cualquier parte baja que no produzca socavación. Esta operación es importante, porque evita la socavación longitudinal a la vía.

Las cunetas llevan las aguas a drenajes transversales, llamados alcantarillas, o a lugares bajos, de tal manera que no hagan daños a la obra y que tenga una funcionabilidad óptima a través del tiempo.

3.23- SECCIONES DE LAS CUNETAS.

Las cunetas realizadas con equipos mayormente son triangulares; aunque se podrían formar con hombres secciones trapezoidales.

Esta partida se mide en ML.

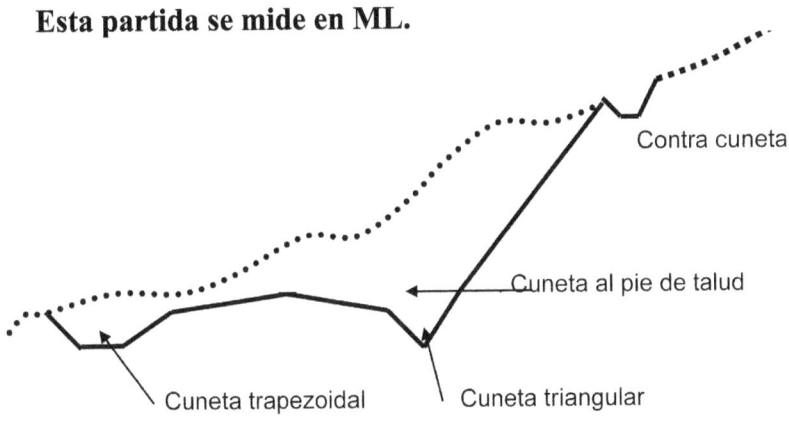

Figura 3.30- Representa una sección en corte donde muestra dos tipos de cunetas, además de la contracuneta.

La sección de las cunetas esencialmente depende de la escorrentía que llegue al lateral de la carretera, mayormente: Cuando tenemos un aporte importante de agua, si el material no es muy estable, el tramo es muy largo o la pendiente es significativa, se procede a revestir la cuneta con encache. Para carreteras importantes, en vez de encachar las cunetas, se está procediendo a revestirlas con hormigón simple o canaletas prefabricadas logrando mayor durabilidad, como podemos ver en la figura 3.31.

Figura 3.31- Revestimiento con hormigón simple de cuneta longitudinal, de forma trapezoidal.

3.24- CONTRACUNETAS.

Son cunetas que se construyen en la parte superior de los taludes, en las banquinas de los cortes, y en los pies de algunos terraplenes, para llevar y encausar las aguas a lugares deseados y dirigirlas de manera escalonada a puntos bajos.

Las Contracunetas, en los grandes cortes, evitan el socavamiento y derrumbes de los taludes, al igual que en los terraplenes, en el pie del talud.

3.25- RELLENO:

Es un material acarreado desde minas o producto de cortes, apto, según las pruebas de laboratorio de suelo para levantar áreas bajas en una via, conformando el terraplén. El relleno se acarrea al lugar indicado de la carretera mayormente en camiones volteos.

Los camiones volteos para transporte de materiales tienen un metraje entre: 6.00 m^3 y 18.00 m^3; en menor proporción, se usan volquetas, que van desde 18.00 m^3 a 29.00 m^3, siempre y cuando el terreno lo permita. Este tipo de transporte es más usado para el transporte de base y asfalto; debido a que al aplicar estos materiales, el terreno se encuentra en mejores condiciones de nivelación; condición principal para que una volqueta pueda levantar con el menor riesgo de que el cajón pueda virarse.

Figura 3.32- Proceso colocación de materia en levantamiento terraplén.

En los lugares, donde se va a construir terraplén, lo aconsejable es extraer el material inservible, es decir, el material no apto para soportar las cargas y los esfuerzos que en lo adelante requerirá la vía.

3.26- EL RELLENO PUEDE SER:

- Relleno para conformar sub-rasante: Es aquel que sirve para levantar hasta un nivel determinado, según el diseño de la sub-rasante establecida. Ver figura 3.32.

Figura 3.33- Camión descargando material por pilas, para ser regado por la motoniveladora.

- **Relleno de Reposición:** Es aquel es provocado por la excavación o extracción de material inservible debajo del terreno natural.
- **Relleno compensado:** este relleno es el producto de los cortes realizados y cuyo material es usado en terraplén.

Esta partida se mide en M3c.

ANÁLISIS:
Las variables que intervienen en el análisis de esta partida son:
- Motoniveladora.
- Rodillo.
- Camión de agua.

Figura 3.34- Camión vaciando material de relleno.

3.27- DIFERENCIA EN LOS TIPOS DE MATERIALES PARA RELLENO

¿Cuál es la diferencia en los tipos de materiales para relleno o terraplén? El relleno para conformar sub-rasante y el relleno de reposición, para los fines constructivos son los mismos, porque ambos requieren de un material de préstamo (extraído de una mina o banco de material) y acarreado a un lugar determinado de la vía.

El relleno compensado, proviene de material de corte, que podría tener acarreo libre o sobre acarreo y no necesita excavación de material de préstamo.

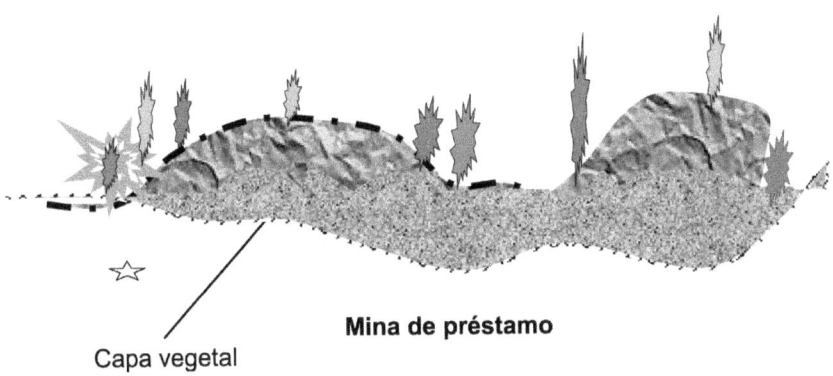

Figura 3.35- Muestra una mina apta para material de relleno, donde hay que extraerle la capa vegetal.

3.28- ¿QUÉ SIGNIFICA QUE UN TERRAPLÉN NO NECESITA MATERIAL DE PRÉSTAMO?

Estamos hablando que en un tramo cualquiera de una obra vial donde se necesita material para rellenar un terraplén; pero que este es tomado de un corte realizado en la misma obra y por tanto no habrá necesidad de buscar material en una mina de préstamo.

Lo relevante está en el aspecto económico, porque no genera volúmenes de material de préstamo.

En este caso, el corte para material compensado debe estar especificado como:
Corte de Material no Clasificado con sobre-acarreo; es decir, a distancia mayor de 60 M.

3.29- DISTANCIA DE ACARREO PARA MATERIAL DE PRÉSTAMO.

Para obtener la distancia total, y calcular el acarreo de material desde la mina de préstamo al lugar de donde se va a rellenar. Tomamos la distancia desde el centro de la mina al inicio de la carretera, más la distancia al centro de gravedad, que es el centro de la carretera, o centro del tramo donde se va aplicar el material; esto es si la misma esta fuera del área longitudinal de la vía y los camiones tengan acceso por el inicio o final de la vía; porque existen otras posibilidades que analizaremos más adelante.

Ejemplo:
La distancia desde la mina al inicio de la carretera es
= 2.50 Km.

La distancia desde el inicio de la carretera al centro de gravedad es:
E 0+000 a la E 10+00 = 10,000 M / 2 = 5,000 M = 5.00 Km.

Distancia total = 2.50 Km + 5.00Km = 7.50 Km.

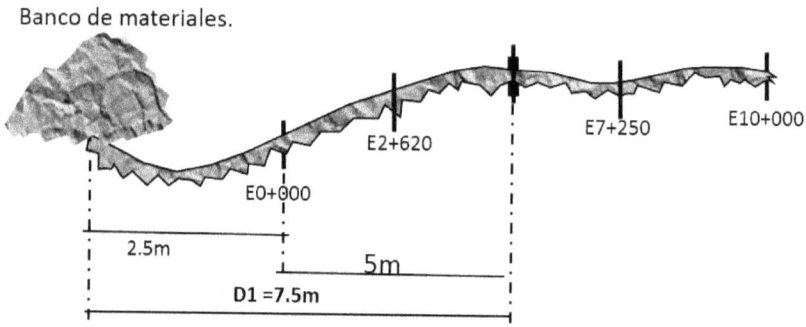

Figura 3.36- Muestra la distancia de la mina al inicio de la carretera E 0+000, más la distancia al centro de gravedad.

Es muy importante conocer el manejo y el procedimiento constructivo de la vía; los volúmenes en cada tramo y la ubicación de cada mina o banco de materiales, de esa manera se puede realizar una distribución justa y equitativa de las minas y los tramos en la que de cómo resultado la menor distancia de acarreo.

Como es el ejemplo de una carretera de 10 kilómetros, con dos minas, una ubicada en la Estación 8 kilómetros antes del inicio y la otra entre las Estaciones 3+240 a 3+440, pero este material solo alcanza hasta la Estación 5+020. Localizar las distancias de acarreos. Este caso será analizado en el capitulo IX, Ejemplo.

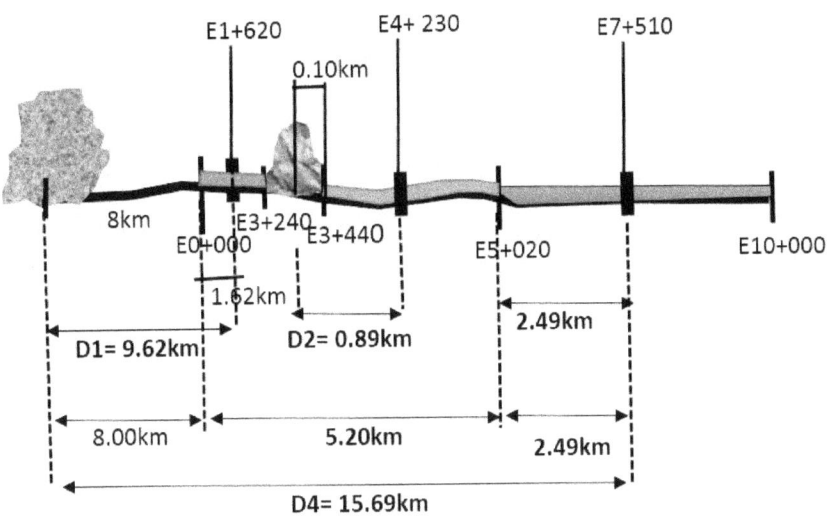

Figura 3.37. Diferentes distancias de acarreos.

3.30- RELLENO COMPENSADO.

El relleno compensado es una partida importante para la economía de cualquier proyecto vial, que tenga volúmenes significativos. En la obra donde aparezcan materiales de corte con condiciones técnicas, ya sea para ser usado como relleno, sub-base o base, lo que procede es analizar cada punto donde conviene aplicarlo para abaratar el monto del presupuesto de la obra vial.

El material para ser compensado se determina con un minucioso estudio de suelo, aunque muchas veces por la experiencia podemos percatarnos de la calidad constructiva del material. En ocasiones nos podemos engañar por las observaciones superficiales, porque en las masas de suelos aparecen vetas de materiales que varían mucho en su estructura.

Lo recomendable es estar atento a los cortes que se estén realizando para poder captar la mayor cantidad de este material, y obviar o separar el no apto para realizar esta importante partida.

Una brigada con un laboratorio de suelo accesible sería una herramienta importante para decisiones más rápidas y confiables.

Figura 3.38. Muestra una Motoniveladora y un Rodillo, completando material de base.

3.31- ¿PROCEDIMIENTO TOPOGRÁFICO PARA RELLENAR UN TERRAPLEN?

La acción de rellenar un terraplén, se realiza capa por capa. Cada capa debe tener un espesor aproximado de 30 cm, depende mucho del tipo de rodillo a usar, se esparce y nivela con una motoniveladora, se humedece con un camión cisterna y compactado con un rodillo adecuado al tipo de material, ver sección 3.41, debiendo obtener una compactación de un 90% de la densidad.

La brigada topográfica coloca los bolos a la altura establecida, el primer bolo a colocar al iniciar el terraplén, debe ser al pie del mismo, tal y como lo podemos ver en la figura 3.39 y 3.41, siendo este punto el comienzo del terraplén. En la segunda capa la cuchilla de la motoniveladora debe pasar rasante al extremo superior del bolo, el cual es marcado con el espesor requerido.

Si tomamos como espesor 0.30 m, en la segunda capa se reduce 0.30 x 1.5 = 0.45 m + 0.30 m = 0.75 m en cada lado. En la tercera capa, se reduce sólo 0.30 x 1.5 = 0.45 m., y así sucesivamente.

Con relación al procedimiento de construir el terraplén, tal y como lo vemos en la figura 3.39, primero debe rellenarse la excavación por debajo del terreno natural el cual fue excavado por ser un material inservible, con poca capacidad de soporte; luego se procede a rellenar la Capa 1, tal y como lo hemos explicado.

Conceptos prácticos de procedimientos constructivos

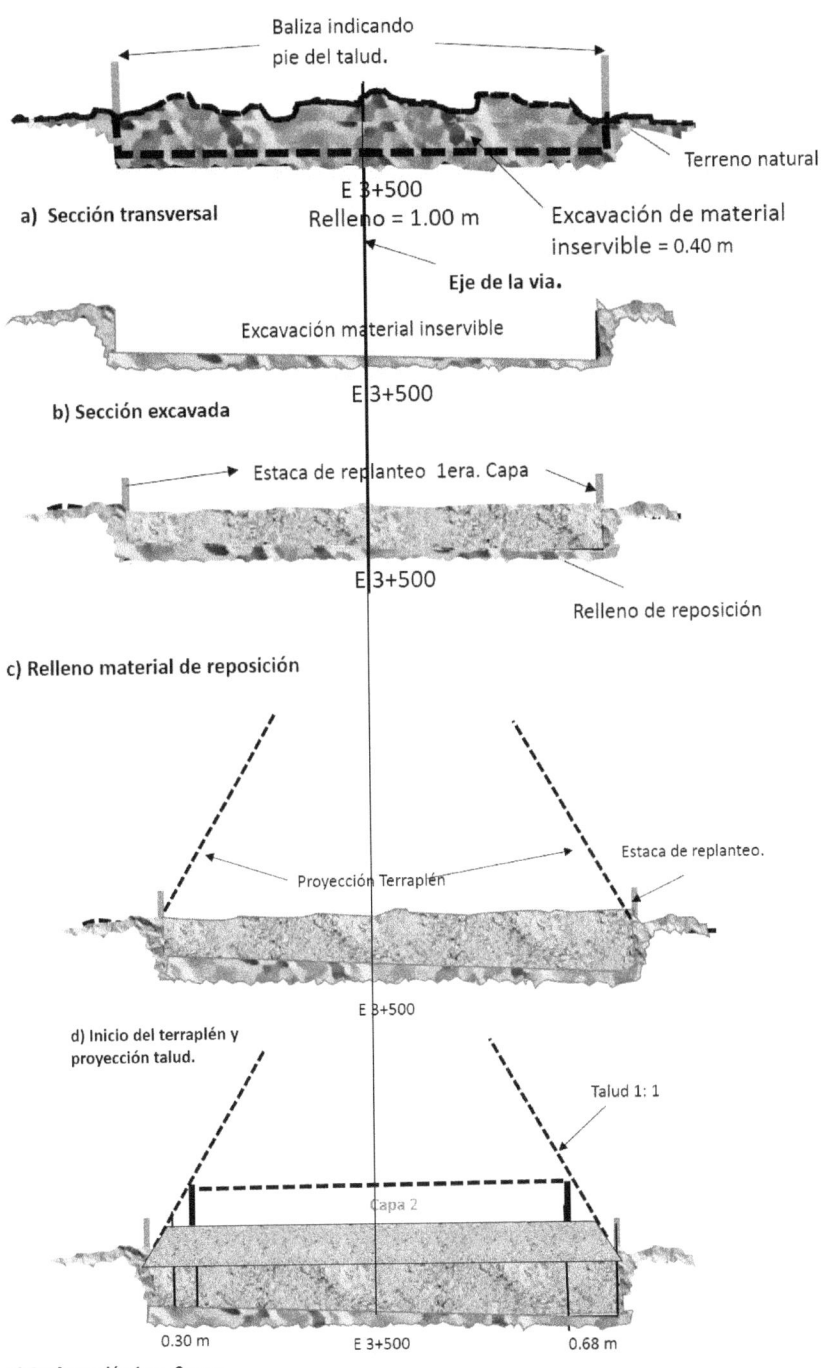

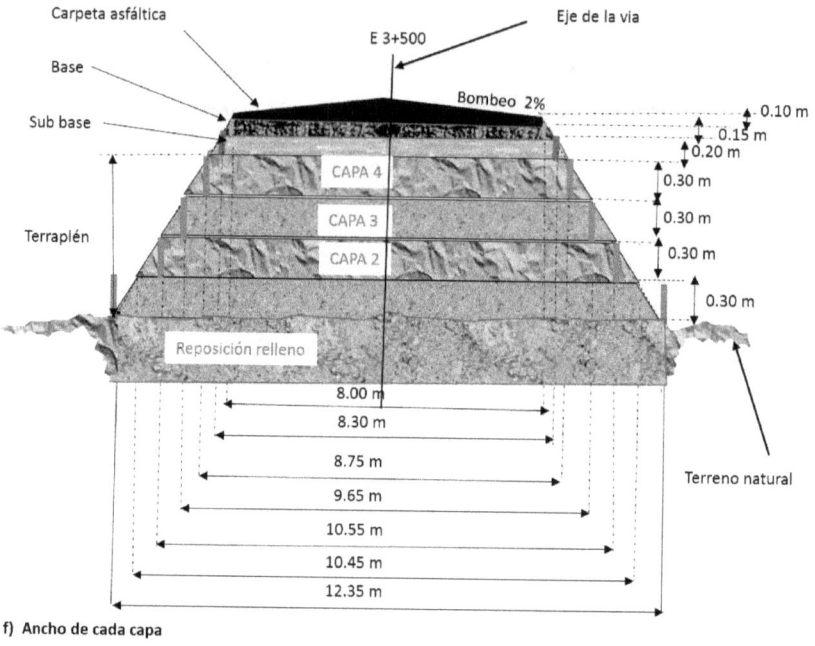

f) Ancho de cada capa

Figura 3.39. Muestra unas de las formas de replantear topográficamente un terraplén.

Otro método más rápido usado por algunos topógrafos y agrimensores, es usando el primer pie de talud y dejándole el resto a un auxiliar, que lo maneja con un nivel de mano y una cinta métrica.

Un método menos riguroso; pero más práctico y funcional, es que el capataz, o el chequeador, va moviendo el tiro de material hacia el eje, con un debido control del desplazamiento horizontal, valiéndose de una cinta métrica.

Conforme se levanta el terraplén, y cada dos o tres capas, la brigada topográfica replantea la altura y ancho.

Este método bajo la responsabilidad de una persona práctica funciona adecuadamente; siempre y cuando haga falta la brigada topográfica, porque lo lógico es que la brigada chequeara cada capa.

Figura 3.40. Muestra un rodillo pata de cabra con una cuchilla, regando y compactando un terraplén.

Si usamos el método de estacas, en vez de bolos a nivel, se replantea el terreno, en la segunda capa, se reduce el espesor por el talud; para este caso es 0.30 x 1.5 = 0.45 m., en cada capa y en cada lado, se reduce el espesor por el talud. Este método depende mucho de la maestría del operador de la motoniveladora; por tal razón no es muy aconsejable.

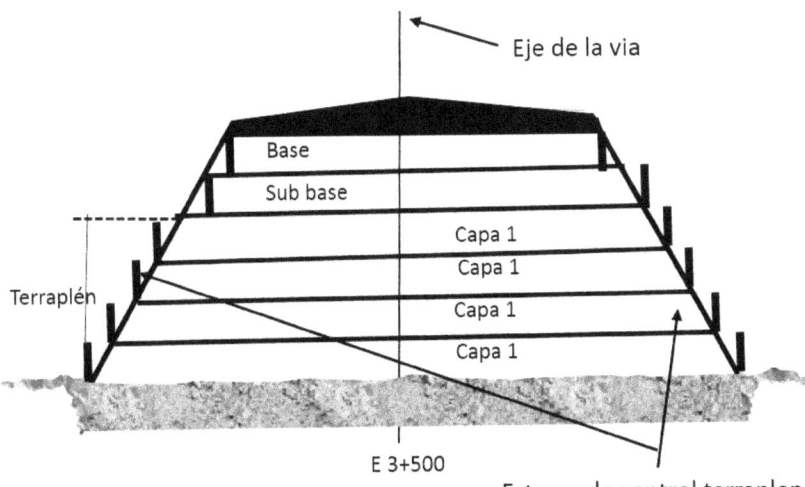

Figura 3.41- Otra forma de replantear terraplén

3.32- TERRAPLENES:

"Su función es la de proveer apoyo a una superficie de rodamientos sobre el terreno natural".

FALLAS TERRAPLÉN.

"Falla cuando a un terraplén se le aplican métodos de construcción no adecuados, se producen asentamientos por consolidación. Se considera que un terraplén falla cuando ocasiona grandes irregularidades o daños a la calzada. Estos pueden ser espectaculares o catastróficos, como cuando se producen deslizamientos por inestabilidad de la masa del terraplén o debilidad del terreno de fundación, o por consolidación del propio terraplén o del subsuelo de cimentación". 1 (Carretera Estudio y proyecto. Jacob Carciente).

3.33- ¿CÓMO SE REPLANTEA EL ANCHO DE UN TERRAPLEN?

Si por ejemplo, en la Est 1+520, tenemos en el eje 0.80 m. de espesor de relleno, esto indica que la diferencia de nivel entre el terreno natural y la sub-rasante es de 0.80 m.

Debemos conocer cuál es el ancho de la sub-rasante, el cual podemos deducir de la sección típica. Ver figura. 1.26

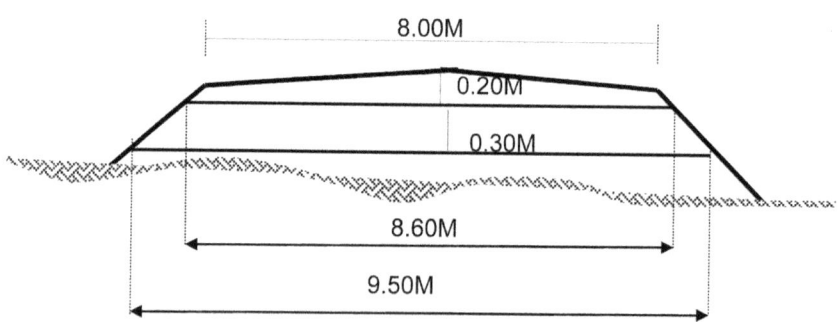

Figura 3.42- Ancho de base y sub-base.

Para obtener el ancho de la sub-rasante, multiplicamos el ancho de la base por el talud, sumamos el medio ancho de la sección y lo multiplicamos por 2.

Ancho de Sub-base terminada (0.2 (1.5) + 4.00) 2 = 8.60 m.

Ancho a nivel de relleno   (0.50 (1.5) + 4.00) 2 = 9.50 m.

Para saber dónde cae el pie del terraplén, tenemos (0.80 (1.5) + 4) = 5.20M. (esta es la distancia del centro a uno de los extremos), esto es si el terreno transversal está a nivel. Ver fig. 3.43.

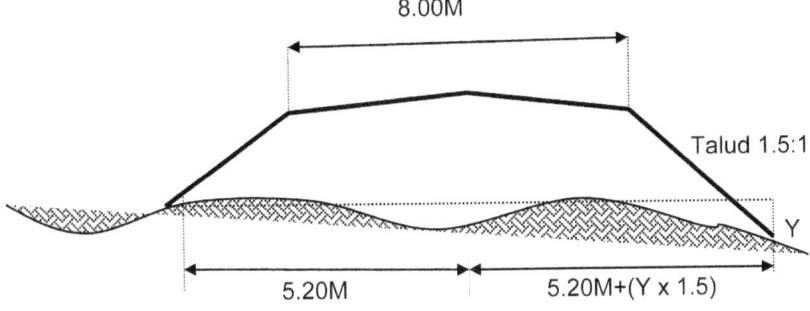

Figura 3.43- Muestra los diferentes medio ancho, según la topografía de la sección transversal en terreno natural.

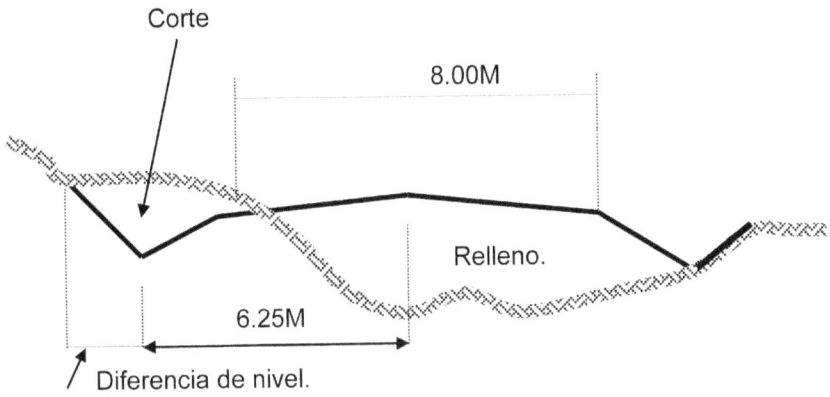

Figura 3.44- Muestra cómo replantear una sección transversal.

Cuando el terreno natural transversalmente presenta desnivel, la distancia del centro al pie del terraplén varía de acuerdo al desnivel presentado. Como podemos ver en la Fig. 3.43 en el extremo derecho se presenta un cambio de nivel; y por tanto la longitud al pie, ya no sería 5.20M, sino que hay que tomar en cuenta el talud y la altura, lo mismo pasa con la figura 3.44, pero en el lado contrario.

3.34- CASOS QUE SE PUEDEN PRESENTAR AL AMPLIAR UN TERRAPLEN.

La figura 3.46 presenta en una estación, la sección transversal que representa una muestra de lo que deberá ser la ampliación de una carretera. Este cambio está acorde con el crecimiento del volumen del tránsito que pasa por la vía. La carretera tiene un ancho de 6.00M, un diseño de pavimento muy aceptable, lo único que se necesita es la ampliación a 8.00 m.

Lo primero que se debe realizar es un levantamiento topográfico. Replantear el tramo en construcción, verificar donde caen las estacas del pie del talud.

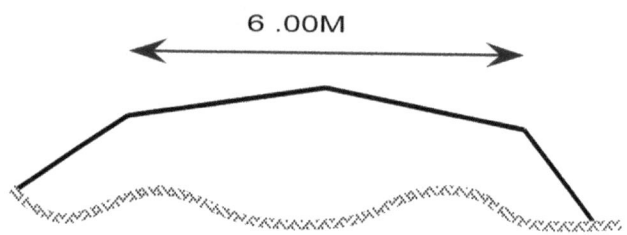

Figura 345- Presenta la sección original con la rasante de la carretera.

Después del replanteo debemos observar lo siguiente:

Si del pie del terraplén a construir, al pie del terraplén construido, hay suficiente espacio para trabajar los equipos. Si no hay suficiente ancho se presentan dos alternativas: ver figura 3.46 y 3.47.

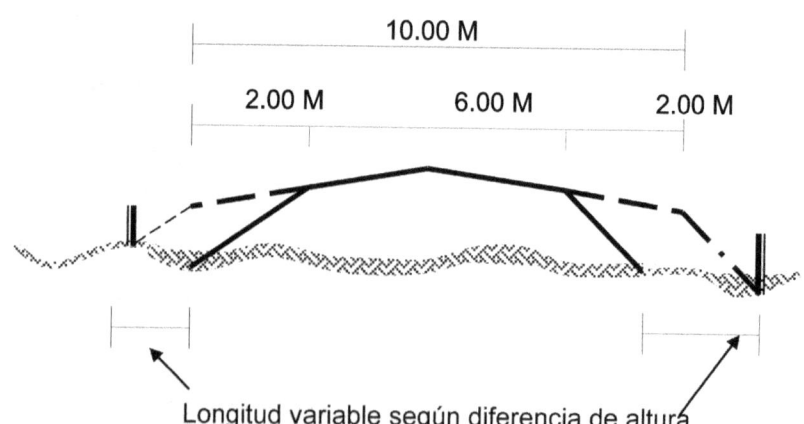

Figura 3.46- Muestra posible sobreancho a realizar.

Evidentemente que esta situación, con un sobre ancho de 1.00 m, no cabe un equipo normal. Es una necesidad producir un ancho diferente, produciendo además un volumen adicional de los que podrían generar los planos. En estas condiciones se produciría un sobre ancho de la plataforma de rodamiento.

Para estos casos especiales el diseñador, debe tomar en cuenta esta observación, para que los volúmenes que se presenten en el diseño, queden lo más ajustado a la realidad, y no hayan grandes diferencias entre los volúmenes de diseño y lo generados por las cubicaciones.

Hacemos notar esta situación, por errores que se cometen. Primero en el diseño, por no tomar en consideraciones unas series de factores que se dan en el procedimiento de construcción, conocida por los diseñadores con experiencia de campo; pero desconocida por aquellos que no tienen esa experiencia, y segundo los supervisores que entienden que los volúmenes establecidos en diseños son invariables, y pueden darlos como buenos y válidos, aún con unas series de variaciones que se presentan en el periodo de construcción, como lo vimos en secciones anteriores.

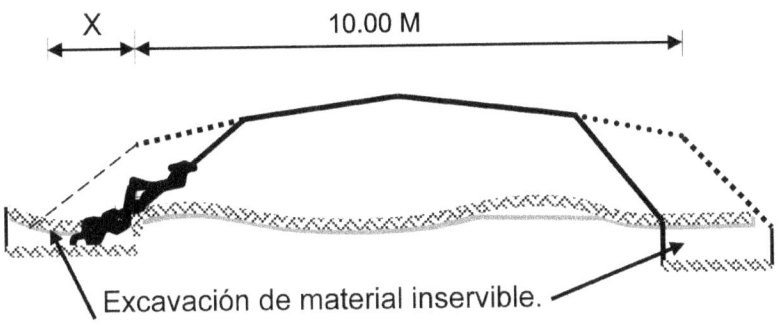

Figura 3.47- Muestra un ancho adicional por falta de espacio para los equipos trabajar.

CASOS QUE SE PRESENTAN AL AMPLIAR.
Cuando el ancho que se necesita, es menor que el ancho del equipo a usar, se presentan dos casos en el procedimientos constructivos.

a) Retirarse del pie del talud de la construcción existente lo indicado por la brigada topográfica.

Por ejemplo: si el ancho que se necesita en 1.50 metros adicional, un equipo no cabe en ese espacio; por tanto el diseñador tiene que tomar en cuenta ese sobre ancho que se va a producir.

En cambio, la brigada se verá en la necesidad de colocar la estaca con el sobre ancho requerido.

b- Tomar una parte de la plataforma existente para completar el ancho faltante. Esto indica que se producirá un corte de material no clasificado, que podría usarse para las primeras capas del terraplén a construir.

El corte producido de tal situación, se llamará Corte de material no clasificado con acarreo libre.

Uno o el otro método de procedimientos constructivo puede usarse, según las condiciones laterales a lo largo de la carretera.

Lo mas importante, es que en estos casos el diseñador tenga la suficiente experiencia para establecer en las secciones transversales el procedimiento a seguir; ya que él tiene todas las herramientas topográficas para decidir.

La experiencia del diseñador es determinante para evitar las sub-valuaciones de volúmenes, que al final inciden en las enmiendas futuras por diferencia de volúmenes; que tantos tormentos generan a los contratistas, como a la supervisión y a la oficina contratante.

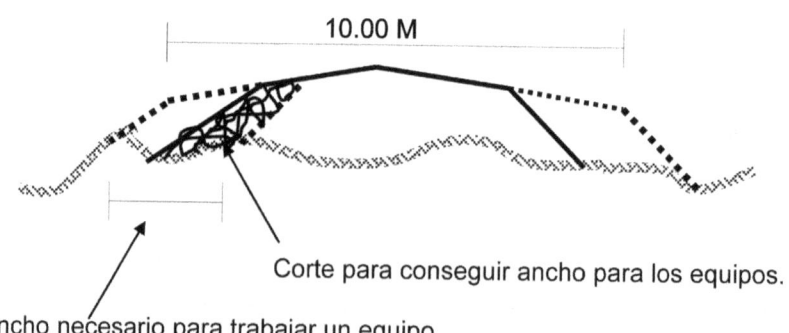

Corte para conseguir ancho para los equipos.

Ancho necesario para trabajar un equipo.

Figura 3.48- corte adicional.

De las dos alternativas, lo recomendable es tomar la más económica.

VEREMOS LAS PARTIDAS QUE INTERVIENEN EN CADA CASO:
PARA EL CASO a:

- Limpieza y desmonte.
- Excavación de material inservible.
- Excavación de material de préstamo.
- Relleno
- Escarificación de superficie.
- Conformación de sub-rasante

- Ampliación de alcantarilla (extensión).
- Sub-base.
- Base.
- Imprimación.
- Asfalto, y
- Cualquier otra partida que aparezca, dependiendo de la calidad constructiva del terreno.

PARA EL CASO b:

En este caso entran todas las partidas anteriores, más:
- Excavación de material no clasificado.

Aunque sería lo más conveniente la ampliación de un solo lado, esto no siempre es posible, porque tenemos el tramo existente esta asfaltado el cual es una limitante para dividir y obtener el eje, que define el bombeo tanto de un lateral, como del otro.

Si no hay asfalto existente, se facilita el trabajo, ya que podemos conformarlo como un todo, tanto la parte vieja, como la nueva, y establecer nuestro bombeo sin ningún problema.

Cabe destacar, que las ampliaciones se hacen, tomando en cuenta las condiciones topográficas del terreno, y la menor dificultad que presente transversalmente el tramo vial en estudio. Se toma, ya sea, el lado Izquierdo o el derecho, dependiendo de la conveniencia técnica.

3.35- LAS OPCIONES DE PROCEDIMIENTO DE CONSTRUCCIÓN QUE SE PRESENTAN SON LAS SIGUIENTES:

a) Limpiar, y colocar los camiones de reversa y se tira el material desde arriba hasta completar la altura deseada y luego compactar.

b) Haciendo una meseta en el plano bajo y levantando capa por capa, hasta completar el ancho y la altura deseada.

Aunque se nos presentan dos posibilidades, tenemos que obviar la opción a, ya que este tipo de procedimiento al principio cumple con su función de conseguir el ancho; pero al cabo de un tiempo pueden aparecer grietas longitudinales, depresiones o también, lo que llamamos piel de cocodrilo. Este sistema de conseguir desde arriba grandes espesores es erróneo y como consecuencia, podría colapsar la estructura.

Este método solo funciona cuando se ha hecho una banquina en la parte de abajo y se ha logrado ancho suficiente. Entonces así, es posible que los camiones suplan el material indicado, desde la parte superior, teniendo los equipos, las condiciones necesarias para regar y compactar el material.

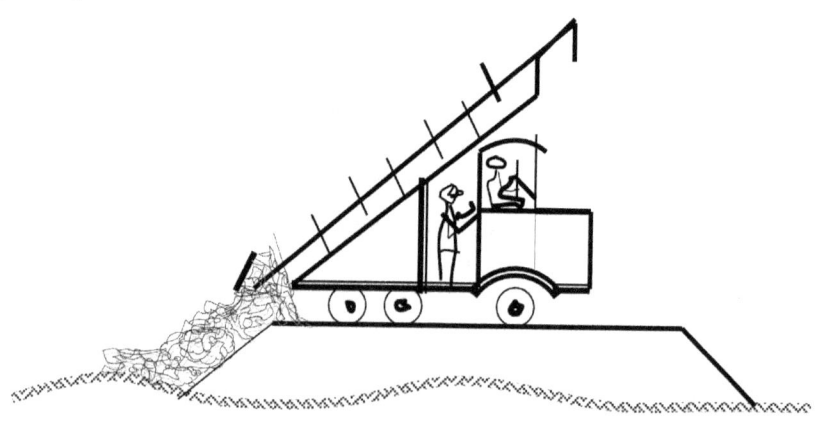

Figura 3.49- Nos muestra un camión vaciando material de relleno para la ampliación de la plataforma de rodamiento.

El método expuesto en la opción b es el correcto, usando un equipo para limpieza, ya sea un tractor, una pala mecánica o una moto- niveladora.

Si hay grandes extracciones de material inservibles, podemos usar una retroexcavadora.

Figura 3.50- Muestra varias pilas de material de relleno en una ampliación y que se debe realizar un corte inclinado al material existente, para lograr la correcta unión entre el viejo y el nuevo.

Debemos tener en cuenta, que el equipo que vamos a utilizar es el que nos parezca más adecuado para realizar el trabajo, después de observar y evaluar el área.

A medida que sube el relleno se debe limpiar el talud con la moto-niveladora; y como es lógico, después de regado y nivelado, el material debe ser mojado con un camión cisterna

Es muy importante, seguir un procedimiento adecuado para unir dos terraplenes; uno viejo y otro nuevo, es necesario unirlos a través de un corte en talud inclinado, para evitar futuras fisuras por acomodamiento de partículas entre los cuerpos actuantes. Ver figura 3.49.

Hay situaciones que se presentan donde se dificulta producir un plano inclinado, porque el plano inclinado se construye desde el borde del terraplén hacia el borde de la carretera. Por tanto en una carretera con cierta limitaciones de ancho, y donde no haya paseo, es limitado este método constructivo, porque estrecha el ancho de la vía existente.

Para que la unión vertical sea constructivamente exitosa, el corte tendría que ser casi perfecto, y así el terreno existente con una compactación 100% y una consolidación a través del tiempo en toda su estructura; recibiría a su lado otra con una compactación cuidadosa desde el punto de vista práctico. De esa manera no habría asentamientos importantes al paso de los vehículos por la nueva estructura. El sello de la imprimación y la carpeta asfáltica evitarían la filtración de agua por la unión de ambas, no obstante consideramos más correcto y con mucho más seguridad, siempre y cuando sea posible, el procedimiento constructivo con talud inclinado, como lo muestra en la parte d) de la figura 3.52.

En nuestras investigaciones, hemos observado construcciones con procedimientos constructivos con unión vertical, dando como resultado asentamientos en el nuevo terraplén. Producing así filtraciones en la unión de ambos, que provoca el fallo por saturación, y por consiguiente la pérdida de capacidad de soporte del pavimento o provocan fisuras por separación de área viejas y nuevas, Ver figura 3.51 y 3.52 a y b.

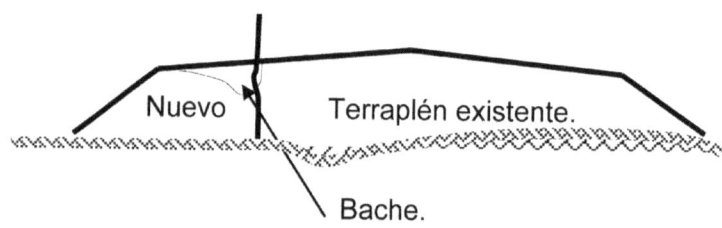

Figura 3.51- Bache producido por asentamiento de una compactación deficiente y filtración de agua.

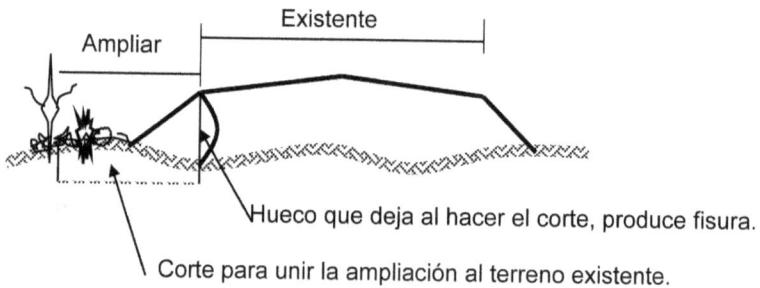

a) Sección original, con saneamiento a realizar.

Conceptos prácticos de procedimientos constructivos

c) Muestra la fisura por ampliación de vía y unión incorrecta entre el tramo nuevo y el viejo.

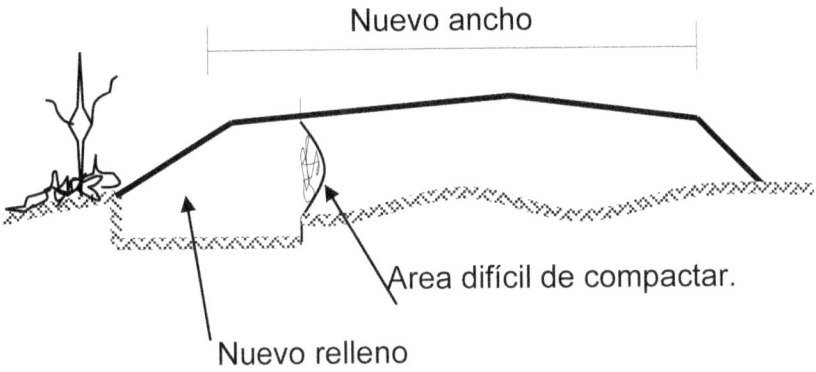

b) Sección con corte realizado.

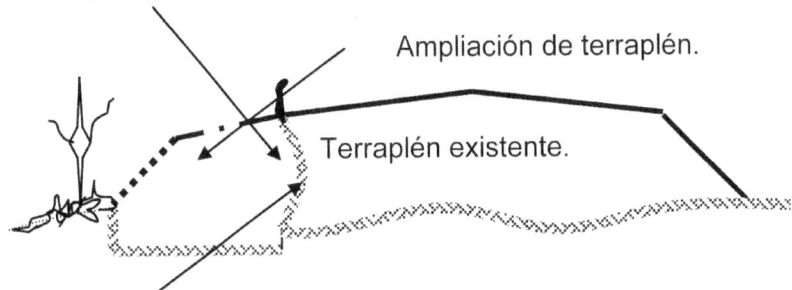

8- Unión incorrecta. Relleno realizado.

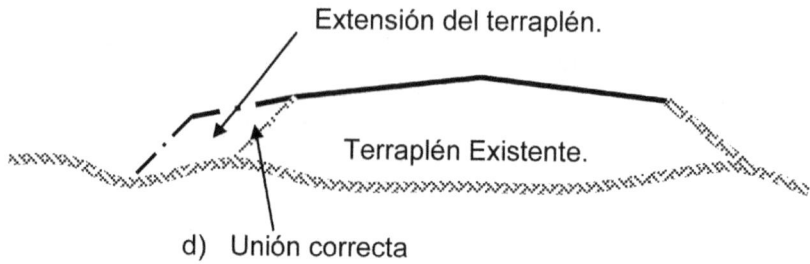

Figura 3.52- Muestra la forma correcta de extender la plataforma de rodamiento de una carretera que estaba muy estrecha y la fisura que provoca cuando se une la parte vieja y la nueva de manera irregular.

3.36- CUANDO UN TERRAPLÉN QUEDA ESTRECHO. ¿QUÉ HACER?

Una de las cosas que se debe evitar al construir cualquier tipo de obra vial, es una explanación con un ancho insuficiente. A veces en el proceso constructivo, cuando la brigada topográfica replantea el terraplén, se dan cuenta a cierta altura, que se cometió un error y que las estacas laterales caen fuera de las líneas del terraplén, lo que indica que el ancho de la explanación es insuficiente, y por tanto debe ser corregida esta distorsión.

3.37- ¿QUÉ PASA EN ESTOS CASOS?

Todo ingeniero debe cuidar que se presente esta situación supervisando y coordinando con el agrimensor o con la brigada, el replanteo continuo, tanto de los terraplenes, como los cortes. El costo que implica reponer el ancho perdido en un terraplén es incalculable, mientras a más altura se detecta el error, más costosa es la operación; cuyos costos no son repuesto por la supervisión, sino que el contratista debe cargar con esos gastos.

La forma más adecuada para completar este relleno, ya lo explicamos en la sección 3.31; aunque podríamos adicionarles algunos elementos, que casi siempre se presentan en este tipo de error constructivo, por ejemplo:

- Cuando la brigada topográfica replantea. En ocasiones, la estaca queda a una distancia que los equipos no pueden trabajar libremente; esto obliga a tener que cortar el terraplén ya construido y con ese material realizar una banquina, para proceder a completar el ancho faltante, sin que se vea una discontinuidad en las líneas laterales. Todo esto se resuelve con la existencia de una retro excavadora en el lugar.

3.38- ¿RAZONES QUE PROVOCAN LA SITUACIÓN QUE UN TERRAPLÉN QUEDE ESTRECHO?

- Que el replanteo inicial no fue el correcto.
- Que se haya cometido algún error de trazado al realizar el primer replanteo.
- Que se hayan levantado capas de materiales con un talud más inclinado al indicado. Esto ocurre cuando se levantan varias capas sin que la brigada topográfica haya chequeado, y tanto el capataz, como el chequeador se descuidan o carecen de las experiencias necesarias.

Exponemos este tema y su solución, ya que hemos visto presentarse en algunas ocasiones y las soluciones aplicadas por algunos constructores. Lo más grave que hemos encontrado a nuestro paso es la poca preparación, conjuntamente con el poco amor y entendimiento que tiene una parte importante del personal que trabaja en las construcciones viales.

3.39- RECOMENDACIONES LAS CUALES HAY QUE LLEVAR A CABO AL CONSTRUIR UN TERRAPLÉN.

Es importante que el método constructivo aplicado en los terraplenes sea técnicamente adecuado, para evitar fallas catastróficas que conlleven el colapso de la estructura.

Antes de comenzar a colocar rellenos para construir un terraplén, se debe extraer todo el material inservible que presente inestabilidad en el terreno de fundación. Hay que aplicar capas no mayor de 30 cm, y compactarlas adecuadamente, para evitar asentamientos por consolidación de los materiales.

También hay que tomar en cuenta que al construir cualquier obra de arte por debajo del terraplén, muy especialmente alcantarillas, se debe proceder cuidadosamente en su colocación y compactación para evitar vicios que atenten con la calidad de la estructura.

3.40- COMPORTAMIENTO Y MANEJABILIDAD DE LOS MATERIALES QUE SE USAN EN TERRAPLÉN.

Si bien los materiales son analizados de manera científica y sus comportamientos han sido estudiados por la ciencia a través de largos años de experimentos; no es menos cierto que el constante contacto con el uso de dichos materiales, el profesional aprende a convivir con ellos y conocer partes de sus características y comportamientos.

Se llega hasta el punto de la admiración y emoción cuando se encuentran materiales con condiciones que llenan nuestras expectativas. En la práctica encontramos una gran diversidad de comportamientos en los materiales usados para terraplén, sub-base y base; tanto en su conformación granulométrica, como en su aspecto físico en general; así como su comportamiento en el regado y en la facilidad o dificultad de absolver el agua para una adecuada compactación; además de su trabajabilidad ante la presencia de la motoniveladora.

Figura 3.53- Camión depositando material para relleno.

El material que observamos en la fig. 3.53, notamos que a pesar de que ha sido sobre mojado por las lluvias, el comportamiento al paso de los camiones es aceptable; aunque no está apto en ese momento para aplicársele otra capa encima, debido al alto índice de humedad que presenta; lo aconsejable es dejarlo airear y que el sol lo caliente hasta perder un poco de humedad. Es muy posible que el material que se está aplicando también tenga exceso de humedad, lo que significa entonces que las pruebas de compactación no darían los resultados deseados, en ese sentido se perdería mucho tiempo porque habría que escarificarlo para lograr la humedad optima; de esa manera se incurre en pérdida de tiempo y recursos mal invertido.

1.- MATERIAL DE RIOS.

Son materiales mayormente saturados; pero su excelente granulometría en base a arena y grava; además de su baja plasticidad, ayudan a que el material escurra con gran facilidad. Si al regar el material, notamos que aún conserva mucha humedad, se deja extendido un tiempo al sol, para luego proceder a nivelarlo. Estos materiales deben ser autorizados por el Ministerio de Medio Ambiente o cualquier otra institución que sea responsable del control de las cuencas de los ríos y preservación del Medio Ambiente; los cuales pueden ser parte de la limpieza o adecuación de cuencas.

Este tipo de material no presenta gran dificultad al regado; solo cuando tiene gran cantidad de desperdicios gruesos; en ese sentido el rendimiento de la motoniveladora es menor. Cuando esto sucede, tenemos dos maneras principales de deshacernos de los mismos:

- Cribando el material.
- Usando hombres para extraer las piedras en el lugar de colocación.

2.- Materiales de origen Calizo y conglomerados para el uso en vías.

Entre los materiales de origen calizo, se encuentran una gran variedad y diversidad.

- Hay algunos de granulometría esencialmente gruesa, con plasticidad muy aceptable, y de comportamiento físico excelente, aunque presentan cierta resistencia al regado, absorben bien el agua, y no hay problemas con la compactación.

- Materiales arcillosos, con un índice de plasticidad y graduación granulométrica muy aceptable; pero con alta presencia de finos y una humedad muy alta; cuya saturación con la presencia de agua dificulta a la motoniveladora regarlo de una forma adecuada y, en ocasiones hay que desechar parte del mismo, siendo necesario dejarlo secar o tenderlo abierto al sol. A pesar de estos inconvenientes su comportamiento físico, practico en muy aceptable. La rica granulometría impide que su alta plasticidad actué en contra del tránsito.

Estos tipos de materiales en estado seco son fáciles de manejar con la motoniveladora, su dificultad aumenta proporcional a la humedad.

- Materiales arcillosos, con baja granulometría, baja humedad natural, y un alto porcentaje de finos; son los más fáciles de manejar, dando una terminación de primera; el rendimiento de la moto-niveladora es óptimo. Este material es muy difícil de absorber el agua; en un regado de agua normal, su espesor mojado no pasaría de 5cm.

Este tipo de material es recomendable mojarlo lo más que se pueda al atardecer, para compactar o afinar la compactación en la mañana antes de salir el sol. Las pruebas de suelo pueden caerse si no se conoce su comportamiento ante el agua.

d- MATERIAL IDEAL:

En algunos lugares, aparecen materiales que desde el punto de vista técnico-económico, Reúnen las condiciones requeridas por las normas establecidas, tienen pocos desperdicios, son excelentes para los equipos dar buen rendimiento, entre otras bondades.

Este tipo de material, tiene una granulometría bien graduada, el índice de plasticidad bajo, un CBR aceptable por encima de 30

Cada material inmediatamente muestra cómo ha de trabajarse y comportarse, si necesita mucha o poco agua, y el ingeniero experimentado conoce al vuelo esas características. Conocer el comportamiento de los materiales, es una ventaja porque se puede programar para una mejor y más rápida compactación de la misma. Lo lógico es que cada material sea analizado con técnicos de laboratorios de suelos dando como resultado todas las características del mismo.

3.41- COMPACTACIÓN.

La compactación es el proceso de incrementar, mecánicamente, el peso, por unidad de volumen del material aplicado, de esa manera se incrementa la capacidad portante del suelo previniendo los asentamientos. La compactación mueve las partículas de suelo reacomodándolas más cerca, unas de otras, y de esa manera obliga a salir el aire que estaba atrapado entre ellas.

Al incrementar la densidad, el suelo es más capaz de soportar una carga, sin sufrir asentamientos importantes. Aunque hay diferentes tipos de rodillos que pueden realizar la compactación, pero los más usados son los rodillos vibradores de tres ruedas con una rueda metálica lisa en el eje delantero y dos neumáticos atrás, este rodillo es excelente en suelos granulares. También el rodillo pata de cabra es un excelente compactador de suelos arcillosos.

En la Fig. 3.54 vemos un relleno de un espesor aproximado de 1.00 m, donde un rodillo vibrador compacta la conformación final de la base. Según podemos observar el talud el mismo no presenta una compactación adecuada; lo que indica que en ese tramo después de asfaltado podrían aparecer fisuras a lo lago y paralelo al talud, lo cual provocaría asentamientos de considerables magnitud, poniendo en peligro la estabilidad de la vía. En este caso para poder preservar la plataforma va a ser necesario la construcción de encaches del talud.

Figura 3.54- Rodillo vibrador compactando lateral.

Otra de las cosas que podemos observar es que el talud construido en menos de 1.5:1 (ver Capítulo I, sección 1.3.23), el cual debería ser la menor inclinación en este tipo de carretera. El equipo adecuado para realizar este tipo de compactación es el rodillo estático de tres ruedas, el cual al parecer ha sido descontinuado en las obras viales.

Después de la motoconformadora regar y nivelar el material, y luego de ser irrigado con un camión cisterna se puede iniciar el proceso de compactado. Para mojar el material se debe tener en cuenta el tipo de material, debido a que hay algunos que no se le puede aplicar mucha agua para compactarlo de una vez; en ese caso sería necesario dejarlo que se escurra un poco, porque se pega el material de la rueda lisa del rodillo y deteriora la conformación de la vía, dejando hoyos en la misma.

Hay muchos materiales dificultosos en la mezcla con el agua, el profesional de campo con experiencia, conoce al dedillo las complicaciones de estos materiales en su comportamiento con el agua y puede rápidamente decidir si le aplica agua inmediatamente después del regado o le da un paso de rodillo rápido para ajustarlo un poco sin sellarlo y luego mojarlo.

El material de rica granulometría y baja plasticidad no presentan ningún tipo de problema, en ese caso se le puede aplicar agua inmediatamente después de conformado por la motoniveladora e inmediatamente entrar el rodillo vibrador.

Otros de los parámetros que se deben tomar en cuenta a la hora de aplicarle agua al material conformado son las condiciones de humedad en que se encuentre a la hora de ser usado; en ese orden si tiene una buena humedad se le puede pasar un par de paso con el rodillo y luego irrigarle si es necesario un poco más de agua.

El Ingeniero de campo con el constante contactos con los diferentes materiales, con tan solo verlo, conoce el comportamiento de cada uno de ellos con el agua.

Después de analizar su comportamiento, el operador del rodillo comienza dándole unas pasadas rápidas desde el extremo de la vía al centro y así a medida que avanza continúa aplicándole vibración a menos velocidad.

El numero de pasadas dependen del tipo de material ó de espesor y el tipo de rodillo. Se puede realizar un tramo de prueba y así se gana tiempo en esta operación.

Depende de la estrategia que se use en la compactación de ciertos materiales, para poder salir airoso desde el primer intento con la prueba de compactación realizada por el equipo de laboratorio de suelo. Es importante que esas pruebas den los resultados esperados; debido a que si no dan, se pierde mucho tiempo y recursos.

En ocasiones debe levantarse el material aplicado; también puede darse el caso que se debe escarificar para humedecerlo de nuevo o airearlo porque se pasó de la humedad óptima y eso significa tiempo y recursos adicionales a la partida de relleno, sub-base o base.

Esta acción de compactación muchas veces requiere de atención especial. Hay operadores de rodillos que conocen muy bien su trabajo y cómo proceder con los materiales complicados, en ese sentido es importante tomarlo en cuenta para mejores resultados. En ocasiones aun después de realizar las pasadas recomendables, el material puede no dar las pruebas, o si el operador del rodillo no conoce bien, puede disgregarlo y romper la compactación ya lograda; también puede sobrepasarse de pasadas consumiendo tiempo y combustibles.

Cuando se presenten casos que un material no de los resultados de la prueba de suelo, las razones pudieran haber sido:

a- Exceso o por falta de agua.
b- Por disgregación de material debido a muchas pasadas de rodillo.
c- Disgregación del material por falta de fino.
d- Variación de CBR del material.
 – Puede ser:
 • Cambio de betas en el banco de material. Si no hay buen control en la mina, puede aparecer un material con características diferentes al estudiado en laboratorio; por tanto el CBR puede ser diferente.

 • Que no se haya tomado la muestra en mina como debe ser y se esté usando para prueba el resultado de un material con CBR diferente.

Este caso es muy importante porque depende como se eligió la muestra para el laboratorio de suelo, si la muestra fue muy rica, su CBR será muy alto y los resultados de las pruebas de compactación no serían las reales y se caen. Por eso es muy importante la forma de escogencia de las muestras de materiales que se va a enviar al laboratorio de suelo.

CAPA	AASHTO	% de compactacion minima
Cuerpo Terraplén	Estandar	90
Subrasante	Estandar	95
Subbase y Base A	Estandar o Intermedia	95 a 100
Subbase y base B	Modificada	100

Fuente: Manual de Pavimentos. Jesús Moncayo

Figura 5.55- Porcentaje de compactación según la capa de aplicación.

3.42- ¿CÓMO ELEGIR UNA BUENA MUESTRA DE MATERIALES PARA PRUEBA DE LABORATORIO?.

a- Se ubica la mina o el banco de materiales.

b- Se puede notar que el material grueso se encuentra al pie de la montaña o promontorio, no se debe escoger este material; sino mezclar material fino con grueso, para tener una muestra homogénea.

c- Si el material está por debajo del nivel de suelo, debe realizarse una calicata lo más profunda posible, así se evalúa también el volumen del banco.

d- Se coloca en sacos conteniendo una ficha el nombre de la mina y el material muestreado, localización y ubicación de la mina.

Con estas muestras se obtienen en laboratorio:

- Análisis granulométrico.
- Limite líquido.
- Limite platico.
- Índice de plasticidad.
- CBR (California Bearing Ratio), Valor Relativo de Soporte.
- Coeficientes de variación volumétrica (expansión y contracción). Humedad óptima, etc.

3.43- MEZCLADO DE MATERIALES.

En ocasiones las diferentes minas, individualmente no cumplen con todas las condiciones técnicas requeridas, siendo necesario la mezcla de materiales de dos o más minas, por ejemplo: Si una mina tiene como características un material plástico; pero con una granulometría aceptable; y otra mina con materiales de baja plasticidad y pobre granulometría. La combinación de ambas minas podría dar un material que reúna las condiciones de diseño.

Aunque técnicamente es posible, el mezclado necesita de mucho cuidado y mucha supervisión para poder cumplir con los requerimientos de diseño, por tanto no es aconsejable, salvo que las necesidades así lo ameriten.

Estas mezclas se podrían hacer con palas mecánicas; usando bancos separados de materiales, y estableciendo el porcentaje de cada uno por cubos de pala, para luego ligarlos y obtener el material deseado.

También se pueden distribuir en el lugar de la carretera donde serían usados; transportando cada material según su porcentaje, y ligándolo con una motoniveladora, llevándolo de un lado a otro hasta obtener el producto final.

A la hora de analizar las partidas, tanto de relleno como de sub-base, hay que tomar en cuenta la cantidad de desperdicios de los materiales, que podría oscilar entre un 5 y 10%; aunque hay materiales muy gruesos, donde ese porcentaje podría aumentar sustancialmente.

El mezclado de materiales, es solo una solución, que podría ser viable o no; ya que existe el sistema de estabilización de materiales, cuyo procedimiento constructivo en mucho más ágil y más seguro en el aspecto técnico.

3.44- ESCARICACIÓN DE SUPERFICIE.

Escarificar: Es rasgar el material existente, de tal manera que rompa la homogeneidad superficial de la capa de material compactada, de tal manera que produzca una unión única entre los dos materiales.

Figura. 3.56- Motoniveladora escarificando.

También se puede escarificar para hacer más fácil y menos forzado el trabajo de la motoconformadora, sea para cortar, o para reconformar. También se escarifica para abrir un material saturado de agua etc. Estos tipos de escarificación son más profundas que la anterior. Esto es solo para comodidad y facilidad del manejo del trabajo.

Durante el proceso de construcción del terraplén, cada vez que se aplica una capa de material, una vez conformada y compactada; se escarifica el material de una manera superficial. Es importante después de esta acción, irrigarle un poco de agua, de esa manera se produce mejor adherencia entre ambas capas.

Algunos operadores realizan una escarificación muy profunda, la cual no es aconsejable, porque entendemos que destruye la compactación obtenida en el material ya conformado.

Podemos observar que en algunos presupuestos aparece esta partida con una longitud por un ancho, lo que expresa un área en metro cuadrado, sin tomar en cuenta las diferentes capas que hay en un espesor determinado; es decir que una carretera de 10.00km, tiene un ancho de 8.00m, con un espesor de relleno promedio de 0.40m, y la misma con igual longitud y ancho, pero con un espesor de 1.50; tienen la misma área de escarificación, lo cual no se corresponde.

Si se toman los criterios expuestos, sobre el procedimiento de construcción de un terraplén, de escarificar capa por capa para unir las mismas como una sola masa; nos damos cuenta que el área de escarificación es mucho mayor que multiplicar 10,000 m x 8.00 m = 80,000 m². Veamos el siguiente ejemplo:

Ejemplo.

Encontrar el área total de escarificación, para un espesor de relleno de 1.40, si la misma se hace en capas de 0.30m.

1- Ancho 1 = 0.20m x 1.1.5 (talud) = 0.30m x 2(lados) = 0.60m
8.00m + 0.60m = **8.60m**

2- Ancho 2 = 0.30m x 1.15 = 0.45m x 2 = 0.90m
8.60m + 0.90m = **9.50m**

3- Ancho 3 = 0.30m x 1.5 = 0.45m x 2 = 0.90m
9.50m + 0.90m = **10.40m**

4-Ancho 4 = 10.40m + 0.90m = **11.30m**

5- Ancho 5 = 11.30m + 0.90m = **12.20m**

Entonces podemos ahora calcular el área a escarificar en cada capa.

Area				
1-	10,000m	x 8.60m	=	86,000m2
2-	10,000m	x 9.50m	=	95,000m2
3-	10,000m	x 10.40m	=	104,000m2
4-	10,000m	x 11.30m	=	113,000m2
5-	10,000m	x 12.20m	=	122,000m2
*Total				570,000m2

Podemos ver que el área a escarificar, es más de tres veces la que tendríamos en el presupuesto.

Si observamos el precio analizado en los presupuestos, producto del un rendimiento de una motoniveladora, nos damos cuenta que ese rendimiento no es para una capa; debido que el precio es muy alto, por tal razón y según nuestro análisis, ese precio corresponde a tres capas promedio; lo que indica que podría usarse también un ancho promedio de las tres capas y nos dará un resultado.

Lo que habría que definir el espesor promedio de las tres capas, que podría ser entre 0.30m a 0.90m; lo que indica que todo terraplén que pase de 0.90m, se le debe calcular la escarificación a la diferencia de altura, siguiendo con el método planteado. Lo que significa que tomando los tres primeros espesores, desde abajo hacia arriba, tomamos un promedio de ancho, que en este caso sería = 11.30m x 10,000ml = 113,000.00m2, y el resto sería = 9.05m x 10,000.00ml = 90,500.00m2.

Estos promedios de ancho pueden obtenerse de una manera más práctica con la sección transversal y los espesores, tal y como es analizado en el capítulo III, sección 3.31. Lo más lógico sería, que se establecieran análisis de precio para esta partida por cada 0.25m de espesor; al parecer no hay una homogeneidad entre los analistas de precios en obras viales sobre esta partida.

El análisis y adecuación de esta partida se la dejamos a los especialistas, encargados de una u otra manera de analizar presupuestos, realizar relaciones de partidas y cubicar en las obras a su cargo.

Esta partida se mide en M2.

Partidas que intervienen en el análisis.

- **Motoniveladora.**

3.45- CONFORMACIÓN DE SUB-RASANTE.

Al término del terraplén, la brigada topográfica replantea con bolos los niveles de la superficie existente, para afinar con la motoniveladora altura y bombeo de la vía; de tal manera que no hayan depresiones que acumulen agua y provoquen saturación, y por consiguiente daños en la plataforma de la vía.

Todos los materiales colocados por encima de este nivel, tienen espesores definidos, y pueden ser medido con gran facilidad desde la comodidad de su oficina o cualquier lugar que se elija; a diferencia de los que se encuentran por debajo de la sub-rasante, que necesariamente se necesita levantamientos topográficos para conocer el volumen real.

Esta partida se mide en M2.

Partidas que intervienen en el análisis.

- Moto niveladora.
- Rodillo.
- Camión de agua.

3.46- BOMBEO.

Es la inclinación transversal de una vía, partiendo desde el eje a los extremos; el bombeo establecido para carretera es 2%, mientras que en la construcción de caminos están entre 3 y 4%, aunque cuando hay pendientes longitudinal muy fuerte se puede aumentar el bombeo, para así derramar el agua un poco más rápido hacia el lateral.

El bombeo debe realizarse desde la terminación de la sub-rasante y continúa en la sub-base y en la terminación de la base. Es necesario para un buen drenaje de la plataforma, de esa manera evitar infiltraciones y por tanto ablandamiento de los materiales; además se debe realizar un buen perfilado.

3.47- PERALTE.

Es la inclinación transversal producidas en las curvas horizontales, desde un extremo de la vía al otro. Cuando el rozamiento transversal de la vía no es suficiente para evitar el deslizamiento del vehículo; el peralte evita que los vehículos sigan la tangente de las curvas sacándolo fuera de la misma; el peralte contrarresta la fuerza centrífuga obligando al vehículo mantenerse en la vía, siempre y cuando no sobrepase la velocidad de diseño.

Al entrar y salir de las curvas debe haber una transición de bombeo a peralte y de peralte a bombeo. El peralte se expresa en función de las variables velocidad y radio.

La fórmula para calcular el peralte en porciento en la siguiente:

$$P = \frac{100 V^2}{2.26 R}, \text{ donde:}$$

R = radio de curvatura.
V = velocidad de diseño.

El peralte puede construirse:

a) A partir del eje, levantando uno de los extremos y bajando el otro.
b) Levantando uno de los extremos.
c) Bajando uno de los extremos.

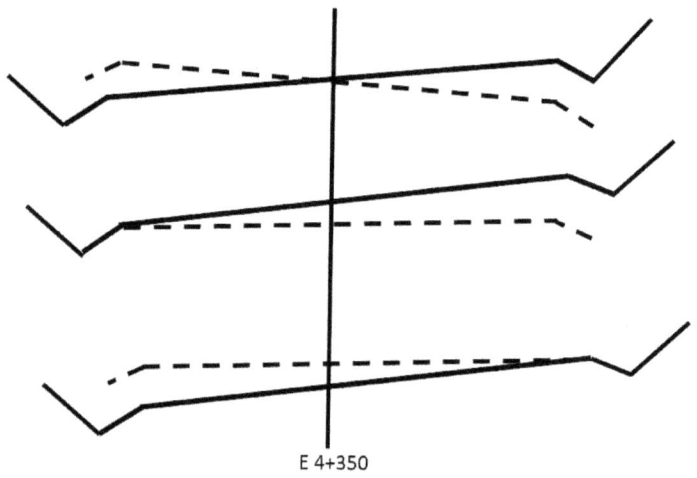

Varias formas de peraltar las curvas.

Figura 3.57- muestra las formas en que pueden formarse los peraltes.

Depende de la topografía del terreno y la pendiente de la vía. Es necesario construir el peralte en la etapa de la sub-rasante debido a que producto del levantamiento, se produce un sobre ancho; además que es necesario la ampliación el esa área. En el replanteo inicial dicho bombeo debe tomarse en cuenta para evitar posibles inconvenientes con el ancho, preferiblemente en las curvas encajonadas.

4
BASE Y SUB-BASE

4.1- SUB-BASE

La sub-base, es una estructura aplicada por encima de la sub-rasante, y que sirve de soporte a la base. Este material tiene que ser de superior calidad que el material aplicado en el terraplén, o del material de los cortes dejado como subrasante.

Para aplicar la sub-base, la subrasante, como dijimos anteriormente debe estar bien terminada, perfilada, ajustada a los niveles topográficos definidos. Ancho, altura, bombeos y peraltes deben estar bien afinados.

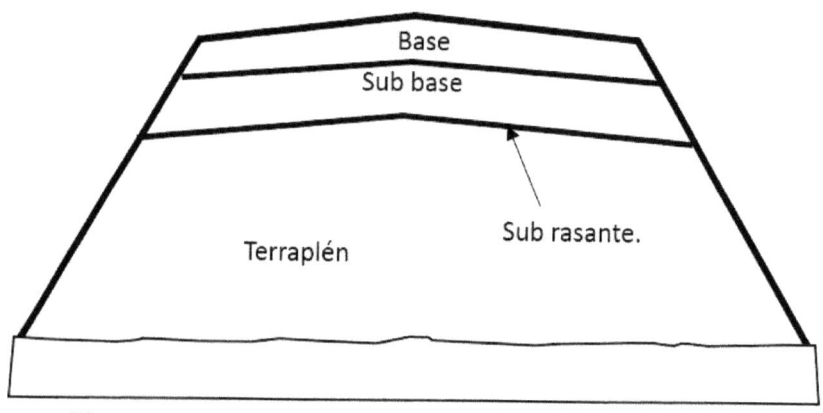

Figura. 4.1- Representación gráfica de terraplén, sub-base y base

Tanto la sub-base, como la base y el asfalto, tienen espesores definidos; por tanto es necesario el perfilado exacto de la sub-rasante; ya que cualquier variación en altura, por encima de los niveles topográficos, afecta el espesor de la vía y su estructura no cumpliría con los parámetros de diseño.

Por otra parte, si los niveles se encuentran por debajo, afecta en la parte económica a la empresa constructora; debido a que cualquier volumen excedente al establecido no será cubicado por la compañía supervisora.

La capa de sub-base, conjuntamente con la base y el asfalto forman lo que llamamos diseño de pavimento, y su función es distribuir las cargas recibidas por la base.

Esta partida se mide en m^3c.

ANÁLISIS.
1-. Extracción.
2-. Carguío.
3-. Arranque.
4-. 1er. Km.
5-. Derecho de mina.
6-. Pago a la secretaría de Medio Ambiente.
7-. Desperdicios.

4.2- EL MATERIAL A USAR EN SUB-BASE DEBE CUMPLIR CON LAS SIGUIENTES CARACTERÍSTICAS:

- El CBR debe exceder el 30%.
- El límite líquido debe ser inferior al 25%.
- El índice plástico no debe exceder al 9%.
- El desgaste de la máquina de los ángeles no debe exceder el 45%.
- Debe cumplir con la siguiente granulometría:

CARACTERISITICAS A CUMPLIR PARA LA SUB BASE	
TAMIZ	% QUE PASA
2 ½"	100
1 ½"	100
1"	65-100
¾"	65-100
3/8"	40-75
No. 4	40.75
No. 8	20-50
No. 40	20-50
No. 200	5-18

Tabla 4.1. Condiciones físicas que deben reunir los materiales para base.

En algunas ocasiones, aparecen materiales que reúnen todas las condiciones expuestas anteriormente, salvo que aparecen muchas rocas por encima del diámetro mínimo requerido en la tabla anterior. En este caso podemos cribar el material como explicamos a continuación:

Figura 4.2- Muestra una Motoniveladora y un Rodillo, completando la sub- base.

- **CRIBADO DE MATERIAL.**

Si puede construir un plano inclinado para cribar los materiales y de esta misma manera seleccionar un material que se ajuste a las normas establecidas. Con ese plano inclinado, con perfiles separados según los requerimientos del proyecto. Con este sistema solucionamos una situación que se pueda presentar; aparte de cumplir con la calidad y las normas consignada al tipo de construcción y al estrato del pavimento donde se va a aplicar el material, tales como: Relleno, Sub-base o Base.

Se debe buscar en toda el área cercana, la posibilidad de encontrar un banco de material que se ajuste a las especificaciones técnicas del proyecto. Si después de hacer esas gestiones, no se localiza una mina con esas condiciones; entonces procedemos al cribado del material. Esta solución es una opción desde el punto de vista económico; ya que en otros lugares a grandes distancias, podrían aparecer minas que cumplan con estas especificaciones.

Conceptos prácticos de procedimientos constructivos

Realmente el cribado, es una solución intermedia entre el material natural bruto y los grandes volúmenes de acarreo que podrían ocurrir al obtener el material de una mina a una distancia muy larga.

4.4- PROCEDIMIENTO PARA CRIBAR UN MATERIAL.

Se construye un plano inclinado con perfiles de acero, si es posible aprovechando algún desnivel en un área lo mas cercana posible de la mina, y que no entorpezca la extracción del material. Ver la figura No.4.3.

La pala mecánica puede recoger de una manera directa, todo el material que esté cortado y llevarlo al plano inclinado. El volumen restante debe ser acarreado con camiones a un banco cercano a la rampa, para luego ser levantado y depositado por una pala mecánica o una retroexcavadora al plano inclinado.

También podemos optar por descargar directamente el camión, siendo este procedimiento el más económico. Cada cierto tiempo la pala mecánica debe limpiar tanto las piedras desalojadas a la parte más baja, como el material derramado por debajo del sistema, que es el material a usar en el proyecto.

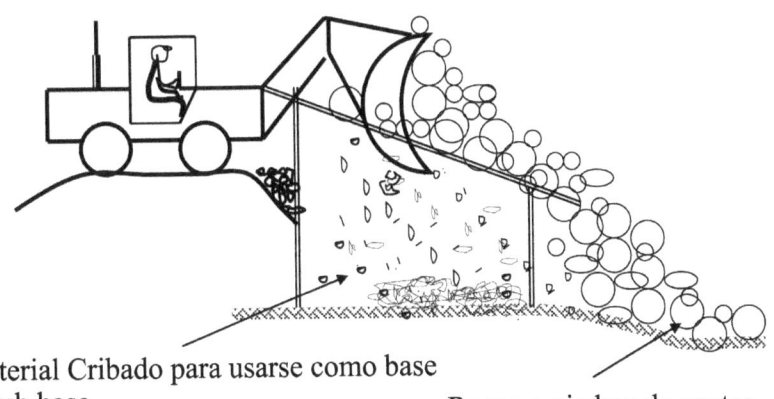

Material Cribado para usarse como base O sub base.

Rocas o piedras de cuatro Pulgadas en adelante, se pueden usar para Muros de Gaviones, encaches etc.

Figura 4.3- Vemos la Pala Mecánica vaciando material en el plano inclinado.

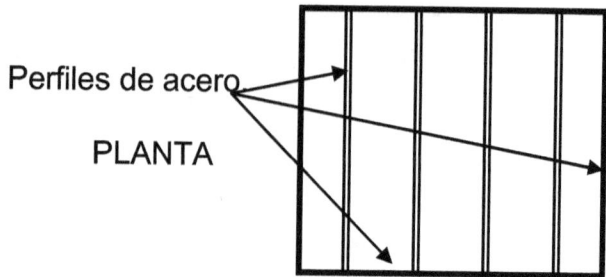

Lo recomendable es optimizar el tiempo de la pala en la limpieza y el llenado de camiones.

Dependiendo de la urgencia del proyecto, se puede aumentar o disminuir el equipo.

4.5- DIAGRAMA DE FLUJO DE OPERACIÓN DEL CRIBADO.

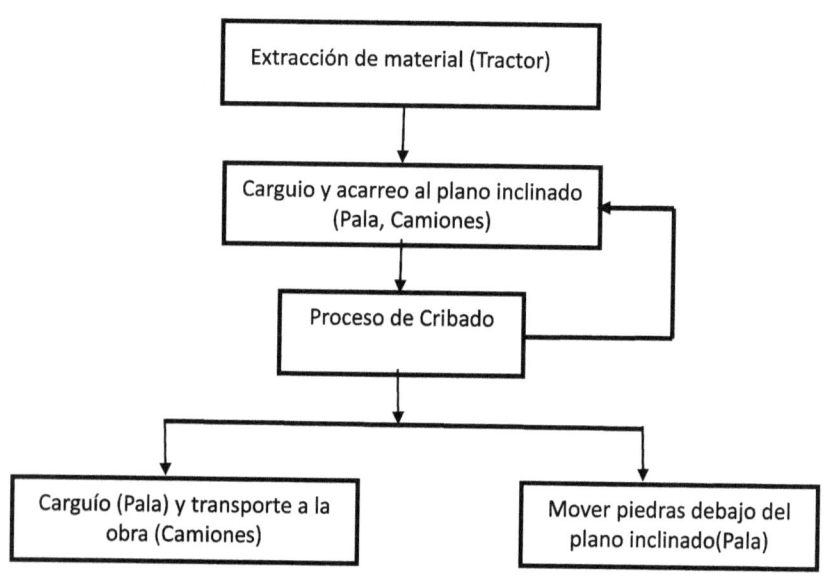

Figura. 4.4- Organigrama procedimiento Cribado.

Podemos observar, tres actividades diferentes que se realizan en el proceso de cribado; y por tanto encarecen la partida de Sub-base o la de Base, según el uso correspondiente.

Realmente hay otros métodos que pueden usarse para separar las piedras grandes del resto de material como son:

a) El uso de la tolva, zaranda, movido por motores; lo que indica que este sistema es más costoso de operar.

- Con el uso de hombres.

Desde que los camiones descargan el material en la obra, comienzan los hombres a sacar las piedras que quedan en la superficie, al igual que cuando la moto-niveladora lo riega, también una parte del material grueso es desplazado hacia los lados en el regado y nivelado por el equipo.

Aunque este método es el más económico, no es el más recomendable desde el punto de vista técnico, debido a que no se llega a sacar todas las piedras grandes que estén por encima de los planos granulométricos establecidos.

Con el uso de este método, la moto-niveladora obtiene un bajo rendimiento, por la oposición al regado que presentan los sólidos más grandes; dando además una terminación más rústica.

Debemos recordar, que mientras más piedras grandes, menos homogeneidad habrá en la compactación, porque se forman puentes alrededor de las piedras, quedándose algunas veces sin el fino necesario, impidiendo la compactación del rodillo en esos puntos.

4.6- BASE

El material de base, analizado de manera separada, es el que debe reunir mejores condiciones. Es un material que para conseguir las características granulométricas que se requieren debe ser triturado; es decir, que el material natural es introducido a través de una tolva y transportado en correas a diferentes quijadas que rompen las rocas, las van disminuyendo y al final quedan trituradas al diámetro requerido, en este caso el diámetro mayor de los agregados debe ser de 2 ½ pulgadas, tal y como se puede ver en la tabla 4.1.

Este material va aplicado después de terminado, conformado, y perfilado el material de sub-base.

Esta partida se mide en M3c.

Al aplicar la base, la sub-base debe estar bien perfilada; debido a que si no es así, podría coger más material de lo normal, caso que iría en detrimento de la compañía; o en cambio, colocarse menos espesor, afectando el diseño realizado; el cual podría ocasionar deterioro en la carpeta asfáltica.

ANÁLISIS.
1-. Extracción.
2-. Carguío.
3-. Arranque.
4-. 1er. Km.
5-. Pago a la secretaría de Medio Ambiente.
6-. Derecho de mina.
7-. Desperdicios.

4.7- A CONTINUACIÓN DAMOS LAS CARACTERÍSTICAS GEOTÉCNICAS QUE DEBE CUMPLIR UN MATERIAL PARA SER UTILIZADO COMO BASE PARA LA CONSTRUCCIÓN DE UNA CARRETERA:

1-. El CBR (California bearring Ratio) debe ser mayor del 80%.
2-. El límite líquido no debe ser menor del 25%.
3-. El índice plástico no debe exceder el 6%.
4-. El tamaño máximo de los agregados no debe exceder 1½ pulgadas.
5-. El desgaste con la máquina de los Ángeles no debe exceder del 30%.
6-. Debe cumplir con la granulometría siguiente:
7-. Debe compactarse al 100% del proctor modificado.

CARACTERISITICAS A CUMPLIR PARA LA SUB BASE	
TAMIZ	% QUE PASA
2 ½"	100
1 ½"	100
1"	65-100
¾"	65-100
3/8"	40-75
No. 4	40.75
No. 8	20-50
No. 40	20-50
No. 200	5-18

Tabla 4.2. Condiciones físicas que deben cumplir los materiales que van a ser usados como sub-base.

EJEMPLO.
Calcular el volumen de base de una carretera de 12.00 km de longitud, un ancho de 8.00 m, y un espesor de 0.20 m,

Procedemos de la siguiente manera:

Obtenemos el ancho promedio; sabiendo que el talud es de 1.5: 1.
Primero tenemos que buscar el ancho de la Subbase, para luego sumárselo a la Base y buscar el promedio.

Calculamos el valor de b.

$b = 0.20$ m x $1.5 = 0.30$ m.

Por tanto: $b + b = 0.60$ m.

Entonces, $C = a + 2b = 8 + 2(0.30) = 8.60$ m.
Sumando $(a + c)/ 2 = (8.00$ m $+ 8.60$ m$) / 2 = 8.30$ m.

Tenemos que el volumen de base a usar es:

V = 12,000M x 8.30M x 0.20M = **19,920.00M.**

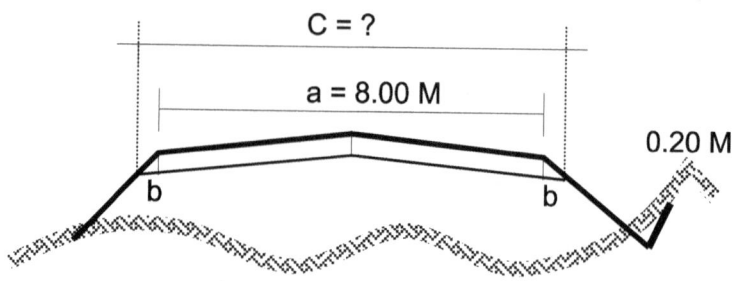

DE OTRA FORMA:

Obteniendo el volumen por separado. Por ejemplo el volumen que forma el rectángulo de la plataforma:

Vr = 12,000.00M x 8.00M x 0.20M = 19,200.00M.

El volumen de los triángulos:

Area del triángulo = 0.30M x 0.20M / 2 = 0.03M2

Como son dos triángulos At = 2 x 0.03M = 0.06M.

Entonces el volumen de los triángulos:
Vtr = 12,000.00M x 0.06M2 = 720.00M.

Volumen total de base:
Vt = Vr + Vtr = 19,200.00M + 720.00M. = 19,920.00M.

En carreteras y caminos de menor importancia, algunas veces se usan base granular natural.

La base granular natural debe cumplir con todas las características exigidas en las normas establecidas.

4.8- ESTABILIZACIÓN DE MATERIALES.

La falta de materiales en algunas zonas, que reúnan las condiciones necesarias de cohesión y fricción interna, y que sean capaces de contrarrestar los esfuerzos a que son sometidos los suelos bajo la acción del tránsito continuo, nos conducen a otras alternativas científicamente comprobadas; para poder satisfacer las condiciones requeridas para base y sub-base. Una de las alternativas que tenemos es la estabilización de materiales.

Aunque hay varios tipos de estabilización, las más usadas en nuestro país son:

4.9- BASE ESTABILIZADA CON CEMENTO.

Esta Liga Suelo – Cemento, es más recomendable usarlo en materiales granulares. Produce una resistencia que podría estar inclusive por encima del material de base natural y triturada. Además disminuye la plasticidad, y por las características especiales del cemento, esta combinación se vuelve impermeable y resistente.

En los suelos arcillosos el porcentaje de cemento es mucho mayor que en los suelos arenosos. Otra desventaja para estabilizar con cemento suelos arcillosos, es que al escarificarlos con la motoniveladora; si el material está seco aparecen terrones que no se pulverizan, y si esta mojado se dificulta la disgregación de partículas, condición imprescindible para una buena mezcla homogénea, cosa que no sucede si usamos la maquina recicladora.

Figura 4.5- Maquina Recicladora.

Este procedimiento es por la falta de materiales en la zona donde se va a construir la vía, llevan a las instituciones contratantes a usar la estabilización; inclusive, en algunas ocasiones estas soluciones podrían salir más baratas, que conseguir los materiales naturales o triturados; ya que la distancia de acarreo a que se encontrarían los mismos saldrían muy costosos.

El procedimiento de estabilización, consiste en la distribución equitativa del volumen de cemento con relación al volumen de material según las pruebas realizadas en laboratorio.

- Si el material esta aplicado y compacto en la vía, se procede a escarificar el material con una motoniveladora, disgregando todas sus partículas, de tal forma que el suelo pueda absorber una cantidad homogénea de cemento en toda su área.
- Si el material a estabilizar en acarreado, se deposita con camiones y se riega con una motoniveladora, se procede a escarificar, distribuyéndose equitativamente en toda su área; luego se liga el material llevándolo de un lado a otro.
- Podemos también, usar combinado con un arado agrícola de disco, que liga y pulveriza a la vez, dejándole a la motoniveladora, el trabajo de nivelar y conformar el material.
- Existen otros equipos más modernos, tales como la Máquina Estabilizadora de Materiales, ver figura 4.5, a esta máquina solo hay que distribuirle el cemento o la cal, y ella se encarga de hacer el corte necesario, entre 15 y 25 cm, y liga el material, logrando una mezcla homogénea, aunque hay algunos equipos que pueden profundizar hasta 50 cms.

4.10- BASE ESTABILIZADA CON CAL.

Esta liga Suelo – Cal, mayormente es usada en suelos arcillosos, la cual baja considerablemente la plasticidad, y contrarresta en gran parte la humedad de los suelos.

"Como norma general, se puede señalar, para que la estabilización sea eficaz, los suelos deben ser plásticos; y en ese sentido se considera que, a partir de un índice de plasticidad, IP, igual o mayor de 10, el suelo es adecuado para reaccionar satisfactoriamente a su estabilización con Cal; ya que esta es la clave para las reacciones químicas que proporcionan mejorías en las propiedades del suelo de forma inmediata y a largo plazo". – Manual de estabilización de Suelos con Cal (ANCADE).

Si no se encuentran materiales a distancias razonables, se pueden estabilizar hasta el terreno natural con una capacidad de soporte muy baja, y con la aplicación de la Cal logran obtener mejor resistencia.

Se podrá decir que una gran parte del territorio de República Dominicana, es rico en minas de materiales apto para usarse en construcciónes de carreteras. Estas minas son aptas en gran medida para rellenos, y en menor medida para Base y Sub-base.

A falta de minas con materiales que cumplan con las características físicas y geotécnicas; la Estabilización de Materiales sería la solución.

Como hemos dicho anteriormente, la estabilización de materiales es básicamente económica, y para algunos países donde la política de medio ambiente es más estricta, la estabilización da soluciones ambientales; debido a que el movimiento de materiales, hacia los bancos de botes, y los de extracción de materiales serían mas controlados; al igual que reduce significativamente el volumen de materiales y por consiguiente el acarreo, traduciéndose esa acción en una rebaja considerable en el presupuesto de la obra.

Figura 4.6- Estabilización en proceso.

4.11- LA ESTABILIZACIÓN DE SUELO PUEDE SER:

- Suelo en estado natural.
- Suelo transportado y compactado anteriormente, y que fruto del paso del tiempo y el tráfico, han pedido parte de sus características geotécnicas.
- Suelos transportados; pero que no reúnen las características físicas y geotécnicas de los materiales.

El uso de Cal es más económico que el de cemento, su proporción es menor, y el precio por funda en el mercado suele ser también mucho menor, aunque el uso de uno y otro procedimiento depende del tipo de material.

Se usa el mismo procedimiento de construcción que el usado en la estabilización con cemento.

4.12- BASES ESTABILIZADAS CON ASFALTO.

El asfalto que ha perdido las características principales, puede ser recuperado a través, del reciclaje, agregandole un porcentaje de asfalto nuevo o se puede estabilizar para dejarla como base estabilizada, según resultados del análisis, del asfalto existente se le puede aplicar emulsión asfaltica o no y también se suele aplicar la técnica de hormigón espumado analizada en la sección 11.2.

5
**CAPA DE RODADURA.
CARPETA ASFALTICA.**

5.1- CARPETA ASFALTICA Y PAVIMENTO.

En el caso del pavimento flexible, la carpeta asfáltica es la última capa de dicho pavimento. El Pavimento se compone de Sub-base, Base y Carpeta Asfáltica; la Sub-base, es la primera capa del pavimento, tal y como lo podemos ver en la figura 5.1; es la capa que está en contacto con la subrasante, siendo este un material mayormente de menor calidad que la sub-base; es ahí donde la sub-base realiza un papel de tránsito o de separación entre el material de base y el material debajo de la subrasante.

Esta división es meramente económica; porque el material usado para la subrasante, es más económico -por ser un material de menos requerimientos técnico-, que el usado en la sub-base; pero el material de la base es mucho más costoso que el de la Sub-base. Todas las informaciones y requerimientos para estos materiales fueron expuestos en el capítulo anterior

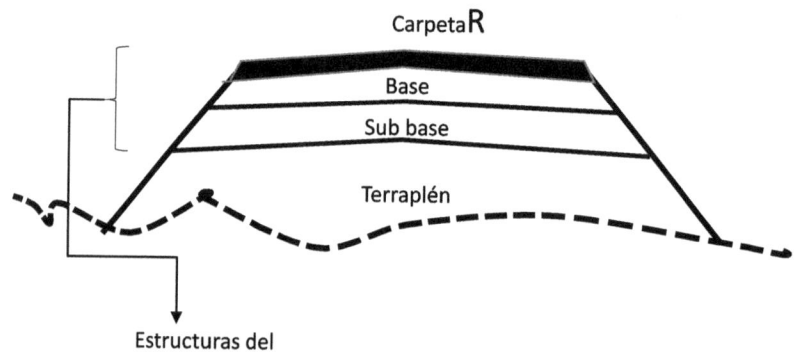

Figura 5.1- Muestra las diferentes etapas del diseño de pavimento.

5.2- IMPRIMACIÓN

Cuando tenemos la base terminada, perfilada y compactada, es necesario amarrarla, asegurarla, para que el material no tenga la oportunidad de disgregarse o perder fino con el paso de los vehículos.

La imprimación además aísla la carpeta asfáltica del material de base, e impermeabiliza la plataforma. Se debe aplicar entre 0.30 gls a 0.50 gls por m^2, o según las indicaciones requeridas por la supervisión.

Figura 5.2- Camión imprimando.

La imprimación puede ser cubierta con arena o gravilla. En tiempos atrás el uso de arena era más frecuente que en los tiempos actuales; donde el uso más común es la gravilla de 3/8 a ½ pulgada.

Para la aplicación de la imprimación, es necesario que la superficie este lo más suave posible, que no haya gravas sueltas, ni hoyos, ni depresiones; ya que en el futuro pueden convertirse en zonas saturadas de agua, la cual puede generar en posibles asentamientos, que se transmiten al asfalto como fallas con aspecto parecido a la "piel de cocodrilo".

Si el operador de la moto-niveladora realiza un perfilado óptimo, y por alguna razón quedan algunas depresiones intermedias. Se procede a corregirlos con un equipo de hombre con:

- Picos
- Palas
- Carretillas y
- Material de base con mucho fino.
- Rastrillos, etc.

Donde aparecen conglomerado de gravas sin finos, se procede a removerlas y sustituirlas por otro material, y donde no es necesario sacarlas, se le agrega un poco de material fino. Donde aparecen hoyos o depresiones, se completa el material faltante.

Figura 5.3- Pala cubriendo imprimación.

Se debe tener cuidado con las exigencias del barrido; se deben barrer los escombros que haya en el área a imprimar, no necesariamente el material en sí, debido ya que los escobillones tienden a levantar el material fino y ese no es el propósito; se procura que la superficie esté limpia, bien conformada y bien compactada.

Es importante que estas operaciones se hagan, teniendo la oportunidad de mojar y compactar el material sustituido. Después que todo está listo, se rocía un poco de agua con un camión cisterna, y se aplica el RC-2 o cualquier fluido asfáltico ordenado por la supervisión, con un camión distribuidor; después de aplicar el RC-2, se cubre con gravillas o arena; se le pasa un rodillo para fijarla.

En la imprimación, tanto la gravilla como la arena, se puede tapar de la siguiente manera:

1- El uso de un camión de 3 a 6M3, dos o más hombres subido en el mismo, mientras el camión va de reversa, los hombres tiran el material regado (venteado) encima del RC-2. En la Fig. 5.4 dos hombres lanzan la gravilla desde un camión de 14 m3, aunque es mucho más incómodo.

2- También el camión puede descargar el material por pequeña pilas, que inmediatamente son regada por hombres; mientras que otros nivelan con rastrillos y escobillones. El rendimiento promedio es de 50M3 por M2.

Figura 5.4- Tapando imprimación en un volteo con obreros.

3- El uso de una gaveta impulsada por un camión lleno de gravilla, que va cayendo en la misma, graduada de tal manera que descargue solo lo necesario para tapar el RC-2. El rendimiento aproximado de 70 a 80M3 por M2.

4- Usando una pala mecánica, el operador llena el cubo y empieza a cierta velocidad moviendo el cubo y dejando tapado el fluido asfaltico aplicado.

Una carretera que se va a asfaltar, y no hay tránsito interno por la vía, puede imprimarse y la misma dejarse al descubierto en un proceso de curado de 72 horas.

Esta partida se mide en M2.

ANÁLISIS.
- Personal de barrido.
- Mojado
- Suministro RC-2
- Pala
- Gravilla.
- Aplicación
- Compactación

Si tenemos una base bien conformada, también tendremos una carpeta asfáltica bien terminada.

5.3- CARPETA DE HORMIGÓN ASFALTICO

5.3.1- PLANTA DE ASFALTO.

El sistema de planta asfáltica para la producción de mezcla, en sentido general, es el mismo concepto. Hay plantas con mayor o menor recorrido, más modernas, con más facilidades de operación, con mucho más capacidad de producción, más facilidad de transporte y como es lógico, la tecnología avanza para bien de la humanidad y comodidad para el ser humano.

En la Figuras 5.5 y 5.6 se presenta una planta de asfalto, donde muestra el sistema de producción de la misma.

Planta de Asfalto

Figura 5.5- Planta de asfalto.

Según el proceso de producción nos encontramos con Plantas de Producción Continua y de Producción Discontinua o Dosificación, esta última con un proceso mucho más largo y más consumo de combustibles; mientras que la plantas de producción continua, es un diseño para la producción de mezcla asfáltica mucho fácil y compacta.

Podemos resumir las partes principales del sistema de producción en una planta de asfalto de la siguiente manera:

- Banco de Materiales.
- Almacenamiento de Asfalto (AC-30)
- Calentamiento de Asfalto.
- Tolva para agregados.
- Correas transportadora.
- Pesaje del material.
- Tambor de calentamiento de agregado y mezcla con el asfalto caliente.
- Caseta de control.
- Baghouse o colector de polvo.
- Piscina o estanque recolector del agua.
- Chimenea de escape.
- Silo de almacenamiento de la mezcla.

Siempre es importante tener bancos de materiales suficientes, lo más aconsejable es que tenga una inclinación capaz de escurrir el agua descantada de las diferentes pilas acumuladas, al igual cuando llueve puede escurrir mucho más rápido.

Planta de Asfalto

Figura 5.6- Planta de asfalto.

1-Tanques de AC-30, calentamiento.
2-Tolvas para agregados.
3-Tambor. Calentamiento de Agregados.
4-Tambor. Mezclador de agregados y asfalto.
5-Correa transpotadora del Asfalto o Conveyor.
6-Silo de Almacenamiento de Asfalto.
7-Chimenea de Escape.
8-Piscina recolectora de agua con polvillo.
9-Banco de Materiales.
10-Sistema de Calentamiento.

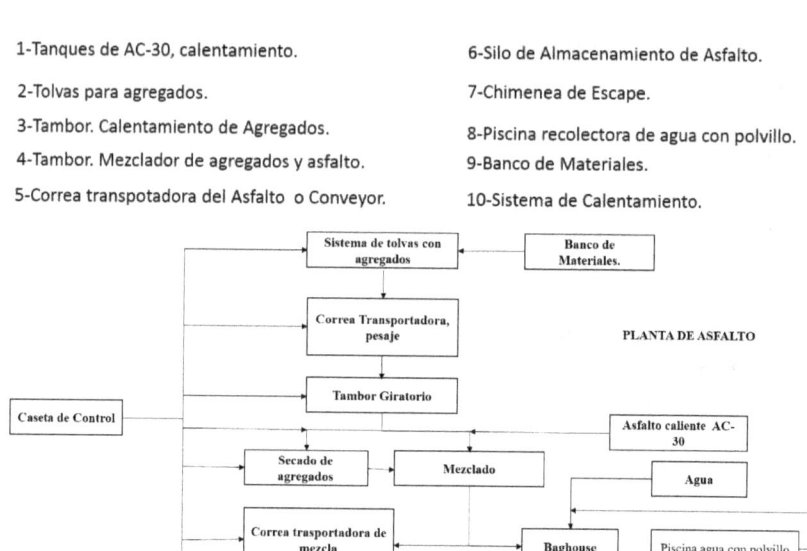

Figura 5.7- Organigrama de una Planta de Asfalto.

El almacenamiento de asfalto liquido (AC-30) o cualquier otro fluido es importante para tener una producción continua; este material es calentado por un sistema o cardera el cual va adherido al tanque calentandolo a 160°C, la mezcla asfáltica se caliente entre 155 a 160, este material es transportado a través de tubería al tambor, el cual se mezcla con los agregados, previo a la mezcla, los agregados son secados a la entrada del mismo tambor; aunque algunos sistemas se componen de dos tambores circulares uno rodeado del otro, en el primero o el del diámetro más pequeño se calientan los agregados y en la parte entre los dos diámetros se liga el asfalto caliente con los agregados produciendo un mezcla viscosa llamada mezcla asfáltica u hormigón asfaltico.

La cantidad de AC-30 depende del diseño de la mezcla asfáltica, evidentemente que los tipos de agregados utilizados inciden en el volumen a usar; según la experiencia, en sentido general se usan entre 25 y 29 galones por m^3.

En cuanto a las tolvas, cuyo número puede llegar a cuatro; cuando son plantas pequeñas suelen usarse dos tolvas de dos compartimientos cada una.

A cada una de las tolvas la pala cargadora coloca un tipo de material: Grava ¾", grava de 3/8", arena lavada y arena triturada.

Todo el sistema esta sincronizado a través de la caseta de mando, la cual contiene los controles y computadora a la que se le suministra el diseño de mezclas, a través de la misma se maneja de manera automática cada uno de los componentes del sistema, logrando cumplir con los procedimientos establecidos en las normas vigentes.

En la figura 5.7 presentamos un organigrama de secuencia de los eslabones de producción.

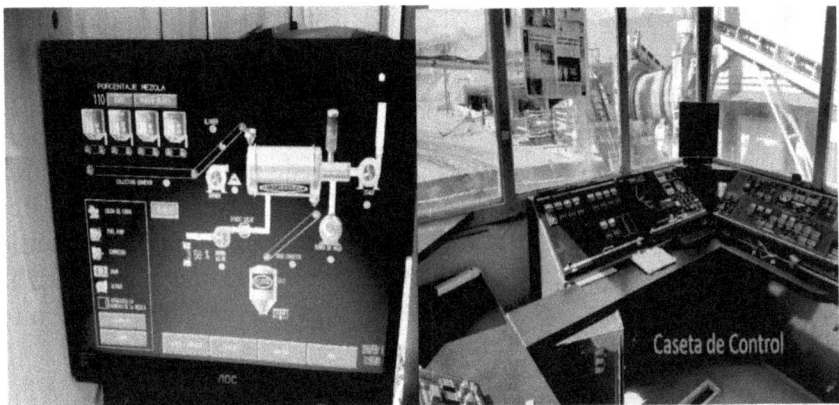

Figura 5.8- Caseta de Control.

Cada una de la tolva segrega o deja escapar el volumen indicado para la composición del volumen de mezcla; una correa transportadora por debajo de la tolva recoge los materiales, los cuales son pesados y llevado al tambor giratorio; compuesto por un quemador que impulsa unos gases de fuego secando los materiales, los cuales son transportados un poco más adelante del tambor para ser irrigado y mezclado con el asfalto.

En este proceso se produce combustión, en que los gases que se producen, como el polvillo generado debido al secado y al ligado son atraídos por un extractor a una área (baghouse) donde se le rocía agua para atrapar dichas sustancias y enviarlas a una piscina recolectora, con ello disminuir el impacto al medio ambiente; el residuo excedente es expulsado a la chimenea de escape.

Algunas plantas usan otro método, los cuales tanto el polvillo como los gases son atraídos con un sistema de sinfín incorporándolo al sistema de producción.

Después que el material es mezclado, es depositado en una correa o conveyor que lo transporta al silo de almacenamiento, el cual a través de sensores descarga para llenar los camiones, los mismos transportan el material a la via donde van a ser aplicado.

5.3.2- PAVIMENTO FLEXIBLE.

La estructura del pavimento flexible está compuesto mayormente por Asfalto, Base y Sub-base, repartiendo e incidiendo la carga a cada capa desde arriba hacia abajo. Se considera flexible por la poca resistencia a la flexión y la adaptabilidad a los cambios o deformaciones menores sin romperse

Cuando la vía esta imprimada se procede a limpiar toda el área con una escoba mecánica o aplicando escobillones; luego se le aplica un riego ligante o riego de adherencia, para de inmediato de acuerdo con el diseño y las especificaciones correspondientes colocar la carpeta asfáltica; que se aplicará en franjas que van desde el centro a los extremos de la vía.

Figura 5.9- En proceso de Asfaltado, tramo II, Circunvalación Santo Domingo.

La mezcla se transporta en camiones volteos, los cuales deben tener sus cajones totalmente limpios y cubiertos con una lona para evitar la pérdida de calor de la mezcla, la cual debe aplicarse entre 135°C (275°F) a 150 °C.

En caso de que llegue al lugar de aplicación asfalto por debajo de 135°C (275°F), debe ser analizado por los técnicos de laboratorio. "Aun a temperaturas más bajas, si un laboratorio lo autoriza, siempre que los resultados del extendidos y la compactación sean satisfactorios".
Carlos Crespo Villalaz, Vías de Comunicación, pág. 279.

Es importante tener un conduce de control desde la planta de asfalto que debe contener:

- Fecha.
- Nombre de la obra o lugar donde será aplicado.
- Numero de conduce.
- Hora de salida.
- Peso de la carga.
- Placa del camión.
- Temperatura de salida.

Figura 5.10- Rodillos Neumático y tipo Tandem compactando asfalto.

En ocasiones suele pasar, que después de la vía imprimada, no se coloca de inmediato la Carpeta Asfáltica; produciéndose hoyos y depresiones perjudiciales para la base; en estos casos, tenemos que bachear y nivelar el área afectada:

a- El bacheo consiste en aplicarle un ligante y luego rellenarlo con asfalto.

b- La nivelación consiste en nivelar y ajustar con asfalto la depresión provocada, a nivel de la rasante establecida por los planos.

c- Si la depresión es muy profunda se procede a realizar un bacheo técnico, excavando el área para nivelarla, compactarla, levantarla con material adecuado hasta el nivel deseado, en el que se imprima y luego se pavimente.

Es importante que si se va bachear con asfalto, esta actividad se realice con anterioridad a la colocación de la carpeta asfáltica, ya que nos permite realizar una compactación adecuada o que se consolide con el paso de los vehículos; porque si no se produce la debida compactación después de colocada la carpeta, y con el paso del tránsito se producirían deflexiones, que se podrían notar en el rodamiento y cuando se producen precipitaciones pluviales.

Figura 5.11- Testigos de Asfalto.

Para que haya una buena terminación en el asfalto debe haber una buena terminación de la base, una buena imprimación; y aplicar la carpeta asfáltica con equipos como la pavimentadora, y los rodillos en buenas condiciones.

Para una buena Terminación, también es muy importante, la preparación, la buena disposición y la experiencia del personal.

5.4- LA CALIDAD

Se debe asegurar la calidad del asfalto, de ello depende de la durabilidad de la carpeta asfáltica. La calidad depende principalmente de los materiales usados en la elaboración, y los controles de calidad establecidos en el diseño, como son:

a) Tipos de agregados.
b) Granulometría y limpieza de los agregados.
c) Porcentaje de cada uno de los agregados para la elaboración de la mezcla.
d) Cantidad de AC-30 a usar las mayorías de los diseños de pavimentos en nuestro país, según la experiencia de algunos proyectos establecen entre 27 y 29 gls/m^3.
e) La temperatura tanto de salida, como de llegada, etc.

Se debe tomar testigos de cada jornada para mejor control y calidad de la mezcla asfáltica, ver figura 5.11, de esa manera se pueden determinar:
- Compactación
- Granulometría
- Cantidad de asfalto
- Espesor del asfalto
- Otras variables.

Es importante colocar los espesores indicados, resultante del diseño de pavimento; ya que también de este depende la durabilidad de la obra.

5.5- RENDIMIENTOS

El redimiento en el asfalto es el siguiente:
a- Para una carpeta de 1½ de espesor, el rendimiento es de 21 m^2 por m^{3}c.

b- Para una carpeta de 2" de espesor, el rendimiento es de 15.75 m^2 por m^3c.

c- Para una Carpeta de 3" de espesor, el rendimiento es de 10.50 m^2 por m^3c.

d- Para una carpeta de 4" de espesor el rendimiento es 7.87 m^3.

Esta partida puede medirse, tanto en m^3, como en m^2, según como haya sido establecido en el presupuesto.

ANÁLISIS
Para su análisis intervienen las siguientes sub partidas:

a) Elaboración.
b) Transporte.
c) Colocación.
d) Flete y almacenamiento.
e) Suministro del AC-30
f) Riego de adherencia.

Figura 5.12- Chequeando compactación de Asfalto con un gamma densímetro.

5.6- EQUIPOS PARA LA PAVIMENTACIÓN.

a- Pavimentadora.
b- Rodillo Neumático.
c- Rodillo Estático.
d- Camiones
e- Escoba Mecánica.
f- Camión Distribuidor.
g- Camión cisterna.
h- Rastrillos,
i- Escobillones.
j- Carretillas, etc.

Es importante analizar el volumen de asfalto que se va a utilizar en las obras de la zona de trabajo y sospesar la posibilidad de la instalación de una planta de asfalto, que dará como resultado una economía sustancial en el presupuesto de la obra.

5.7- DOBLE RIEGO DE IMPRIMACIÓN.

El doble riego representa una capa de rodamiento provisional, que sustituye la carpeta asfáltica, pero con menor durabilidad, cuyo tiempo de vida depende de muchos parámetros como son:

a- Calidad de la base
b- Calidad del doble riego
c- Pendiente
d- Bombeo
e- Peso del tráfico
f- Cantidad de tráfico.
g- Mantenimiento, etc.

El mantenimiento es importante, ya que con el paso del tiempo y de las lluvias se producen hoyos, que si no se corrigen, se van ampliando y dan como resultado un deterioro progresivo de la vía, tornándose intransitable.

a- Calidad de la base.

La calidad, compactación y la terminación de la base, son partes importantes para cualquier proyecto, tal y como analizamos en el acápite anterior.

b- Calidad del doble riego.

El doble riego, es imprimar dos veces. La calidad del doble riego empieza con la dedicación empleada en la primera imprimación, para evitar depresiones, cucarachas y franjas no imprimadas, etc.

Las franjas no imprimadas dependen de manera muy especial del buen funcionamiento de las copillas del camión distribuidor, el cual irriga el fluido asfáltico, al igual cuando el material de base está muy reseco y la película de polvo no es mojada por el RC-2.; por tal razón, la superficie debe estar siempre húmeda.

Después de una excelente primera imprimación con grava de ⅜ a ½ pulgada; se procede a la segunda imprimación para sellar, con una dotación de 0.30 gls. por metro cuadrado, y gravilla de ½ a ¼ pulgadas, lo que convierte la capa de rodadura en una capa impermeable; para esta capa también se podría usar arena, que da una mejor terminación e impermeabilización.

En los últimos tiempos el Ministerio de Obras Públicas, ha preferido asfaltar una gran cantidad de caminos, en vez de un doble riego; ya que si comparamos las variables durabilidad–tiempo–costo, es preferible asfaltar a 1½ pulgadas, o cuando el camino lo requiera a 2 pulgadas, siempre y cuando la planta de asfalto se encuentre a una distancia razonable, de lo contrario los costos se dispararían por el factor transporte.

c- Pendiente longitudinal.

La pendiente del camino, es un parámetro muy importante para determinar la durabilidad. La velocidad de las aguas que corren por encima de la capa de rodadura, con el tiempo van poco a poco haciendo hoyos y surcos, con progresivo desarrollo, y aún más con la falta de mantenimiento de las obras; por tal razón, es importante que haya buen bombeo y buen drenaje, tanto transversal, como longitudinal.

d- Bombeo o pendiente transversal.

El bombeo en carretera es de 2% y en camino suele ser entre 3% y 4%; de esa manera las aguas escurren transversalmente más rápido; por esta razón es importante, un perfilado trasversal constante, y continuo, para evitar decaimiento en la plataforma de la capa de rodadura.

e- Cantidad y peso del tráfico.
La cantidad de vehículo que pasen por la carretera, el tipo y su peso, pueden deteriorar en menor tiempo cualquier obra vial que no haya tomado en consideración tales parámetros.

5.8- DOBLE RIEGO EN PASEOS DE CARRETERAS.

El procedimiento más adecuado, es aprovechar la imprimación a todo el ancho de la plataforma de la carretera. Y luego de asfaltado el ancho de rodamiento, aplicamos el riego faltante; debido que algunos constructores aplican un triple riego, al imprimar dos veces después de la primera.

Otro procedimiento, que no recomendamos; pero que es viable, es imprimar al principio sólo la parte correspondiente al asfalto, y luego aplicarle al paseo el doble riego correspondiente.

La aplicación del doble riego, se hace dejando en el camión distribuidor, solamente abierta las copillas necesarias, y después cubrirlas con gravilla. El RC-2, puede ser cubierto de la forma siguiente:

- Con una gaveta, tal y como lo explicamos anteriormente.
- Organizando pilas con camiones, y luego distribuirlas en pilas más pequeñas a todo lo largo del paseo a imprimar, y después regarlas con hombres.
- Haciendo exactamente lo mismo de lo expresado en el párrafo anterior; pero regado con una motoniveladora.
- Colocando gravilla a todo el largo de la vía con un camión pequeño y luego procediendo a regarla con una motoniveladora.

5.9- BACHEO Y RECAPEO.

El Bacheo, es una solución transitoria a fallas producidas en la capa de rodadura, producida por varios factores; que van desde problemas de sub-base, base o de la carpeta asfáltica.

Figura 5.13- muestra corte de área afectada y proceso de compactación.

Figura 5.5, muestra corte de área afectada y proceso de compactación.

El bacheo, consiste en extraer la parte afectada, mediante cortes; ya sea con herramientas manuales o equipos mecánicos; se repone el material inservible, se compacta, se imprima y se le coloca el asfalto.

Aunque aparentemente se ve un trabajo simple y trivial; pero cuando se va realizar, hay que tomar las medidas pertinentes para que un bacheo, no se convierta en parches mal pegados, que afean, distorsionan la esencia de la obra vial.

Fruto de trabajos poco cuidadosos, se pierde el bombeo, el rodamiento se vuelve incómodo e inconstante, y el tramo intervenido no tiene recuperación, al menos, que no se levanten las capas aplicadas con una fresadora.

Conceptos prácticos de procedimientos constructivos

Figura 5.14- Proceso de bacheo con asfalto.

Lo recomendable, es que al realizar un bacheo, se apliquen las normas técnicas y los procedimientos correctos, para evitar que el remedio sea peor que la enfermedad. Para el recapeo de la capa asfáltica, hay que tomar en consideración:

- Que debe aplicarse un riego de adherencia como lo indican las normas, ya que el riego se encarga de unir el asfalto viejo con el nuevo, y si no se aplica lo suficiente, cuando la capa de asfalto en muy delgada, se levanta por parte.
- La aplicación de asfalto en el recapeo, según nuestra investigación y observación en diferentes carreteras. No debería debe ser menos de 1 ½ pulgada, esto por las deficiencias de adherencia y supervisión efectiva.

Figura 5.15- Autopista con buen mantenimiento y señalización.

5.10. PAVIMENTO RÍGIDO.

El pavimento Rígido es construido de hormigón, formando una losa rígida repartiendo la carga de los vehículos en un área muy amplia, comportándose como una viga, el cual absorbe prácticamente toda la carga.

Los Pavimentos rígidos pueden ser:

- Simple sin varillas en las juntas.
- Simple con varillas en las juntas.
- De concreto reforzado.

Las juntas de contracción y expansión juegan un papel muy importante porque absorben los cambios de volumen por temperatura, evitando las grietas. En el caso del pavimento reforzado se pueden diseñar sin juntas transversales, solo las juntas de construcción necesarias.

Para el uso de pavimentos rígidos, se pude eximir la base y en ocasiones la sub-base, debido a que la losa absorbe la mayoría de la carga que inciden en la construcción.

El pavimento rígido o hidráulico es otra de las opciones que se tiene para la capa de rodadura en la construcción de carreteras, en ese sentido se debe analizar los parámetros económicos y de beneficios en la historia de la vida útil del proyecto; de esa manera se puede determinar el pavimento más conveniente a usar.

Figura 5.16- Proceso de construcción pavimento hidráulico.

En República Dominicana se empezó a usar hormigón hidráulico en la década del 30, más adelante fueron construidos un tramo de la avenida independencia, frente a la cancillería, en la Autopista Duarte, cuya duración alcanzo los 20 años; así mismo en la Autopista las américas. El uso de este tipo de pavimento no siguió incrementándose hasta los últimos tiempos que algunas compañías productoras de hormigón están sensibilizando a las instituciones públicas y privadas al uso de este procedimiento.

Figura 5.17- Terminación cemento hidráulico.

Aunque el costo inicial es mucho más alto que el pavimento flexible, evidentemente si tomamos la vida útil, la cual va más allá de la del pavimento flexible, el costo final es mucho menor. Los beneficios más abajo expresados vienen de la información del Instituto Mexicano del cemento y del concreto.

Pavimento de Concreto
- Deterioro mínimo durante su Vida útil
- Duración de 20 a 30 años
- Mantenimiento mínimo
- Deformación mínima de su superficie
- Índice de servicio alto durante su vida útil
- Mayor velocidad de construcción
- Disminución de Costos de Operación
- Mejor drenaje superficial
- Mayor reflexión de la luz
- Requiere menor estructura de soporte

En una obra vial es importante analizar, no tan solo el costo inicial del proyecto; sino el costo de mantenimiento en el tiempo, costo de usuario y su vida útil, es lo que le llaman "costo del ciclo de vida".

5.11. SEÑALIZACIÓN Y PROTECCIÓN DE LA VÍA.

Las obras viales se construyen y se toman en cuenta diversos factores y con ello resulta un presupuesto en el cual, dependiendo de variables diversas como el trazado, el perfil o sub-rasante establecida y tomando en cuenta el aspecto económico; pero también el aspecto de seguridad, logrando así un equilibrio entre estos factores. Debido a que, si prevalece la seguridad, cabe la posibilidad de producir un presupuesto mucho mayor.

Necesariamente una de las responsabilidades, primero del diseñador o del proyectista, es proporcionar en el diseño cierta seguridad a la vía, para que los conductores puedan transitar de manera segura.

Por otro lado, los constructores tienen también la responsabilidad de establecer seguridad al proyecto que construyen, para el buen desenvolvimiento del mismo. Dentro de los factores de seguridad más importantes tenemos:

Barandas de defensas o guardavías.
Se establecen elementos que ayudan a guiar al conductor a mantenerse en la vía y que se sienta seguro en algunos tramos elevados, los cuales dejan un vacío en los laterales o en las diversas curvas que componen el proyecto; como es el caso de las barandas de defensas o guardavías, los cuales están conformados por vigas, compuestas por perfiles metálicos en forma de W, con el objetivo de evitar o disminuir los daños por accidentes, evitando a los vehículos deslizarse al precipicio.

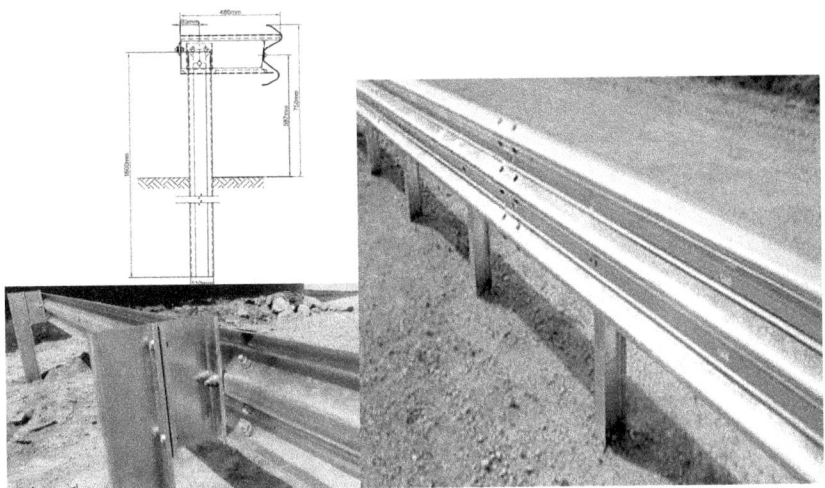

Figura 5.18 - Barras de defensa o Guardaguía.

Señalización horizontal.

La señalización horizontal, la cual tiene una función importante de guiar al conductor y proporcionarle informaciones necesarias para poder transitar con seguridad y en su carril correspondiente. Las señales horizontales se demarcan con pinturas, ya sea amarillas o blancas, según lo establecido por las normas o requerimientos. Las áreas se demarcan en el centro de la vía y en los laterales: además se establecen rayas transversales en algunas áreas importantes; también se establecen los llamados reductores para procurar reducir la velocidad de los conductores en zonas privilegiadas.

Las principales partes de la señalización horizontal son las siguiente:
– Demarcación en el pavimento.
– Delineadores
– Hitos kilométricos
– Reductores de velocidad
– Captafaros o "ojo de gato"

Con el objetivo de provocar reflectancia en la vía y lograr que los conductores manejen de manera más cómoda y con mayor visibilidad, se procede durante la demarcación con pintura en el pavimento a aplicársele la Microesfera de vidrio, "siendo este un componente esférico de granulometría controlada que es utilizada para lograr un alto índice de reflectancia sobre las pinturas de señalización vial" Pintex, ver figura 5.20.

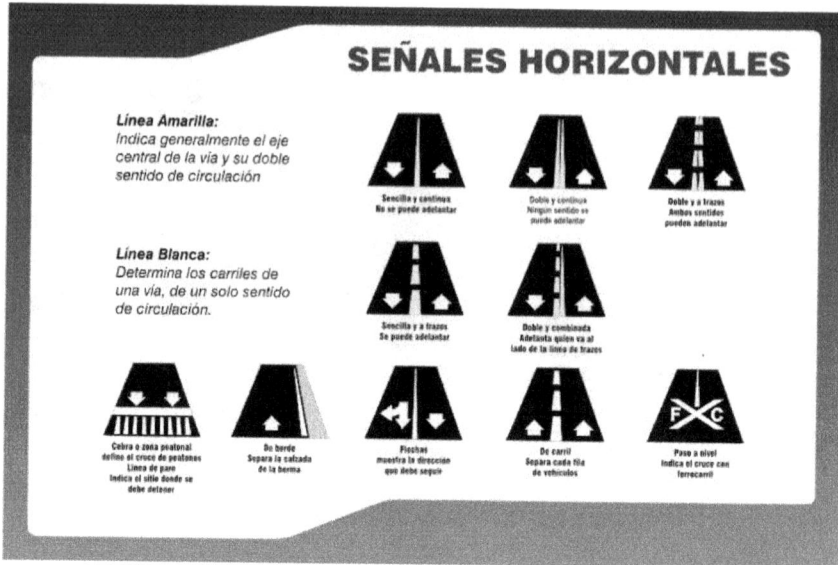

Figura 5.19 – Algunas de las señales Horizontales.

Los captafaros o "ojo de gato"

Están constituidos con materiales de alta resistencia al golpe de las gomas y al rallado, conformados con cuerpo de policarbonato y óptica con protección de vidrio; este es uno de los mejores elementos de la señalización horizontal, los mismos van fijados al suelo o en los laterales a nivel de las defensas de protección, estos elementos que parecen encender con la luz de los vehículos, realizan un papel preponderante para la visibilidad de los conductores, especialmente en horas nocturnas, dándole seguridad y tranquilidad en el manejo, incidiendo en la estabilidad del conductor y evitando stress a lo largo del viaje.

Figura 5.20- Aplicación de Microesferas inmediatamente se aplica la pintura en la vía.

Señalización vertical.

Dentro de la señalización horizontal tenemos:

- Señales preventivas, son aquellas que advierten al usuario sobre las condiciones de la vía, para que se evitar así cualquier peligro en los alrededores de la misma.

- Señales reglamentarias, son aquellas que regulan el movimiento del tránsito.

- Señales de guía, son las que dan información sobre las direcciones, destinos, rutas etc.

- Señales turísticas, recreativas y de carácter general, son aquellas que informan cualquier situación importante, así como los destinos turísticos o recreativos.

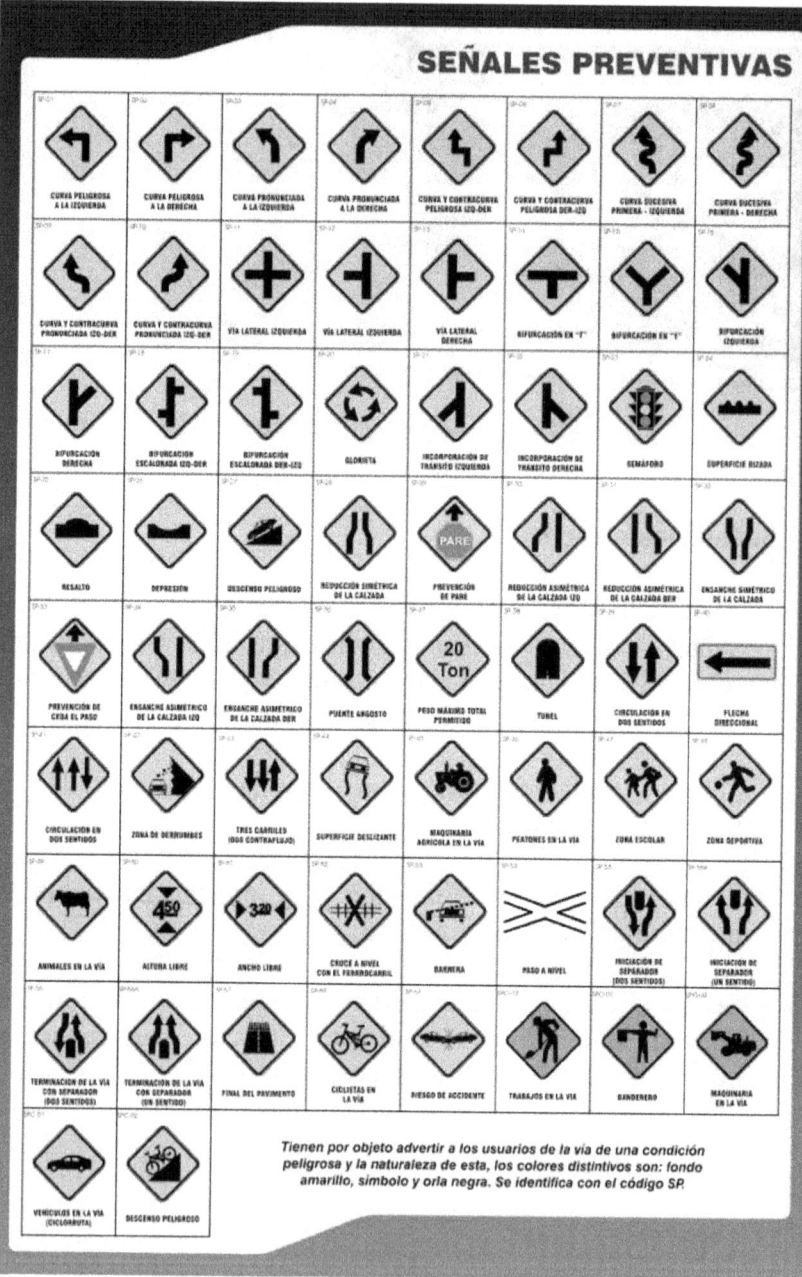

Figura 5.21 -Algunas de las señales verticales.

6
OBRAS DE ARTES

6.1- OBRAS DE ARTES.

Son obras necesarias para el buen desempeño de una obra vial y su función es drenar las aguas tanto transversal o longitudinal; como las alcantarillas, badenes, y cunetas. Otras cumplen con la función de contención y protección de taludes como los gaviones y encaches, las mismas mayormente son obras vistas. Algunas sirven para delimitar y drenar las calles, como los contenes, y otras para el mejor desenvolvimiento del tránsito, como las aceras.

Más abajo desarrollamos las diferentes obras de artes, como:
a) Alcantarillas tubulares.
b) Cabezales.
c) Alcantarillas de cajón.
d) Encaches.
e) Pasos Peatonales.
f) Contenes.
g) Aceras.
f) Gaviones, etc.

6.2- ALCANTARILLAS TUBULARES.

Las alcantarillas son estructuras transversales que captan las aguas de las cunetas longitudinales, para llevarlas fuera de la vía.

Para la ubicación y colocación de alcantarillas debemos tomar en consideración algunos factores importantes, tales como:

- La rasante es la variable más determinante en la colocación de alcantarillas, ya que tenemos que tener una diferencia mínima al menos de 0.30 cm con relación a la sub-rasante.
- El nivel de entrada, que debe ser el pelo inferior del agua, o el nivel seco de la cañada o canal natural.
- El nivel de salida, debe estar rasante a la salida del terreno agua abajo, en cambio si el desnivel lo permite, producir un canal de desagüe que permita drenar el agua.
- Teniendo ya controlado estos tres parámetros, procedemos a marcar la alcantarilla, tomando en cuenta una pendiente aproximada de un 0.05%.

Cuando la alcantarilla es enterrada en la salida, produce una disminución del 30 al 50% de su capacidad, y en vez de tener una alcantarilla O 36", en la práctica funciona como una O 24". En definitiva una mala ubicación y colocación de una alcantarilla provoca sedimentación, limitando la capacidad hidráulica de la estructura; por tanto es importante no profundizar la alcantarilla por debajo del nivel de la salida. Cuando por necesidad se presentan estos casos, una solución adecuada, si el desnivel del terreno lo admite, realizar una canalización que pueda drenar las aguas, evitando de esta manera la sedimentación de la alcantarilla.

Sedimentación mínima.

a) Alcantarilla drenando correctamente.

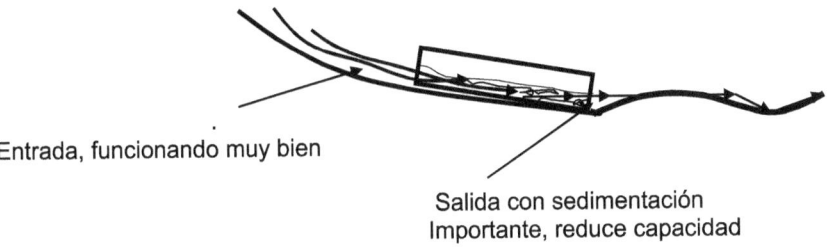

Entrada, funcionando muy bien

Salida con sedimentación
Importante, reduce capacidad

Figura 6.1- vista en sección de alcantarilla.

Las alcantarillas se ubican en lugares estratégicos de la vía, indicado en el perfil, como son:

2- En intercepciones de pendientes encontradas de curvas verticales.
3- En algunos puntos de pendientes muy inclinadas, para evitar largos recorridos de aguas en cunetas longitudinales.
4- En puntos de largas distancias, etc.

6.3- FABRICACIÓN DE TUBOS.

Los tubos se fabrican en moldes prefabricados, con hormigón armado. Hay diferentes clases de tubos según su calidad: Clase I, II y III.

La longitud varia de 1.00 m a 1.20 m

6.4- DIÁMETROS MÁS COMUNES DE TUBOS.
1-18 Pulgadas.
1-24 pulgadas.
2-30 pulgadas.
3-36 pulgadas.
4-42 pulgadas.
5-48 pulgadas.
6-60 pulgadas.
7-72 pulgadas.

Salvo el inconveniente de la diferencia de altura, no es recomendable usar tubo por debajo de 30", ya que dificulta posteriormente su limpieza.

6.5- EXCAVACIÓN

Lo recomendable es que la brigada topográfica marque la excavación de la alcantarilla, tomando en cuenta lo expresado anteriormente.

Después de realizada la excavación, la brigada topográfica marca los bolos del centro; tanto al inicio, como al final de la alcantarilla. La altura de los bolos debe incluir el espesor del asiento de arena.

6.6- ASIENTO DE ARENA

El asiento de arena es importante; porque sirve para amortiguar los impactos y vibraciones que reciben las tuberías por el paso del tránsito; además absorben asentamientos preservando la estructura recibir daños considerables.

Esta partida se mide en M3

ANALISIS
- Material de préstamo
- Carguío
- Transporte
- Colocación

6.7- COLOCACIÓN.

Después de hecha la excavación se procede a colocar el asiento o filtro de arena, para luego colocar los tubos de la alcantarilla:
1- Se establecen bolos con las alturas topográficas establecidas,

según la rasante indicada
2- Se colocan 0.15 cm de arena (Asiento Clase C).
3- Usando una pala mecánica o una Retroexcavadora, se colocan los tubos, uno a uno.
4- Cuando no aparecen en el momento ninguno de los equipos mecánicos, una brigada de hombres bien entrenado baja los tubos y procede a colocarlos, usando barras para girar y empujarlos, hasta organizarlos según la línea y la pendiente establecida.
5- Se corrigen las juntas con mucho cuidado, tanto internas como externas, con una mezcla de arena y cemento.
6- Después que la junta haya secado, se procede a rellenar la excavación.

Esta partida se mide en M1

ANÁLISIS
— Suministro de tuberías
— Transporte
— Bajar tuberías
— Transporte interno
— Colocación
— Coger Juntas.

Los tubos deben estar bien alineados, tanto en dirección horizontal como vertical. Cuando aparecen alcantarillas que trabajan en aguas permanentes, y en ocasiones a tubo lleno, debemos ser más estricto en sellar las juntas de las alcantarillas, para evitar fallas producidas por la filtración de agua al terraplén, de ahí a la base y sub-base hasta producir el colapso total del pavimento.

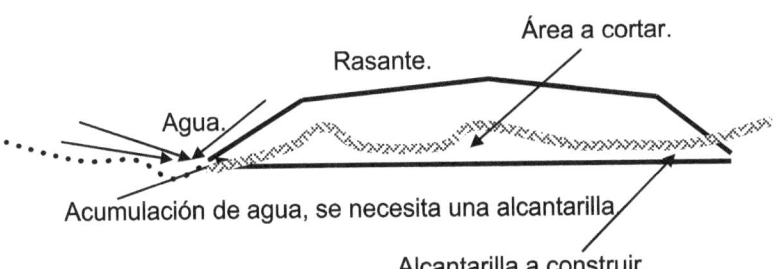

a) Sección Trasversal de una carretera.

b) Sección Longitudinal.   c) Sección Transversal, muestra una alcantarilla con 6 tubos.

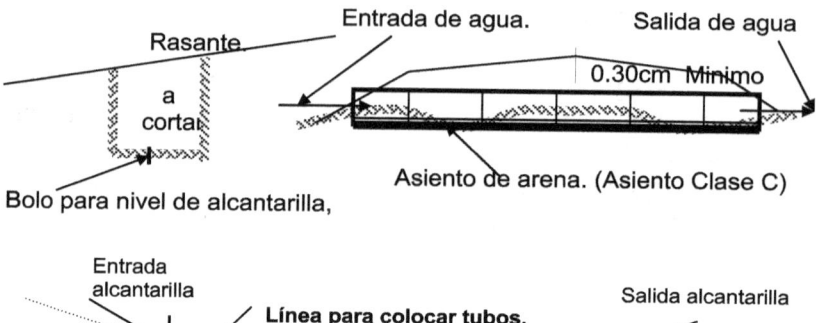

d) Corte longitudinal alcantarilla, el nivel de bolo a bolo es llenado con arena para asiento clase C.

Figura 6.2- Desde a hasta d, vemos el procedimiento desde la excavación hasta la colocación de una alcantarilla.

6.8- TIPO DE ALCANTARILLA.

El tipo de alcantarilla a colocar depende del volumen de agua que llega al lugar indicado. Un análisis bien ponderado de un ingeniero hidráulico, que estudie las cuencas de incidencia, determinaría la alcantarilla, y el diámetro ideal; así como la cantidad necesaria para poder drenar en el menor tiempo posible las aguas.

Los planos, en el perfil deben traer localizada las estaciones donde se requiere la colocación de alcantarillas. Se puede notar puntos en pendientes encontradas, donde el perfil muestra estancamiento; también se ubican en tramos largos para evitar grandes recorridos de las aguas, que puedan dañar o socavar el pie del talud o provocar socavación en el talud de corte, produciendo derrumbes que podrían tapar las cunetas, lo que provocaría que las aguas pasen por encima de la carretera afectando la estructura de la misma.

En la práctica casi siempre notamos la falta de alcantarillas en algunos lugares, y en el proceso de construcción cuando se producen las precipitaciones, notamos que algunas alcantarillas no tienes la capacidad suficiente para drenar las aguas de manera adecuada, y se acumulan en la entrada provocando filtraciones dañinas, dejando como secuela la pérdida de capacidad de soporte de la estructura de pavimento. Cuando estos casos suceden lo recomendable en adicionarle otra alcantarilla al lado, o en un punto cercano donde pueda captar parte de las aguas excedentes.

Las Alcantarillas tubulares dependiendo de las líneas que tengan pueden ser:

– Simple.
– Doble.
– Triple, etc.

Habrán tantas líneas de tuberías como sean necesarias.

En la tabla 6.1 mostramos los parámetros que corresponden a las alcantarillas sencillas y doble; ya que con los datos expuestos en la doble, se pueden obtener los de la alcantarilla triple y cualquier número necesario de líneas.

La altura de los cabezales, son variables; ya que dependen de la rasante de la carretera. No es recomendable dejar enterrado los cabezales, los mismos deben salir por lo menos 30 centímetros de la rasante.

Podemos ver en la figura 6.3 los tipos de alcantarillas

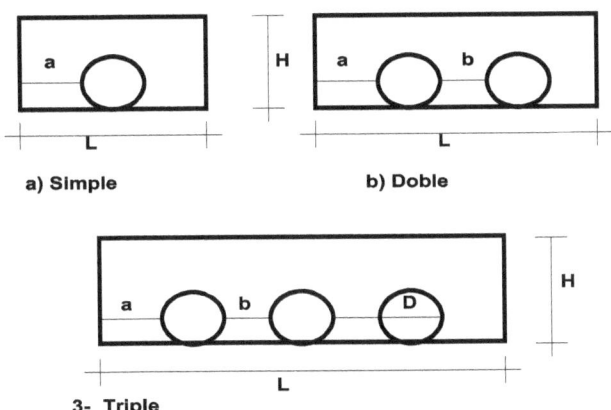

Fig. 6.3. Alcantarillas tubulares.

Alcantarillas bien alineadas.

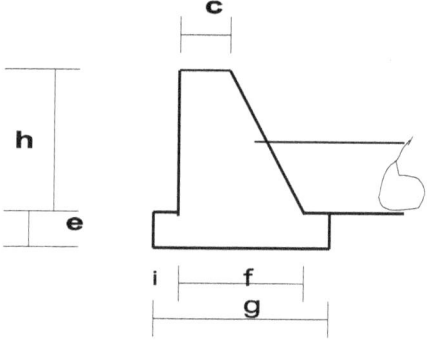

Figura 6.4- Cabezal

	ALCANTARILLAS SENCILLAS						ALCANTARILLAS DOBLE				
	O 24"	O 30"	O 36	O 42"	O 48"		O 24"	O 30"	O 36	O 42"	O 48"
a	0.8	0.9	0.96	1.30	1.30	a	0.8	0.9	0.95	1.30	1.30
b						b	0.3	0.4	0.47	0.64	0.7
c	0.25	0.30	0.30	0.3	0.3	c	0.25	0.30	0.30	0.3	0.3
d	0.61	0.76	0.91	1.07	1.22	d	0.61	0.76	0.91	1.07	1.22
e	0.40	0.40	0.40	0.40	0.40	e	0.40	0.40	0.40	0.40	0.40
f	0.50	0.50	0.60	0.90	1.00	f	0.50	0.50	0.60	0.90	1.00
g	0.90	0.90	1.00	1.10	1.20	g	0.90	0.90	1.00	1.10	1.20
h	var.	var.	var.	var.	var.	h	var.	var.	var.	var.	var.
l	2.50	2.75	3.00	3.90		l	3.52	4.12	4.59	5.86	6.34
i	0.20	0.20	0.20	0.20	0.20	i	0.20	0.20	0.20	0.20	0.20

Tabla 6.1- Valores para alcantarillas sencillas y doble, según los diámetros correspondientes.

Figura 6.4- Alcantarilla Cuádruple.

6.9- RELLENO Y COMPACTACIÓN DE ALCANTARILLAS.

Material producto de la excavación de alcantarillas, generalmente es un material inservible, y por tanto hay que botarlo. Para rellenar, hay que buscar el material en la mina, transportarlo, colocarlo, y compactarlo adecuadamente, con un maco vibrador o cualquier otro equipo de compactación mecánica.

Esta partida se mide en M^3c.

ANALISIS
– Material de préstamo
– Carguío
– Transporte
– Colocación
– Compactación.

Hay que rellenar con mucho cuidado, capa por capa, aplicándole agua a cada una de las capas para lograr una adecuada compactación. La mala compactación produce asentamientos de consideración, que en muchas ocasiones son tan profundos que se sienten con el paso de los vehículos.

Para obtener el volumen del relleno, calculamos el volumen de la excavación, y restamos de este el volumen de los tubos.

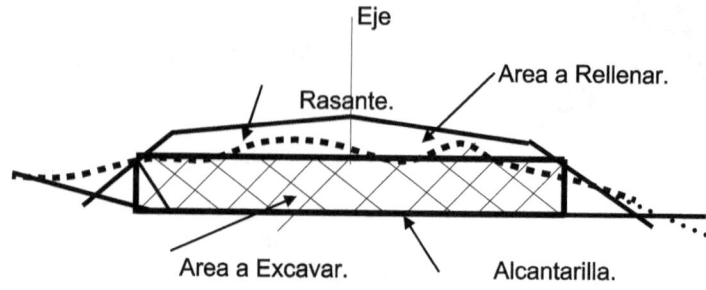

a) Relleno de Alcantarillas.

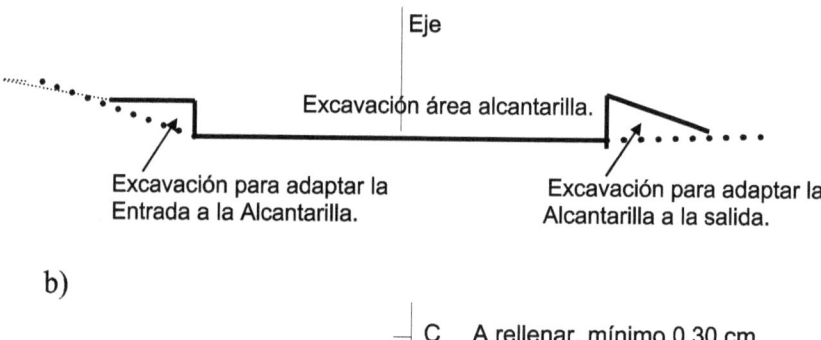

b)

Figura 6.5- Sección trasversal, vista para colocación de alcantarillas tubulares.

Ejemplo.

Calcular el volumen de relleno de una alcantarilla de 36 pulgada de diámetro, y 10.00 m. Longitud, con un ancho de excavación de 2.50 m., y una profundidad de 1.80 m.

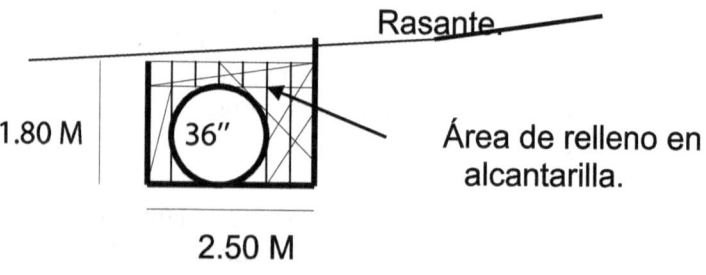

– Excavación

V = 10.00 X 2.50 X 1.80M = 45.00 M3

– Diámetro exterior = diámetro interior + espesor alcantarilla.

36.00pulgs x 0.0254 m = 0.91m + 0.10m = 1.01m

– Radio = D/2 = 1.01m / 2 = 0.51m.

– Volumen ocupado por la Alcantarilla.

$V = \pi r^2 \times L$

VA = $3.14 \times r^2 \times L$

VA = $3.14 \times (0.51m)^2 \times 10.00m$ = $8.17 \, m^3$

– Volumen de Relleno

VR = $45.00 \, m^3 - 8.17 \, m^3$ = $36.83 \, m^3$

6.10- CABEZALES.

Los cabezales van localizados al comienzo y al final de cada alcantarilla, su función es contener el relleno de la carretera, dirigir las aguas a la entrada de la misma, evitar la socavación tanto en la entrada, como en la salida de la alcantarilla; también evita la filtración al relleno, en la entrada de la alcantarilla.

Hay diferentes tipos de Cabezales. Analizaremos los más comunes:

d- El Cabezal tradicional, en forma trapezoidal; este cabezal que va desde 0.70 m de espesor en su base a 0.30 m en el extremo superior; este es un cabezal con mucha estabilidad y gran resistencia al vuelco. Ver figura 6.6

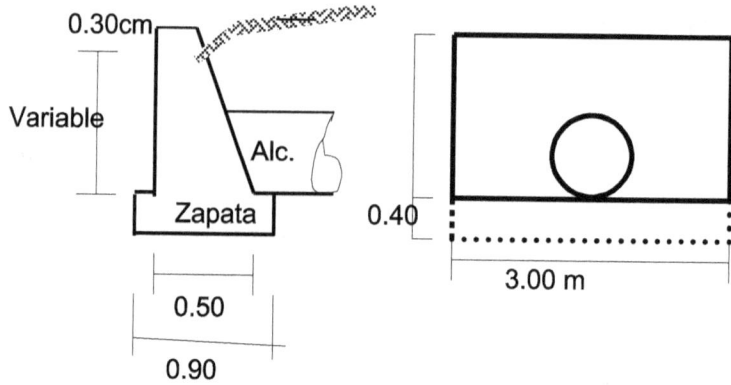

a) Corte transversal a la carretera.

b) vista longitudinal a la Carretera.

Figura 6.6- Muestra una Alcantarilla Simple, con el diseño de un cabezal de sección de uso tradicional.

e- Hay diseños de cabezales de forma trapezoidal, con un espesor de 0.30 m, otros de 0.25 en el extremo superior, y una base de 0.50 m. Estos tipos de cabezales tienen un volumen menor.

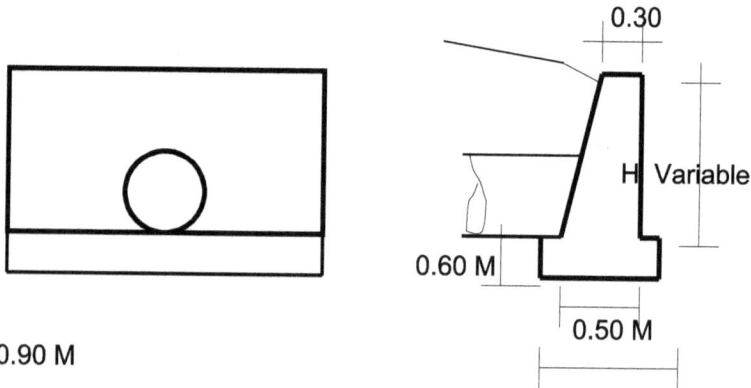

Fig. 6.7- Sección alcantarilla y cabezal

f- También se el de pantalla rectangular, con un espesor de 0.40 m
g- Pueden existir una diversidad de diseño de cabezales, según el criterio del diseñador.

Figura 6.8- Muestra armadura de un cabezal.

Ejemplo:
Calcule el volumen de un cabezal de forma trapezoidal, como se indica en la figura.

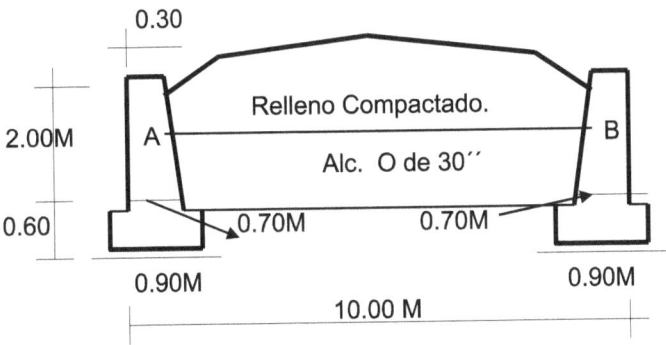

CABEZAL A

- Zapata

$$V_z = 3.00 \times 0.90 \times 0.60 = 1.62 \text{ m}^3$$

• Muro o Pantalla.

$$VM = V \text{ pantalla} - V \text{ hueco Alc.}$$

$$Vp = 3.00 \times 2.00 \times ((0.50 + 0.30)/2) = 2.40 \text{ m}^3$$

Volumen del Hueco. Es el volumen que ocupa la alcantarilla, por tanto hay que tomar en cuenta el espesor de los tubos.

$$\text{Vol. hueco} = \pi r^2 \times e = 3.14 \times (0.51)^2 \times 0.40 = 0.32 \text{ m}^3$$

$$VM = 2.40 \text{ m}^3 - 0.32 \text{ m}^3 = 2.08 \text{ m}^3$$

Volumen del cabezal = Volumen de zapata + Volumen del muro.

$$VC = 1.62 \text{ m}^3 + 2.08 \text{ m}^3 = 3.70 \text{ m}^3$$

Veremos otro Ejemplo:

Calcular el volumen del mismo cabezal: pero con una sección de 0.30 m en la parte superior y 0.70 en la parte inferior.

CABEZAL B

a) Volumen de zapata.
$$Vz = 3.00 \text{ m} \times 0.90 \text{ m} \times 0.60 \text{ m} = 1.62 \text{ m}^3$$

b) Volumen de la Pantalla.

$$Vp = 3.00 \text{ m} \times 2.00 \text{ m} \times ((0.30 + 0.70)/2) = 3.00 \text{ m}^3$$

c) Volumen del hueco.

$$VH = 3.14 \times (0.51)^2 \times 0.50 = 0.40 \text{ m}^3$$

d) Volumen final de la pantalla

$$VFP = Vp - VH$$

VFP = 3.00 m³ - 0.40 m³ = 2.60 m³

e) Volúmenes del cabezal

VC = 1.62 m³ + 2.60 m³ = 4.26 m³

La diferencia entre los dos tipos de cabezales es de 0.54 m³. El cabezal tipo A se puede usar en carreteras donde no haya muchos rellenos.

Cuando el cabezal sobrepasa de 2.00 m es más conveniente usar el tipo B.

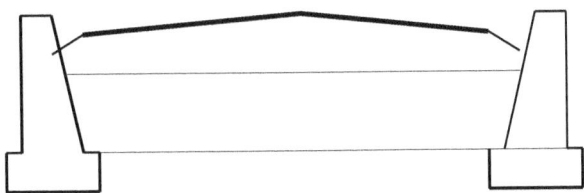

6.11- ALCANTARILLA TIPO CAJÓN.

Esta es una estructura muy importante para el drenaje transversal.

El cajón es como un pequeño túnel, en el que esta estructura forma un solo cuerpo rígido, aunque cada miembro hace su función especial, para su replanteo hay que tomar las mismas medidas que una alcantarilla tubular, a excepción, que la alcantarilla cajón, si lo amerita puede estar a nivel de rasante de la carretera.

Hay que chequear muy bien el ángulo de inclinación con relación al eje de la carretera, porque de él depende la longitud de la misma.

Una longitud de 9.00 m, con un ángulo de 90 grado; es muy diferente si su ángulo varía.

a- Alcantarilla cajón simple.

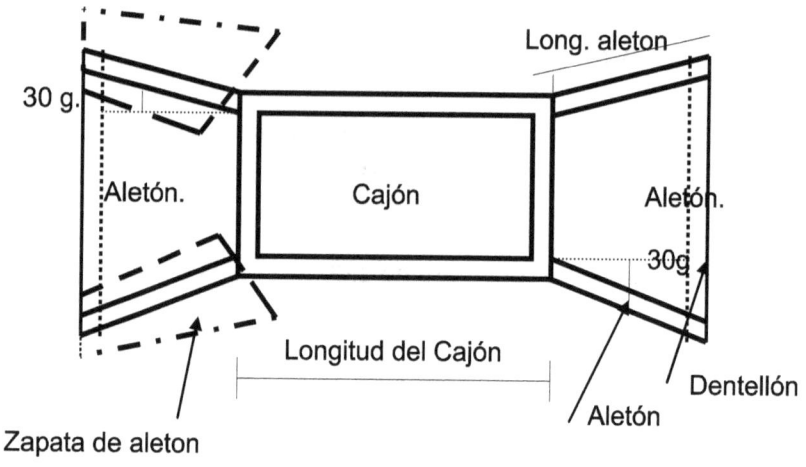

Figura 6.9- Planta Alcantarilla Sencilla.

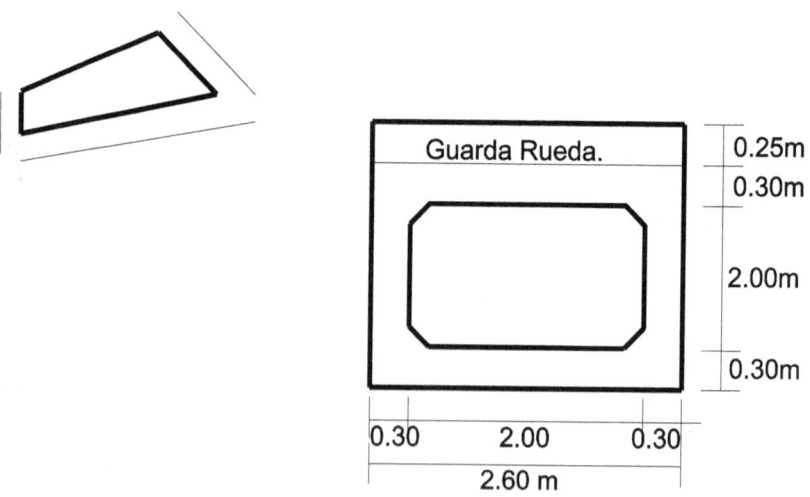

Figura 6.10- Elevación Alcantarilla Simple.

b- Alcantarilla cajón doble.

Armadura Cajón 2.00 X 2.00 m simple. Θ

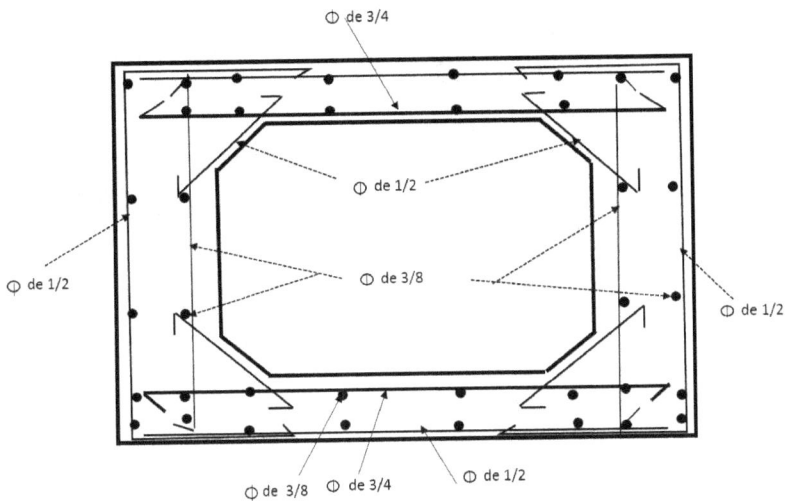

Esto es una idea de como podrían ser colocadas las barras; pero cada diseño establecerá su forma y colocación.

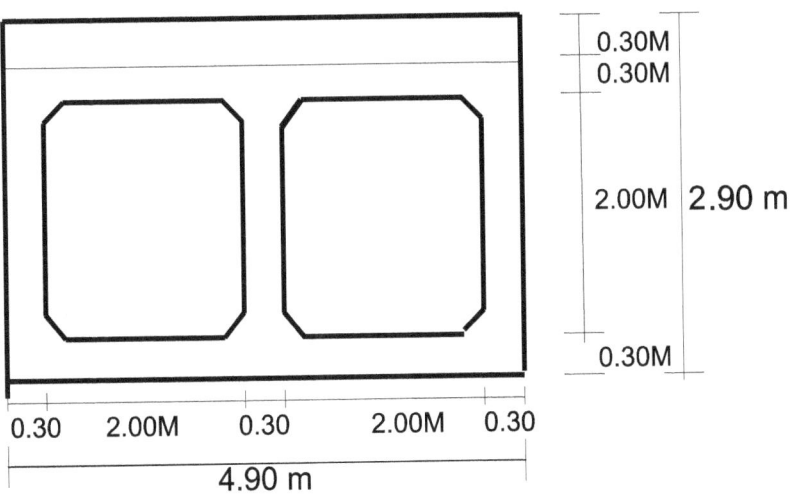

Figura 6.11- Elevación Alcantarilla Doble.

Fig. 6.12- Alcantarilla Cajón triple construida.

Armadura alcantarilla cajon 2.00 X 2.00 Doble

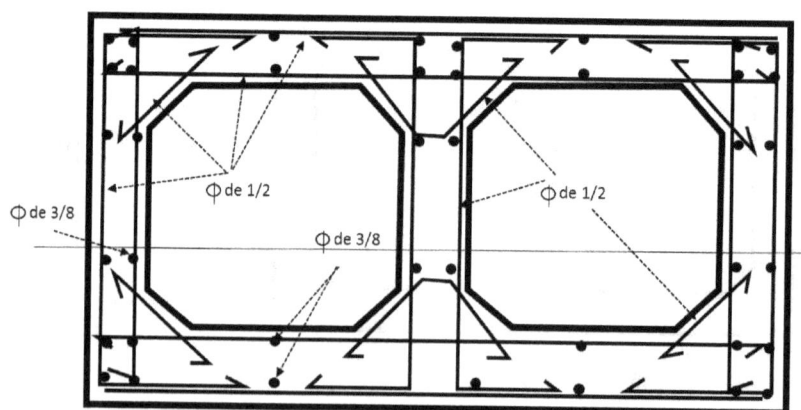

Figura 6.13- Muestra la armadura de un cajón doble.

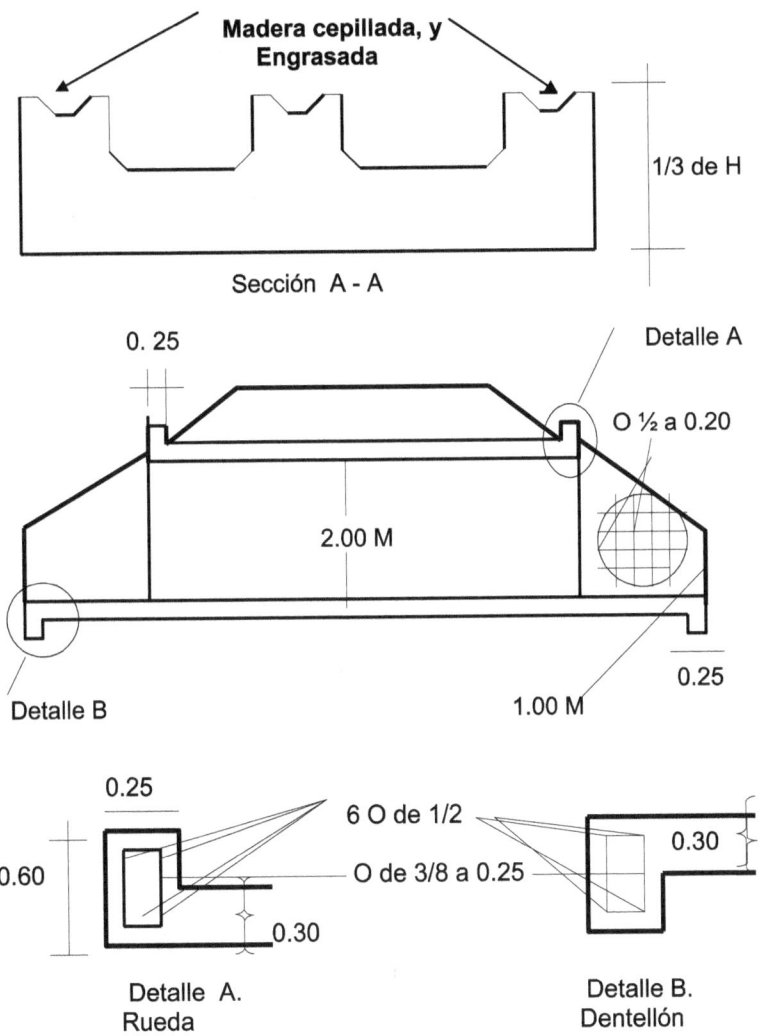

Figura 6.14- Muestra una elevación longitudinal, y los detalles de los guarda ruedas y dentellón.

6.12- PROCEDIMIENTO DE CONSTRUCCIÓN.

Para construir una Alcantarilla Cajón la brigada topográfica, después de conocer y analizar los planos, marca con estacas el ancho y el largo de construcción. El ancho de construcción incluye un ancho adicional al de la Alcantarilla Cajón, para facilidad del trabajo y lograr una buena compactación en los laterales de la estructura.

Como habíamos analizado en la sección de Alcantarillas Circulares, la Alcantarilla Cajón, como obra de drenaje; su punto de entrada debe ser colocada dentro del espesor de agua o del nivel de la cañada. Es importante observar unos metros aguas arriba y aguas abajo, de donde obtendremos la información mas acabada de los niveles reales de la pendiente y el pelo de agua del drenaje existente.

Esta observación nos permite ubicar la estructura de tal manera que se obtenga con más rapidez la mayor cantidad de flujo en menor tiempo.

Figura 6.15- Presenta un puente con luz corta.

La brigada topográfica, debe tomar en cuenta el espesor de la estructura por debajo del nivel de entrada de agua; como son: el espesor de la torta de hormigón simple, y el espesor del cajón.

Después de la excavación hecha, el agrimensor marca con bolos los puntos extremos del cajón con un sobre ancho de 0.50m en cada lado, que servirán como base a la carpintería.

Estos bolos indican la altura de la torta de Hormigón Simple; definiendo así el arranque de la alcantarilla.

Después de vaciada la torta inmediatamente se procede a colocar la carpintería de la cara exterior de los muros; dejándolo solo a una altura que sirva de guía al varillero, que comienza a colocar las varillas, según lo establecido en los planos.

El carpintero establece la carpintería a nivel aproximado de ⅓ de la altura del Cajón. Después del vaciado, a los dos o tres días se procede a despegar los moldes; para inmediatamente seguir levantando los muros y la losa del Cajón, vaciándose todo el cuerpo central en esta segunda parte.

Después de que se haya vaciado el cuerpo del Cajón, se puede comenzar a excavar para los aletones.

El vaciado de los aletones se unen con una junta Water Stop, donde la primera mitad longitudinal fue localizada en el cuerpo del Cajón. El resto es rellenar el Cajón de una manera apropiada, para que no se produzcan asentamientos, que muchas veces notamos en la entrada y salida de la Alcantarilla Cajón.

El Hormigón usado en la Alcantarilla Cajón es fc = 210 Kg / cm².

Esta partida se mide en m³.

Figura 6.16- Toma de probetas

6.13- ENCACHES.

Los Encaches son obras de drenaje que ayudan al buen funcionamiento de las aguas, protegiendo los taludes evitando derrumbes provocados por las mismas que bajan desde la plataforma de rodamiento, o que bajan por los grandes taludes. El encache se compone de dos elementos materiales principales: Piedra y Hormigón. Las piedras ocupan aproximadamente el 70% del total, en general son transportadas al lugar en camiones. El Hormigón lo componen: El cemento, la Arena y el Agua, que ocupan aproximadamente, el 30%.

PROCEDIMIENTOS

El procedimiento constructivo se inicia con la excavación y el afinamiento del área. Se colocan formaletas con enlates a lo largo del talud o cuneta a encachar. Se coloca mezcla en el talud, luego se van colocando las piedras, una por una, por hilera o franja, encima de cada franja o hilera, se coloca mezcla para poder comenzar la otra. Este procedimiento se sigue hasta el final; luego se llenan con mezcla los hoyos dejados por las piedras, dándole así terminación a las caras de las mismas.

Esta partida se mide en M2.

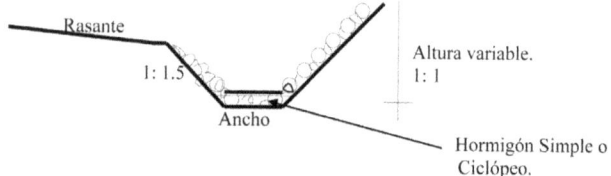

Figura 6.17- Muestra una cuenta al pie del talud encachada.

Figura 6.18- Encache en construcción.

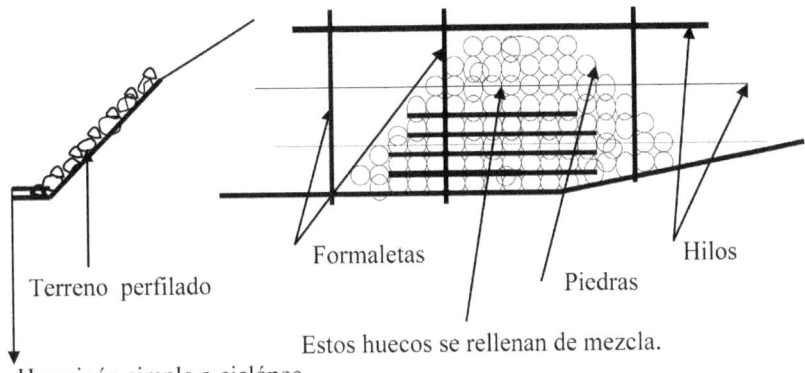

Figura 6.19- Muestra una vista lateral y frontal de la construcción de un encache.

6.14- GAVIONES

Son estructuras compuestas por mallas de alambre de doble torsión con disposición hexagonal de una alta resistencia a la tensión y con piedras colocadas, se forman canastos al cual se le colocan piedras bien acomodadas, de tal manera que el volumen ocupado tenga su máxima densidad. Este tipo de estructura es muy usada en las construcciones de carreteras para diferentes soluciones como son:

- Muros de contención
- Muros de protección
- Soluciones hidráulicas, etc.

Figura 6.20- Trabajos de obras de artes.

Los muros de gaviones presentan una solución práctica con mucha rapidez y uso inmediato.

Los Muros de Gaviones, pueden ser requeridos en una etapa más temprana del proyecto; más aún cuando van a soportar taludes de terraplenes.

La versatilidad de adaptación a cualquier ambiente, su resistencia a la tracción, compresión y adaptabilidad a asentamientos producidos en el terreno, manteniendo su estabilidad y eficiencia; nos indican que estamos ante una solución práctica y útil para los ingenieros.

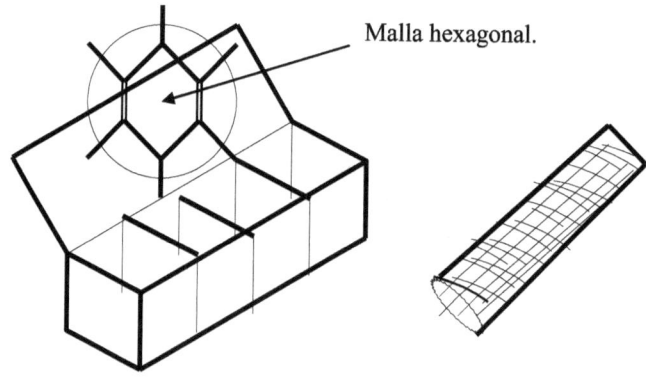

a) Gaviones en caja de 4 x 1 x 1.   b) Rollos de 50 M x 2.00 M

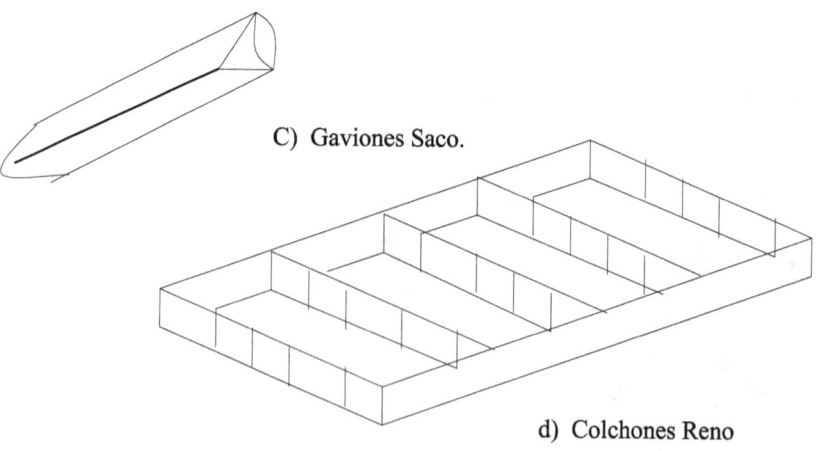

C) Gaviones Saco.

d) Colchones Reno

Figura 6.21- Muestra varios tipos de presentación de gaviones.

Las piedras para el uso de gaviones deben tener un elevado peso específico, poseer un tamaño mínimo superior a la abertura de la malla, y un máximo del doble del diámetro mínimo; con esto se trata de lograr la mayor cantidad de peso específico en el conjunto de la estructura.

Los muros de gaviones son estructuras de construcciones sencillas, no todo el que participa tiene que ser especializado en el área, por tanto la construcción de Gaviones, requiere de mucha mano de obra local.

Los muros de gaviones son capaces de soportar empujes a través de su propio peso; además cumplen con un aspecto social, con el uso de la mano de obra de la comunidad.

Figura 6.22- Muro de contención en gaviones.

La presentación de los gaviones vienen en rollos de 50 m de longitud, por 2 m de ancho, con un rendimiento aproximado de 18 m^3 por rollo; además se presentan en cajas en forma de prima rectangular, más segura, más rigidez; también hay otras presentaciones no muy comercial en nuestro país, como son cajones de espesores menores de 0.30 m, útil para revestimientos de taludes y canales, así como sacos en gaviones, etc.

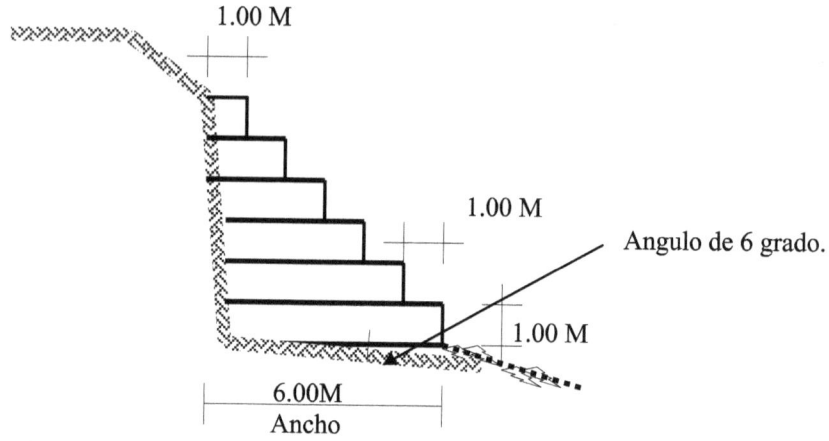

Figura 6.23.- Muestra la construcción de un muro de construcción.

Para construir un muro de gavión, tenemos que conocer unas series de parámetros, y cuáles son las necesidades que van a suplir en la carretera. Si van a ser usados como muros de contención, de protección, disipador de energía, controlar deslizamientos de tierra, etc.

Para protección solo hay que buscar el pie del talud, excavar para fundar la base con un ancho que permita buena estabilidad al talud. Hay que tomar en cuenta si se va a dejar escalón, ya que en este caso habría que tomar en consideración el desplazamiento transversal que producirían los escalones.

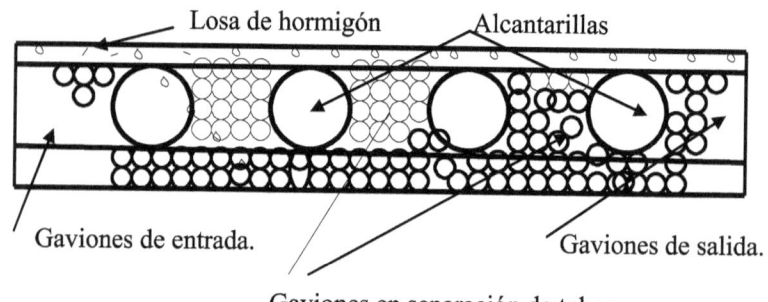

Gaviones en separación de tubos

Figura 6.24- Muestra una solución hidráulica muy usada en desvíos provisionales para Construcciones de puentes, y pasos definitivos en caminos.

Para muros de contención hay que tener mucho más cuidado, por ejemplo:

- Realizar un levantamiento topográfico.
- Determinar la altura.
- Determinar la longitud.
- Determinar el pie donde va a comenzar el gavión.

La altura nos la da la diferencia de nivel entre la rasante que queremos, y la parte donde se va a fundar el muro.

La longitud puede verse con más facilidad por el vacío dejado en el lateral que se va a trabajar.

El pie donde va a comenzar el muro de gavión, es donde más cuidado se debe tener, hay que trazar el eje de la vía, replantear topográficamente; es decir, conseguir tanto la altura, como el ancho de la carretera. El ancho faltante, y la diferencia de altura de la rasante con relación al terreno, son los que determinarán el pie del muro, tomando en cuenta el talud o los escalones que tendrá dicho muro.

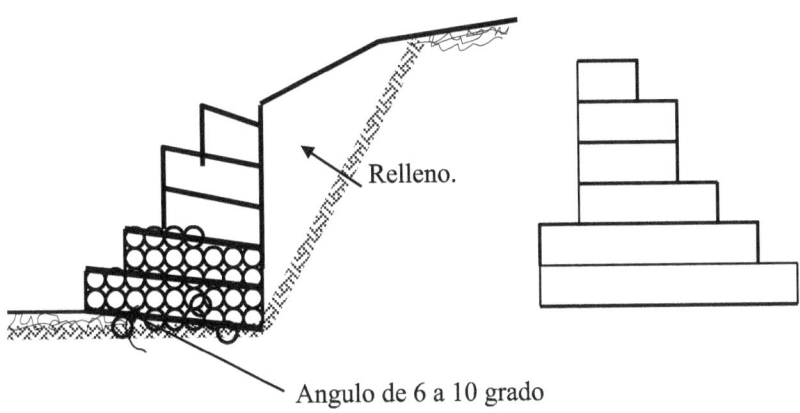

Angulo de 6 a 10 grado

Figura 6.25- Muestra otras de las formas de construcción de muros de gaviones.

- Establecer la forma como se quiere el muro.
- Vertical sin escalones.
- Con escalones visibles.
- Con escalones al lado del relleno.

- Es recomendable inclinar el muro hacia el terreno, logrando un ángulo entre la horizontal y la base del gavión entre 6 y 10 grado.

Al formar el cajón, la tapa debe ser suturada o cocida en cada arista de contacto. Cada gavión montado uno encima del otro, debe ser unido por costura continua, produciendo una estructura monolítica.

6.15- BADENES Y VADOS.

Cuando tenemos cañadas que cruzan transversalmente las carreteras, y que su caudal, no amerita un puente o que las condiciones del momento, requiere de otras soluciones más económicas y funcional; entonces pensamos en una estructura, que podría ser:

- **Badén a cielo abierto.**

Construido de hormigón armado a nivel de la cañada, donde los vehículos pueden pasar por el agua; pero en una superficie de rodamiento más suave. Estas soluciones se adaptan solo a caminos vecinales.

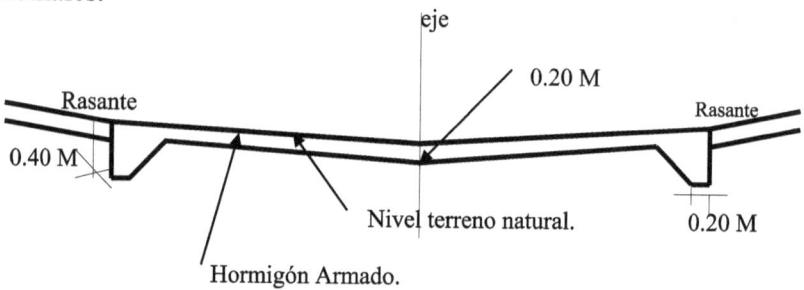

Figura 6.26- Nuestra un badén a cielo abierto.

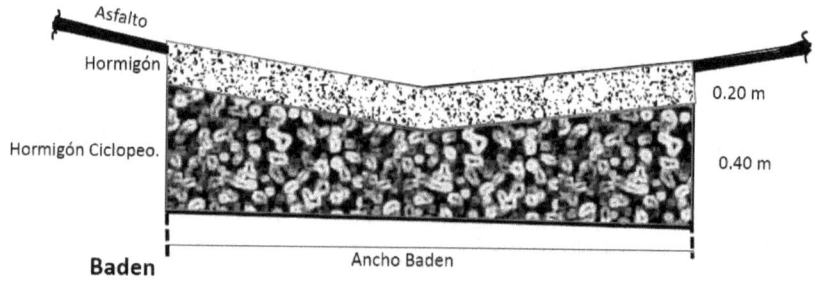

Figura 6.27. Baden

• **Badén con tubería de hormigón armado.**

Hay ocasiones en que el desnivel entre la entrada y salida con relación al fondo es muy grande, o se requiere otra obra más segura, entonces optamos por la colocación de alcantarillas de tubos circulares de hormigón armado, combinada con una estructura de gavión y hormigón armado. Este tipo de solución la vemos también en los desvíos provisionales en los cruces de ríos, durante las Construcciones o colapsos de puentes.

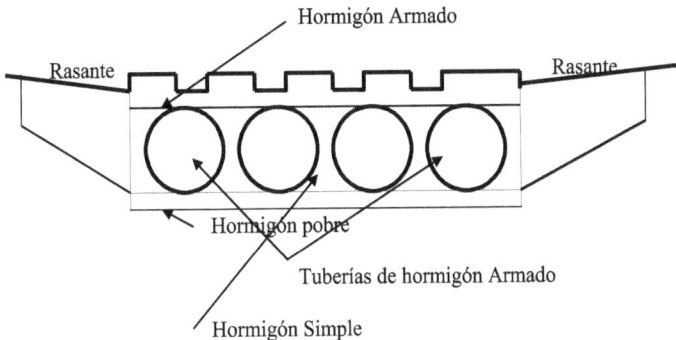

Figura 6.28- Elevación badén.

Este tipo de solución tiene algunas variantes, según el criterio de su diseñador, algunos no colocan la camada de gaviones sobre los tubos, sino que vacían la losa directamente sobre los tubos, y llenando las separaciones entre los tubos, con hormigón, para este caso la separación entre alcantarillas podría ser hasta de 0.30 cm; en cambio, si la separación se va a llenar con muros de gaviones, el ancho sería entre 0.50 a 1.00 m.

Lo importante de este tipo de estructura es que forme un solo cuerpo rígido entre gaviones, alcantarillas y losa de hormigón armado, preparado para soportar presiones de las grandes avenidas de agua, y dejando que las aguas excedentes pasen por encima, sin ocasionar daños considerables a la estructura.

6.16- CONSTRUCCIÓN DE BADENES PROVISIONALES EN CAUCES DE RIOS.

Trabajar dentro del agua no es tarea fácil, se necesitan muchos recursos y mucha experiencia para el manejo del agua. Trataremos de darle algunas pautas que podrían ser de provecho en el momento que se presenten casos como este.

Si el río no es muy profundo, se pueden hacer desvíos provisionales de las aguas.

Podemos excavar en la dirección deseada, y con el material producto de la excavación, ir levantando gradualmente un muro, de tal manera que vaya obligando el agua a desviarse en la dirección indicada.

Ya con las aguas corriendo por un lugar procedemos a construir la primera fase del desvío. Luego ponemos a funcionar la primera fase, y usando el procedimiento anterior, el agua queda corriendo y pasando por debajo de los tubos de la primera fase. Así construimos la segunda fase del desvío.

Este trabajo de manejo de agua requiere de tractores, de una o varias retroexcavadoras. Al final el material debe quedar tendido para dar paso normal a las aguas a lo ancho del desvío.

En ocasiones es preciso usar bombas de agua para poder trabajar en excavaciones por debajo del nivel de agua. Hay ríos que por su profundidad, son difíciles de hacer desvíos; entonces hay que emplearse a fondo con esa situación.

Una de las soluciones, si en la zona existen, es usar grandes rocas, formando un gran muro de ataguía, que rompa la velocidad, para ir desviando esa gran masa de agua a un lugar determinado. Claro que por percolación siempre pasaría parte del agua; pero esta sería manejada con más facilidad aguas abajo. Si no se consiguen esas grandes rocas se procede al uso de muros de gaviones provisionales, que harían el mismo trabajo; a diferencia de que los gaviones hay que construirlos, siendo la operación y manejo más dificultosa.

6.17. CONTENES.

El contén o bordillo, juegan un papel muy importante en las calles o en los tramos de carreteras donde aparecen poblados al cual se debe construir esta obra de arte. El contén define la rasante del proyecto, el borde superior de la parte horizontal define lo que sería la terminación de los niveles finales de la calle en su extremo. Los operadores de motoniveladoras muchas veces lo toman como nivel para hacerlo coincidir con la altura del centro o del eje de la vía; aunque esto depende mucho del ancho de la calle.

Es una estructura fácil de concebir y de construir; se debe tener mucho cuidado en su calidad y terminación. El hormigón debe ser 180 kg/cm2 o según requerimiento de la supervisión, se reviste con mezcla de arena fina y cemento para darle mejor terminación.

La brigada topográfica con los niveles de rasantes, marca los contenes estableciendo estacas que determinan el contorno del trazado y los niveles de rasante de la obra. La brigada coloca varias estacas para que el maestro pueda guiarse y poner su gualdera en la parte de atrás.

La excavación debe quedar completamente firme, libre de escombros y material inservible, si por causa de la estabilización se produce una sobre excavación, esta debe rellenarse con material adecuado y compactarse con un maco vibrador. En ocasiones se construye telford, para poder llegar al nivel del contén.

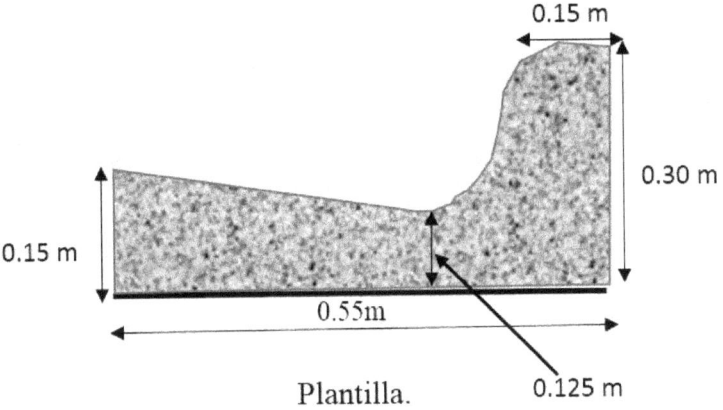

Plantilla.

Contén o Bordillo.

Figura 629. Plantillas de un Contén o Bordillo.

Procedimiento para construcción de contenes.
a- La brigada topográfica establece rasante.
b- Marca los contenes por tramo.
c- Se realiza el cote o relleno según sea necesario.
d- Brigada de carpinteros o conteneros coloca plantillas y formaletas.
e- Brigada de contenes nivela plantillas, colocándola horizontal, cada plantilla tiene sus propia pendiente y figura.
f- Se vierte el hormigón.
g- Se reviste de mezcla y se le da terminación.

Cuando el nivel de la calle este muy bajo, lo recomendable es rellenar la calle hasta cierto nivel y construir el contén después.

Después de construir el contén, se debe proteger el mismo con el relleno de respaldo, que sirve para relleno de aceras.

La construcción de contenes genera las siguientes partidas:

a) Construcción de contenes.   Se mide en mL
a) Excavación de contén.   Se mide en m^3
b) Rellenos bajo contén.   Se mide en m^3

El contén es medido por ml y cada 10 metro lineal, dan como resultado 1.00 m^3, esto tomando plantillas de 0.55 m de ancho, algunos maestros o Ingenieros mandan a construir plantillas de 0.50 m, los cuales no estamos de acuerdo porque limita el área de escurrimiento del agua en dicho contenes.

Figura 6.30. Carpintería para vaciado de contenes.

6.18. ACERAS.

Después de construido el contén, se procede a excavar o a rellenar el área posterior del mismo para realizar el vaciados de la acera; la misma debe tener una mínima inclinación hacia el contén. Con relación al vaciado de la acera debe realizarse con la mayor calidad posible, al igual debe tener buena terminación.

Se ve muy a menudo del descacaramiento superficial de aceras, el cual desprestigian al contratista; se debe usar agregados de calidad, especialmente una arena libre de contaminación.

Lo más conveniente es vaciar las aceras, un paño sí y otro no, para provocar una junta fría entre ellas; eso ayuda a que por retracción no se cuarteen como suele suceder y además se permite corregir lo levantar cualquier tramo sin afectar a los demás.

Figura 6.31. Vaciado de aceras, por paño.

La construcción de aceras genera las siguientes partidas:

a) Construcción de aceras.   Se mide en m²
b) Excavación para aceras.   Se mide en m³
c) Relleno bajo aceras.   Se mide en m³

La partida de Construcción de aceras se partida se mide en m²

Figura 6.32- Acera terminada y conformación de calles, material de base.

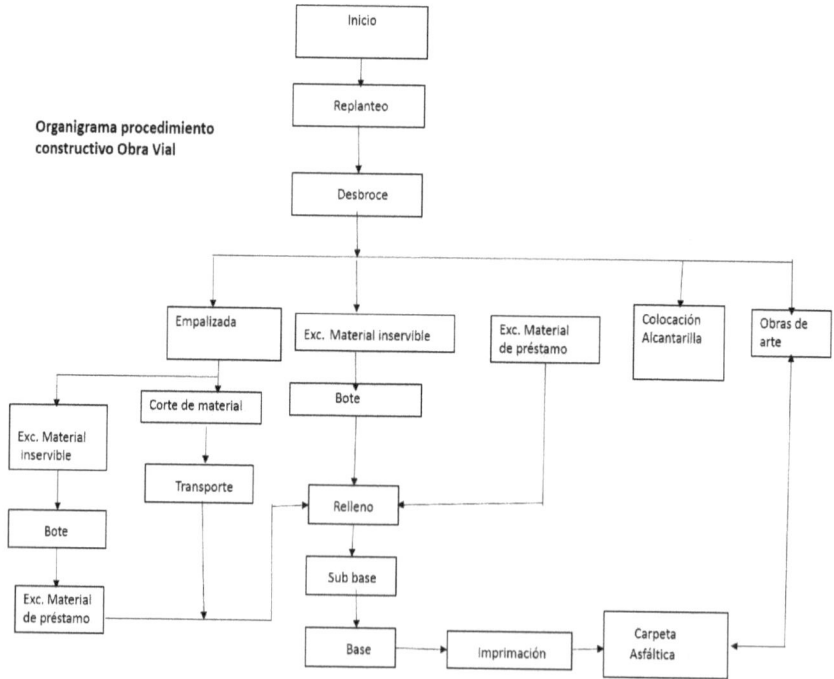

Figura 6.33- Organigrama de seguimiento o desarrollo de partidas.

7
OFICINA TÉCNICA

7.1- OFICINA TÉCNICA.

Aunque la oficina técnica general coordina lo que tiene que ver con todo el accionar de una obra, desde la concepción misma del proyecto y todo lo que tiene que ver con el desarrollo del mismo en el campo con el proceso de construcción, debe estar en contacto con el personar administrativo de la obra.

¿CÓMO LA OFICINA TÉCNICA LE DA SEGUIMIENTO A UNA OBRA?

Oficina técnica en la obra.

Una obra organizada debe tener una oficina técnica y administrativa organizada, con un personal adecuado, dándole seguimiento al progreso de la misma, mediante las informaciones de campo; además de proporcionarla de todas las herramientas y recursos necesarios para el buen funcionamiento de la obra.

En el campo habrá por lo menos ingenieros, un capataz general, listeros, chequeadores de equipos, de material y de personal, etc.

Las informaciones del avance del trabajo diario son recogidas por el personal antes mencionado, son las siguientes:

- Horas trabajadas de equipos
- Horas en trabajos mecánicos.
- Averías producidas.
- Consumos de combustibles y lubricantes.
- Tipo de trabajo.
- Estaciones donde se produjo el trabajo.
- Si es posible el volumen movido de materiales.
- Cantidad de camiones en el tiro de materiales.
- Etc.

7.2- ¿QUÉ BENEFICIO GENERA EL SEGUIMIENTO DE CAMPO?

Todos los equipos tienen rendimientos promedios en cada actividad que realizan. Conociendo y verificando los mismos, podemos mantenerlos en observación para exigir un rendimiento promedio adecuado, y así corregir cualquier fallo, que de otra manera no nos daríamos cuenta.

Por ejemplo, si una pala CAT. 950, debe tener un rendimiento promedio de 150 m³/Hora, y al final del día, su producción no se ajusta a esta realidad. Podemos cuestionar al personal de campo, el porqué de este bajo rendimiento, y debe haber una repuesta bien justificada, porque se conoce su rendimiento.

A partir de esas informaciones nos daremos cuenta:
- Si el equipo no está funcionando mecánicamente en condiciones óptimas.
- Si el operador no está funcionando adecuadamente.
- Si el material está muy duro o está muy incómodo.
- Si el material está muy mojado.
- Si tiene poco camiones.
- Si el operador está haciendo una maniobra que le lleva mucho tiempo para llenar los camiones.
- Si han sacado la pala para otra actividad, etc.

Podemos notar, la importancia de esas informaciones, ya que al otro día podemos corregir cualquier anomalía presentada.

Si no llevamos ese control, nos daríamos cuenta muy tarde, entonces estaríamos gastando miles de recursos económicos, convirtiéndose en pérdida o dejado de ganar por el bajo rendimiento de ese equipo.

7.3- CONSUMO DE COMBUSTIBLES POR HORA.

Otra información muy valiosa que nos llega desde el área de trabajo es el consumo de combustibles por hora de equipos.

Por ejemplo, si un Tractor D8K de 350 HP, debe consumir en condiciones mecánicas y de operación optimas 12 gls/h. Si al chequear el informe, determinamos que su consumo es:

1 - 15 gls/h, significa que consumió un 25% más del promedio establecido. Esto tiene tres significados posible:

- Trabajó demasiado forzado: con rocas y con operaciones de parte del operador no adecuada.
- La máquina está consumiendo o botando mucho gasoil por alguna falla mecánica, rotura de mangueras o tuberías, etc.
- Le han sacado gasoil.

2- 9 gls/h, cualquiera diría que nos estamos economizando un 33% en Combustibles, PERFECTO, EXCELENTE; pero no es así, podría ser que esté pasando otro problema más importante que hay que buscar y analizar.

Veamos:
a- Es posible, y es lo más probable, que el operador no esté poniendo el equipo a producir dentro del promedio establecido por el fabricante.

Podría ser:
- Que el operador esté dando mucho recorrido con el equipo vacío.
- No introduce la cuchilla lo suficiente al cortar, etc.

Resultado:
Menor consumo del equipo, menor producción, más tiempo para realizar el trabajo, mas hora para el operador por unidad de volumen.

b- Es posible que el equipo haya tenido averías no reportadas, y el chequeador le haya puesto las horas corridas, sin tomar en cuenta el tiempo de averías.

En definitiva, todas las informaciones diarias que se obtienen de campo, son de suma importancia, para el rendimiento, economía y optimización del trabajo.

Siempre hemos sido partidario de la comunicación del ingeniero con todo el personal, sin excepción, ya que ese contacto ayuda al desenvolvimiento y al rendimiento de la obra.

Debemos recordar que el ente humano es el principal motor de producción en cualquier trabajo no automatizado completamente. El estado físico y psicológico; en general el estado de ánimo del trabajador, impulsa con mayor o menor rendimiento la maquinaria de producción.

El avance de las tecnología a impactado el sector construcción, dotando a los equipos pesados de unidades de GPS y otros adictamentos que controlan gran parte de lo expuesto anteriormente, con relación al consumo de combustibles, horas de equipos y movilidad de los mismo.

7.4- ALMACÉN.

Es el stock o suministro de los repuestos o herramientas necesaria para resolver de forma inmediata todos los problemas mecánicos menores.

Es importante mantener en almacén unas series de piezas y materiales comúnmente usados por los equipos pesados y livianos:

- Filtros.
- Aceite.
- Grasa.
- Correas.
- Tornillos.
- Sellos.
- Alternadores.
- Motor de arranque.
- Etc.

Estos materiales se justifican aún más cuando la obra está muy lejos de la ciudad, ya que hay lugares de fácil acceso donde en poco tiempo se obtienen los repuestos deseados.

El guarda almacén, tiene que encargarse de llevar un estricto control de entrada y salida de los materiales para que no se agoten. Debe hacer los pedidos con mucho tiempo de antelación.

8
EQUIPOS

8.1- EQUIPOS
A- EQUIPOS HUMANOS.
B- EQUIPOS MECÁNICOS.

A- EQUIPOS HUMANOS.

El ser humano es por naturaleza, y como es lógico, de pensamientos independientes, pero moldeado por una cultura y por costumbres diversas que muchas veces lo hacen incómodo adaptarse a reglas establecidas.

Para que un equipo humano trabaje compacto debe haber reglas claras de dirección, sin subdivisión de autoridad y ordenes dispersas, según el grado de confianza con el dueño o contratista de la obra, como suele suceder, que algunos trabajadores que están bajo el mando de ingenieros de campo y reciben órdenes del dueño, y esto repercute negativamente y al final produce ruidos en la comunicación del trabajo.

No hay una regla específica, única para el trato con esa diversidad de operadores y obreros de la construcción, lo que sí puede haber son disposiciones generales a cumplir.

Algunos ingenieros entienden que el modo de accionar ante los trabajadores de la construcción es a través de mano dura, expresiones fuertes y tratos alejados; es decir sin entrar en confianza. Para que esa confianza no se mal interprete y se convierta en indisciplina; de esa manera la presión hace que realicen el trabajo con más celeridad, por tanto mayor rendimiento.

Otros entienden que un trato más humanizado y de acercamiento al trabajador da mayores resultados; el trabajador al percibir esa forma sencilla, pero firme trata de rendir lo más que pueda y de realizar las tareas encomendadas con más deseos y logra mejor desempeño.

Desde nuestro punto de vista, el estilo más cercano, tiene mejores resultados; ya que bajo esta forma de conducir entra el Coaching, el cual "es el proceso de retroalimentación motivadora para mantener y mejorar el desempeño". Liderazgo. Robert N. Lussier. Christopher F. Achua.

Para el mejor desempeño del trabajo en una obra, no es conveniente corrientes de poder que no confluyen en una sola dirección; solo se debe recibir ordenes y orientaciones de una persona en particular.

A1- OPERADORES Y SU DESEMPEÑO.

Desde el punto de la operatividad, depende mucho del manejo dado en el aspecto humano. Por ejemplo los operadores de máquina pesadas, responden a un orden, a una organización y a un seguimiento continuo de su trabajo, de su forma de ser y su desempeño. Este es todo un mundo donde son posibles todas las mañas, y es ahí, donde depende de la relación de trabajo implementada por los ingenieros de campo y sus asistentes como:

- Capataz
- Mecánicos.
- Equipo de mantenimiento.
- Guarda Almacén.
- Chequeadores.
- Listeros
- Inspectores.
- Personal de oficina.
- Choferes de vehículos livianos.
- Choferes de combustibles, etc.

Cada uno de estos actores tiene un papel importante que realizar para lograr el mejor desempeño de los operadores y con ellos mejores rendimientos de los equipos pesados bajo su mando directo.

El operador de equipos pesado es el trabajador con mayores argumentos valederos, y muchas veces, por el momento irrefutables:

- El equipo tiene problema.
- Tiene poca fuerza
- No puedo forzarlo, si usted me autoriza; pero no soy responsable.
- Don Ernesto me dijo que lo tratara bien, que no lo fuerce mucho.
- Le siento un sonido medio raro.
- Me siento mal.
- No voy a trabajar horas extras, porque no me las pagan, o me las pagan muy baratas, etc, etc.

No hay jefe que sea capaz de tumbar dos o tres argumentos de lo expresado más arriba, solo el liderazgo y las buenas relaciones son capaces de romper uno por uno estos argumentos medalaganarios y con ganas de no realizar el trabajo en el momento indicado. Para el optimo rendimiento de una maquina pesada entran varias variables que al final influyen en el operador de la misma.

Disposiciones de trabajo

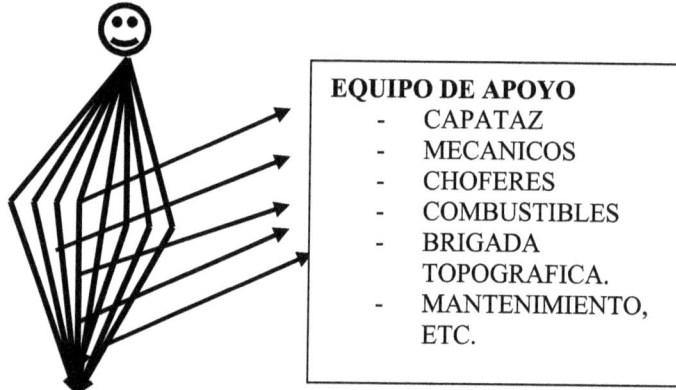

Figura 8.1- Operador de Máquina Pesada

El trabajo en equipo y con una sola dirección de mando, es el que obtiene los mejores resultados. Las construcciones viales dependen de todo ese gran personal de dirección expuesto anteriormente; es como una cadena amarrada en dos puntos de manera vertical, que cuando parte un eslabón, todo lo que está más abajo se va al suelo.

El incentivo y las motivaciones dan buenos resultados para lograr un buen desempeño y obtener los objetivos programados, logrando una satisfacción colectiva.

B- EQUIPOS MECÁNICOS.

8.2- TRACTOR.

Los tractores de oruga, son equipos imprescindibles en una construcción vial, ya que son los primeros en entrar a una obra a desbrozar o limpiar el área de trabajo; pero además son los que se encargan de realizar los cortes más importantes e incómodos de una obra. El tipo de tractor, depende del tipo de trabajo y la magnitud del mismo; ya que podemos realizar un corte con un tractor de la marca

Caterpillar: D6, D7, D8, D9, o podría ser de la marca Komatsu: D65, D85, D165, D365, entre otras marcas y modelos que se encuentran en el mercado.

El tractor:
Corta, empuja, bota, rippea para desgarrar el material y debilitar rocas, realiza taludes, empuja, hala otros equipos como rodillos compactadores. En algunos lugares se pueden usar para compactar materiales, dándole varios pasos de cadena. Cada tractor tiene su rendimiento, dependiendo de los caballos de fuerza, de las condiciones topográficas y de la destreza del operador.

El rendimiento de un tractor no puede ser el mismo en terreno horizontal, que en terreno con pendientes; tampoco puede ser igual, si acarrea materiales a larga distancia o a corta distancia. En la figura 8.2 del capítulo VIII, mostramos una gráfica donde se puede ver la relación de rendimiento con la distancia de acarreo.

Figura 8.2- Tractor y Motoniveladora trabajando combinado.

La siguiente tabla se ha establecido tomando en consideración varios factores la eficiencia horaria de operación, aplicable a la mayoría de los equipos de maquinarias pesadas empleadas en el movimiento de tierra.

EQUIPO	Condiciones de operación		
	Favorables	Promedio	Noturna o desfavorables
Sobre oruga	92% 55 min/hr	83% 50 min/hr	75% 45 min/hr
Sobre neumáticos	83% 50 min/hr	75% 45 min/hr	67% 40min/hr

Tabla 8.1. Eficiencia horaria de equipo según las condiciones de operación.
Vías de comunicación, Carlos Crespo Villalaz -

La experiencia y destreza del operador son determinantes en el rendimiento del tractor en la operación de corte; tiene que darse cuenta cuando tiene que subir o bajar el bulldozer (cuchilla); ya que si lleva un corte determinado y siente una resistencia importante al avance, debe levantarla un poco, al igual que profundizarlas si es necesario.

En los empujes debe llevar siempre el bulldozer lleno para poder acarrear mayor volumen en menos viajes.

En la tabla siguiente podemos encontrar informaciones de algunos equipos más usados en la construcción de obras viales, como son:

- Tipos de equipos
- Caballo de fuerza
- Consumo de combustibles
- Precios establecidos
- Precios de alquiler por hora, etc.

ANÁLISIS DE COSTO DE EQUIPOS PESADO

FECHA: FEBRERO DEL 2016   COSTO DEL GASOIL: $119.90/Galon)

EQUIPOS	MODELO	HP.	ALQUILER	16% ITBIS	ALQUILER + ITBIS	COMBUSTIBLE 0.04 HP x 119.90	LUBRICANTE 20% COMBUSTIBLE	COSTO RD$
TRACTORES	D9L-CAT	460.00	6,050.00	968.00	7,018.00	2,206.16	441.23	9,665.39
	D9H-CAT	410.00	4,294.82	687.17	4,981.99	1,966.36	393.27	7,341.62
	D8R-CAT	310.00	5,500.00	880.00	6,380.00	1,486.76	297.35	8,164.11
	D8L-CAT	335.00	3,630.52	580.88	4,211.40	1,606.66	321.33	6,139.40
	D155A KOM	320.00	3,460.58	553.69	4,014.27	1,534.72	306.94	5,855.94
	D8K-CAT	300.00	3,352.43	536.39	3,888.82	1,438.80	287.76	5,615.38
	D8H46A-CAT	270.00	2,935.31	469.65	3,404.96	1,294.92	258.98	4,958.86
	D8H36A-CAT	235.00	2,672.68	427.63	3,100.31	1,127.06	225.41	4,452.78
	D85-A-KOM	220.00	2,209.21	353.47	2,562.68	1,055.12	211.02	3,828.83
	D7G-CAT	200.00	2,301.90	368.30	2,670.20	959.20	191.84	3,821.24
	D7F-CAT	180.00	2,131.96	341.11	2,473.07	863.28	172.66	3,509.01
	D7E-CAT	160.00	1,637.59	262.01	1,899.60	767.36	153.47	2,820.44
	D65-A-KOM	140.00	1,838.43	294.15	2,132.58	671.44	134.29	2,938.31
	D6D-CAT	140.00	1,745.74	279.32	2,025.06	671.44	134.29	2,830.79
	D6C-CAT	140.00	1,637.59	262.01	1,899.60	671.44	134.29	2,705.33
	TD-15C-INT	140.00	1,745.74	279.32	2,025.06	671.44	134.29	2,830.79
	D60-A-KOM	140.00	1,529.45	244.71	1,774.16	671.44	134.29	2,579.89
	D5B-CAT	105.00	1,328.61	212.58	1,541.19	503.58	100.72	2,145.48
	D4E-CAT	75.00	973.29	155.73	1,129.02	359.70	71.94	1,560.66

EQUIPOS	MODELO	HP.	ALQUILER	16% ITBIS	ALQUILER + ITBIS	COMBUSTIBLE 0.04 HP x 119.90	LUBRICANTE 20% COMBUSTIBLE	COSTO RD$
MOTONI-VELADORA	140H-CAT	165.00	2,100.00	336.00	2,436.00	791.34	158.27	3,385.61
	12H-CAT	140.00	1,825.00	292.00	2,117.00	671.44	134.29	2,922.73
	12G-CAT	135.00	1,606.70	257.07	1,863.77	647.46	129.49	2,640.72
	GD-37-KOM	125.00	1,498.55	239.77	1,738.32	599.50	119.90	2,457.72
	12F-CAT	125.00	1,498.55	239.77	1,738.32	599.50	119.90	2,457.72
	12-OG-CAT	125.00	1,483.10	237.30	1,720.40	599.50	119.90	2,439.80
	12E-CAT	115.00	1,220.47	195.28	1,415.75	551.54	110.31	2,077.59
	14G-CAT	220.00	1,767.37	282.78	2,050.15	1,055.12	211.02	3,316.29
	16G-CAT	275.00	1,944.10	311.06	2,255.16	1,318.90	263.78	3,837.84
	12-8T-CAT	100.00	1,019.63	163.14	1,182.77	479.60	95.92	1,758.29
RETRO-EXCAVADORA	235-CAT	215.00	3,336.98	533.92	3,870.90	1,031.14	206.23	5,108.26
	225-CAT	145.00	2,209.21	353.47	2,562.68	695.42	139.08	3,397.19
	320B-CAT	128.00	3,051.18	488.19	3,539.37	613.89	122.78	4,276.03
Retro+Martillo	320B-CAT	128.00	3,661.42	585.83	4,247.24	613.89	122.78	4,983.91
	330-CAT	247.00	3,356.30	537.01	3,893.31	1,184.61	236.92	5,314.84
	345-CAT	321.00	5,500.00	880.00	6,380.00	1,539.52	307.90	8,227.42
	365B-L-CAT	404.00	7,800.00	1,248.00	9,048.00	1,937.58	387.52	11,373.10
	416-CAT	80.00	1,060.00	169.60	1,229.60	383.68	76.74	1,690.02
MOTOTRAILLAS	631D-CAT	450.00	4,124.88	659.98	4,784.86	2,158.20	431.64	7,374.70
	631B-CAT	420.00	3,105.25	496.84	3,602.09	2,014.32	402.86	6,019.27
	621-CAT	300.00	2,579.98	412.80	2,992.78	1,438.80	287.76	4,719.34
	DW-21-CAT	300.00	2,487.29	397.97	2,885.26	1,438.80	287.76	4,611.82

EQUIPOS	MODELO	HP.	ALQUILER	16% ITBIS	ALQUILER + ITBIS	COMBUSTIBLE 0.04 HP x 119.90	LUBRICANTE 20% COMBUSTIBLE	COSTO RD$
COMPACTA-	825-C-CAT	310.00	2,641.78	422.68	3,064.46	1,486.76	297.35	4,848.58
DORES Y	815-CAT	200.00	2,209.21	353.47	2,562.68	959.20	191.84	3,713.72
RODILLOS	DW-20A-CAT	300.00	1,328.61	212.58	1,541.19	1,438.80	287.76	3,267.75
ESTÁTICOS	CAT-45-BUF	150.00	1,251.37	200.22	1,451.59	719.40	143.88	2,314.87
RODILLOS	600-RAY	125.00	1,560.35	249.66	1,810.01	599.50	119.90	2,529.41
VIBRADOR	CA-25-DINAP	125.00	1,483.10	237.30	1,720.40	599.50	119.90	2,439.80
	VDS-84-GALI	120.00	1,483.10	237.30	1,720.40	575.52	115.10	2,411.02
	SD-100-ING	120.00	1,483.10	237.30	1,720.40	575.52	115.10	2,411.02
CARGADORES	988B-CAT	375.00	3,800.45	608.07	4,408.52	1,798.50	359.70	6,566.72
	980C-CAT	270.00	2,966.21	474.59	3,440.80	1,294.92	258.98	4,994.71
	980-CAT	235.00	2,827.17	452.35	3,279.52	1,127.06	225.41	4,631.99
	966G-CAT	235.00	2,827.17	452.35	3,279.52	1,127.06	225.41	4,631.99
	966F-CAT	220.00	2,600.00	416.00	3,016.00	1,055.12	211.02	4,282.14
	960F-CAT	200.00	2,500.00	400.00	2,900.00	959.20	191.84	4,051.04
	966D-CAT	200.00	2,564.53	410.32	2,974.85	959.20	191.84	4,125.89
	966C-CAT	170.00	2,240.11	358.42	2,598.53	815.32	163.06	3,576.91
	60C-TEREX	168.00	1,992.92	318.87	2,311.79	805.73	161.15	3,278.66
	530-INTER	160.00	1,977.47	316.40	2,293.87	767.36	153.47	3,214.70
	950B-CAT	155.00	1,884.78	301.56	2,186.34	743.38	148.68	3,078.40
	936E-CAT	135.00	1,725.25	276.04	2,001.29	647.46	129.49	2,778.24
	950-CAT	130.00	1,637.59	262.01	1,899.60	623.48	124.70	2,647.78
	W70-KOM	105.00	1,498.55	239.77	1,738.32	503.58	100.72	2,342.61
	930-CAT	100.00	1,390.41	222.47	1,612.88	479.60	95.92	2,188.40
	510-INTER	85.00	1,235.92	197.75	1,433.67	407.66	81.53	1,922.86
	920-CAT	80.00	1,220.47	195.28	1,415.75	383.68	76.74	1,876.16
	MINICARG.-BOBCAT	54.00	700.00	112.00	812.00	258.98	51.80	1,122.78
CARGADORES	D755-KOM	200.00	2,085.62	333.70	2,419.32	959.20	191.84	3,570.36
DE ORUGA	977L-CAT	190.00	2,023.82	323.81	2,347.63	911.24	182.25	3,441.12
	955L-CAT	130.00	1,699.39	271.90	1,971.29	623.48	124.70	2,719.47
	955K-CAT	115.00	1,405.86	224.94	1,630.80	551.54	110.31	2,292.65

Tabla 8.2. Precios de equipos de construcción.

8.3- MOTOCONFORMADORA O GRADER

Este es un equipo de múltiple funciones, es uno de los equipos más maravillosos en la construcción de carreteras, es un constructor de obras de artes, es como el pincel que toma en las manos el artista: corta, riega materiales, conforma, escarifica, perfila talud, corta y conforma cunetas, riega gravillas en el paseo para imprimación, etc..

Su amplia flexibilidad, añadida a un buen operador es capaz de realizar sin numeros trabajos con precisión y elegancia.

Figura 8.3. Motoconformadora.

El operador de esta máquina se especializa para hacer maravillas, cosas increíbles, afina su puntería para dar excelente terminación a taludes, cunetas, en la terminación de sub-rasantes, sub-base y base.

A él se le debe que el espesor de base sea el indicado y que también el hormigón asfáltico sea colocado de manera regular dando una terminación de primera.

8.4- PALAS O CARGADORES FRONTALES

La pala también son equipos multifacéticos: llenan camiones, siendo esta su función principal; pero también son usadas para cortar materiales, cuando estos no son muy duros y pueden ser removidos con los dientes delanteros del cubo, riegan materiales, hacen botes directos, tapan imprimación con arenas o gravillas, sirve para colocar tubos de alcantarillas, llenan tolvas para trituración de materiales, etc.

Figura 8.4- Cargadora Frontal o Pala.

Este equipo también requiere de un buen operador, resultando de esa combinación un óptimo rendimiento.

8.5- RETROEXCAVADORA

Las grandes retroexcavadoras, en los últimos años han ido ganando terreno en el uso de la construcción; debido a que resuelve problemas importantes que sería muy incómodo o difícil para otro equipo.

Las retroexcavadoras también se usan como auxiliares de los tractores, principalmente en el caso de los taludes, que limita un poco el rendimiento de los mismos. Cuando hay una retro de alcance el tractor solo corta, dejando el área para que la retro realice el talud.

Este equipo, además puede cortar y llenar, lo que da grandes ventajas, y por ende obtiene un buen rendimiento en terrenos no muy cohesivos, aunque tienen las fuerzas suficientes para desgarrar y cortar cualquier tipo de material a excepción de rocas; y para este caso se le adapta un martillo que a través de vibraciones las rompe.

Figura 8.5- Retroexcavadora.

Las retroexcavadoras a las cuales se le adiciona un martillo, dan un buen servicio al área de la ingeniería y al medio ambiente; ya que sustituyen a los compresores y aún más las grandes detonaciones de dinamitas, que producen mayores impactos adversos al medio ambiente.

8.6- RODILLOS

La función del rodillo es establecida a través del peso propio combinado con varias pasadas, o con una fuerza de vibración que ayuda a acomodar las partículas de los materiales, en presencia de una humedad óptima, logrando que el suelo adquiera una mayor densidad, y una mayor resistencia al esfuerzo de corte.

Hay diferentes tipos de rodillos:

- Rodillos vibradores.
- Rodillos pata de cabra.
- De ruedas metálicas lisas.
- De Neumáticos, etc.

Figura 8.6- Rodillo vibrador.

8.7- LOS RODILLOS VIBRADORES.

Aunque hay diferentes tipos, el más usado en nuestro país es el de rueda metálica delante y neumáticos en la parte trasera, tienen un control de vibración que es ajustada según la conveniencia del operador de acuerdo a las necesidades del espesor y de los materiales.

En sentido general se obtienen muy buenos resultados compactando diferentes tipos de materiales, con mayor eficiencia en materiales gramilares.

8.8- LOS RODILLOS PATA DE CABRA.

Son aquellos que están compuestos por un tambor hueco, que puede llenarse tanto de agua, como de arena para aumentar su peso; en el área externa del tambor, se encuentran unas piezas que sobresalen de longitud entre 18 y 23 cm, la cuales se le llaman pata de cabra.

El rodillo pata de cabra está especializado para compactar con más efectividad suelos arcillo arenoso, cienos arcillosos, arcillas de mediana y alta plasticidad, entre otros.

Figura 8.7- Rodillo Pata de Cabra.

8.9- RODILLO TIPO TAMDEM

Es un rodillo que es usado tanto en la compactación de asfalto como para compactar suelos granulares. Su frecuencia de vibración puede ser controlada para adaptarla al espesor y al tipo de material; mientras mayor es su velocidad menor capacidad de compactar capas mayores. Este equipo tiene la capacidad de vibrar de manera independiente o ambos ejes a la vez.

Figura 8.8- Rodillo tipo Tandem.

El Rodillo tipo Tandem puede ser usado también en capas granulares de subbase y base, su incidencia en los suelos es más efectiva que otro rodillos, debido a la presión individual en áreas menores formando un conjunto que cubre todas las demás áreas. Su peso varía mayormente entre 6 y 24 toneladas.

8.10- RODILLO NEUMÁTICO.

El Rodillo Neumático es usado principalmente en compactación de asfalto, compuesto por dos ejes, delantero y trasero de gomas impar; el eje delantero siempre tiene un par de gomas menos, eso esta sincronizado para que los espacios dejados por las gomas delanteras sean cubiertos por la traseras.

Figura 8.9- Rodillo Neumático.

8.11- MAQUINAS ESTABILIZADORA.

Esta es una máquina que por su versatilidad en las operaciones en las capas que componen el pavimento; así como en los materiales de sub-base y rellenos, ha tenido en los últimos tiempos un aumento significativo de su uso.

La máquina estabilizadora ha sido una aliada en la agilización de obras viales, porque pueden cortar, mezclar, pulverizar materiales previamente compactados o no, para agregarle otro material y mezclarlo obteniendo mayores y mejores resultados desde el punto de vista de consistencia y calidad.

Fig. 8,10- Maquina Recicladora.

Lo que indica que materiales naturales o acarreados que no reúnan las condiciones de calidad requerida para la vía, después de un estudio de suelo y establecida las proporciones para agregar ya sea de cemento, cal o cualquier otro tipo de material o fluido, esta se encarga de realizar las operaciones necesarias para cumplir el diseño de pavimento según los requerimientos y los resultados mostrado por el laboratorio de suelos.

Puede triturar, levantar carpeta asfáltica para ser transportada a través de correas a un camión sin necesidad de palas cargadoras; también pueden mezclar y colocar el material al espesor deseado.

Estos son de los equipos que han venido a revolucionar la construcción de carretas facilitando la vida y reduciendo el tiempo de construcción de una vía.

Esto debido a la agilidad con que opera esta máquina y el rendimiento en los diferentes procesos constructivos.

8.12- BARREDORAS.

Después de la base aplicada y compactada, se debe proceder a la imprimación, en ese tiempo es posible que el área a imprimar se haya ensuciado de basura, o algunas partículas se hayan desprendidos durante el paso de los vehículos; también podría darse el caso de que se acumulen una gran cantidad de polvo en la vía, en esos casos usamos las barredoras mecánicas.

Esta explicación es válida también para el proceso de asfaltado, cuando el área imprimada necesite una limpieza profunda como casi siempre suele suceder; en este caso se necesita una barredora mecánica, la cual realiza un gran trabajo de limpieza.

En el caso de la base se debe tener mucho cuidado, debe aplicarse a baja presión para que la barredora no disgregue el material de base, en ese caso se usan obreros con escobillones, quienes hacen un gran trabajo de limpieza. Las barredoras como es lógico realizan un trabajo más adecuado y en menor tiempo.

8.13- CAMIÓN DISTRIBUIDOR.

Este equipo cumple una función importante tanto en la aplicación de riego de imprimación, riego de adherencia del asfalto y las imprimaciones para el doble o triple riego, con el fin de formar un espesor asfáltico cubierto con arena o gravilla, usado mayormente en caminos o carreteras con bajo tránsito vehicular.

Tanto el chofer y el operador deben tener una buena combinación para poder irrigar la cantidad del producto asfáltico que corresponda por metro cuadrado de la vía.

La velocidad del camión determina la dotación asfáltica requerida, en la parte de atrás se encuentran los indicadores de temperatura del fluido y volumen del tanque, los cuales deben ser chequeados antes y después de la aplicación.

Este camión también posee en la parte trasera una barra, la cual sobrepasa el ancho normal del equipo para poder alcanzar el ancho de la vía. Esta barra está compuesta por boquillas que dejan salir el fluido a presión impregnando con fuerza el suelo. Ver Cap. V, sección 5.2

Figura 8.11- Camión distribuidor.

8.14- PAVIMENTADORAS.

La pavimentadora, es una maquina tendedora de asfalto caliente la cual esparce o distribuye de manera homogénea espesor programado obtenido a través del diseño de pavimento; la misma está compuesta de controles que mantienen un ritmo constante en la distribución del asfalto.

Figura 8.12- Pavimentadora.

En la parte delantera posee una tolva que es llenada por el camión el cual es puesto en neutro mientras avanza empujado por la pavimentadora; la misma es asistida por un equipo de operadores que ayudan a la realización del trabajo con prontitud y eficiencia.

9
PROCEDIMIENTOS RESUMEN

9.1- EN RESUMEN.

9.1 - GUÍA DE PROCEDIMIENTO Y ESTRUCTURACIÓN DEL PREUPUESTO.

El procedimiento de construcción de una obra vial, es importante conocerlo; aunque en realidad no es una ley, una norma o un reglamento escrito; ya que tiene varias vertientes, dependiendo, por ejemplo, si es una reconstrucción o si es una construcción nueva, de toda manera hay pautas a seguir, procedimientos, reglamentaciones y normas.

Para la estructuración del presupuesto de una obra vial hay que tener mucho cuidado, debido a que se realizan presupuestos para la construcción de obras viales y una parte importante varían de manera desproporcionadas con relación al presupuesto original, esto debido al poco cuidado, estudio y planificación del proyecto.

Situación como esta ha permitido que parte de la sociedad entienda que cuando hay variación de montos de presupuestos, se producen lo que llaman sobre valuación de obras, Es importante poner atención a cuando se vaya a evaluar una obra para su ejecución se realice un estudio profundo de la misma. Hay que tener bien claro cuál es su alcance, que se quiere, para que resulte un presupuesto lo más ajustado posible a la realidad o al menos que este dentro de lo establecido por la ley 340-06, su modificación 449-06 y su reglamento 543-12, el cual establece o permite aumento del presupuesto hasta un 25% del mismo.

Para realizar un buen presupuesto se debe conocer muy bien su estructura y conocer a profundidad todas las partidas de la construcción de carreteras.

9.2- SI ES LA CONSTRUCCIÓN DE UNA NUEVA VÍA.

Para comenzar la construcción de una vía nueva, se deben dar los pasos siguientes:

9.3- LEVANTAMIENTO INICIAL.

– PROCEDIMIENTO:

Se abren trochas con hombres a lo largo del eje de la vía, y en la parte transversal, correspondiente a cada estación; esto para que el equipo topográfico pueda realizar el levantamiento con facilidad. Después del levantamiento, se procede a marcar el ancho de la vía.

9.4- DESMONTE Y DESBROCE.

Es eliminar los árboles y la vegetación en el ancho de la vía, esto permite preparar el área para la brigada topográfica; así más adelante, el trabajo de los equipos se facilita para la realización de cortes y relleno.

9.5- REPLANTEO.

La brigada topográfica, con las herramientas en mano, como: Planos, libretas, y todas las informaciones expresadas en el primer capítulo; procede a realizar el replanteo de la vía, marcando cortes no clasificado, cortes de material inservible, rellenos, alcantarillas, etc.

9.6- REMOCIÓN Y RECOLECCIÓN DE EMPALIZADAS.

La remoción y recolocación de empalizadas, si lo hubiera es importante iniciarla lo más rápido posible, indistintamente pueden aparecer una que otra actividad.

9.7- CORTES.

Después del replanteo, se procede a realizar los cortes; ya sea: Ver Capitulo II.

a- MATERIAL NO CLASIFICADO.
b- MATERIA INSERVIBLE.

Todo depende de la capacidad de operación de la compañía contratista, lo cual dependerá de la logística y cantidad de equipos que posea o esté dispuesta a conseguir; de toda manera, se puede empezar a trabajar en ambas actividades y en diferentes frentes de trabajos. En esencia depende de los recursos económicos y la programación de la obra.

Para realizar estas operaciones, se necesitan tractores y retroexcavadoras; ambos, uno o el otro, depende de las condiciones topográficas y de operación del área a trabajar.

En esta etapa casi siempre se comienza a usar otros equipos colaterales, tales como: Palas y Camiones, que realizan otras actividades que ayudan al rendimiento óptimo del tractor que está cortando y acumulando materiales.

A medida que le extraen material al tractor, tiene menos que acarrear. **A menos acarreo, mayor rendimiento.**

Cuando se ha avanzado en estas actividades, los cuales van generando talleres para realizar terraplenes, rellenos; ya sea de reposición o para completar Sub-rasante, se procede de inmediato al inicio de dichas actividades.

9.8- BOTE DE MATERIALES.
a) INSERVIBLE.
b) NO CLASIFICADO.

Como explicábamos anteriormente, para comenzar el bote, tan pronto se generen talleres para tener una actividad continua; es importante para el rendimiento del tractor que realiza las excavaciones, que palas y los camiones inicien el bote de material y transportarlo a un lugar adecuado, previamente organizado con la supervisión.

En algunos momentos, no es necesario transportar el material con camiones; ya que el tractor realiza esa acción, llevándolo a un banco contiguo al corte, y vertiéndolo en ese lugar; podría ser en una depresión natural del terreno o una propiedad.

En algunos casos cuando el material es colocado en bancos definitivos en propiedades contiguas a la ejecución del proyecto, ese material acumulado tiene que ser regado y nivelado por un equipo, ya sea un tractor, una pala o una motoniveladora. Es cuestión de economía del proyecto; se analiza la conveniencia o no de esta actividad y se toma la decisión; solo hay que sopesar cual es más costoso: Botar el material o acarrearlo a un lado.

En ocasiones se consigue una propiedad como banco de bote; pero con la condición de que sea nivelado; en esta etapa entran dos partidas: Una el acarreo del bote con camiones, y otra la nivelación del material en la propiedad.

Es importante conocer que un tractor a medida que acarrea largas distancias, va disminuyendo su rendimiento, y en los análisis unitarios de las excavaciones con tractor la distancia máxima de acarreo es de 60 m.

9.9- EXCAVACIÓN DE MATERIAL DE PRÉSTAMO.

Aquí entra la necesidad del lugar donde vamos a obtener el material para rellenar; debemos extraerlo de:

- Una mina de préstamo; esto produce lo que le llaman acarreos de material de préstamo, o en cambio:

- Del producto de un corte de material no clasificado; produce material compensado con acarreo libre o sobre acarreo.

Estos conceptos fueron ya explicados ampliamente en la sección 3.20 del capítulo III de este libro.

9.10- ACARREO DE MATERIAL DE PRÉSTAMO.

Este material debe ser acarreado a los diferentes frentes de trabajos en la construcción del proyecto vial, tomando la distancia al centro de gravedad; ya sea al centro de la obra, o al centro del tramo en requerimiento de este material.

Por supuesto que el material de relleno obtenido del Corte no Clasificado, también tiene un acarreo, que puede ser libre o con sobre acarreo.

Ver sección 329 y 330 del capítulo III, donde se presentan ejemplos de acarreo de material dependiendo de lo diferentes tramos con relación a la mina.

9.11- RELLENO

- DE REPOSICIÓN
- PARA CONFORMAR SUB-RAZANTE

Se van rellenando o reponiendo el material en los lugares donde se ha extraído material inservible, a esta actividad la llamamos relleno de material de reposición; en el capítulo No. 3, sección 3.31 explicamos el procedimiento constructivo a llevar para construir terraplenes con rellenos. También se puede ir rellenando para completar el nivel de la sub-rasante, a este se le llama material de relleno para conformar sub-rasante.

Figura 9.1- Relleno de reposición. Camión descargando material.

En esta etapa cabe la posibilidad de ir colocando algunas alcantarillas que permitan su construcción en ese momento. Para realizar un relleno, se necesita el material, ¿de dónde se va a obtener?; es decir cuál es el banco de extracción, ya esto fue explicado anteriormente. La brigada topográfica debe siempre ir delante de todos los procesos, marcando y controlando todos los anchos y espesores.

En esta partida entran en acción otras como:

9.12- ESCARIFICACIÓN DE SUPERFICIE.

Esta partida fue explicada en la sección 3.44, Cap III

9.13- CONFORMACIÓN DE SUB-RASANTE.

Esta partida fue explicada en la sección 3.45, Cap III

9.14- CUNETAS LONGITUDINALES.

Hemos dicho que el procedimiento más conveniente, es realizar las cunetas, después del relleno; ya que cuando se realizan antes la compactación en los laterales paralelos a las cunetas, debido a que no quedan lo suficientemente compactado. Aunque realizarla o no depende de las condiciones prevalecientes, de pendiente y pluviometría de la zona, porque hay zonas que no pueden aguantar que se complete el relleno para ejecutar dicha partida.

9.15- SUB-BASE

Después de perfilada la subrasante con el bombeo adecuado, se procede a colocar la subbase aplicando el espesor especificado. Ver sección 4.1, Cap. IV

9.16- BASE

Ya con la sub-base terminada y compactada adecuadamente, se permite a un 95% del proctor modificado entonces se coloca la base, compactándola al 100%. Ver sección 4.6, Cap IV

9.17- IMPRIMACIÓN.

Es la etapa que antecede a la colocación del asfalto, con ella se protege la plataforma en lo que llega la pavimentación. Ver sección 5.2, Cap. V.

9.18- OBRAS DE ARTES.

Las obras de artes, como encaches, gaviones, se van realizando según la necesidad; por ejemplo los encaches conviene mucho más en la etapa final de la carretera; porque permite realizar una obra mejor orientada y con más precisión; aunque eso no quita que por necesidad se empiece en otra etapa.

9.18a- ALCANTARILLAS.

Las alcantarillas se colocan en diferentes etapas del proyecto; aunque consideramos, mucho mejor, la colocación encajonada, y no colocarla antes del relleno; debido a que se protegen más, y la compactación es más segura. Ver sección 6.8, Cap. VI.

9.19- ENCACHES.

Ver sección 6.8, Cap. VI.

9.20- GAVIONES.

Ver sección 6.8, Cap. VI.

9.21- CONTENES.

Ver sección 6.8, Cap. VI.

9.22- ACERAS.

Ver sección 6.8, Cap. VI.

9.23- ASFALTADO.

Es la etapa final en el proceso de construcción, conjuntamente con la señalización, tanto horizontal como vertical. Ver sección 5.3, Cap. V.

9.24. EJEMPLO.

Desarrollo de actividades.

Si establecemos un promedio de espesor de material inservible de 0.20 m, obtener el monto del valor de una carretera de 10 kilómetros de longitud, un ancho de 8.00 m, con un espesor de 0.50 m. Desde la Est 3+240 a la Est 3+440 aparece un corte de 13,320.00 m³n. Obtener el valor en cada caso presentado más abajo.

a) Con una de las minas de préstamo de 8.00 km de la Est 0+000 de la carretera y con los 13,320.00 m³n, como corte de material inservible acarreado a 3.00 km.

b) Con una de las minas de préstamo de 8.00 km de la Est 0+000 de la carretera y con los 13,320. 00 m³n, como corte de material no clasificado y usado como relleno compensado.

Ejemplo caso a.
II- MOVIMIENTO DE TIERRA

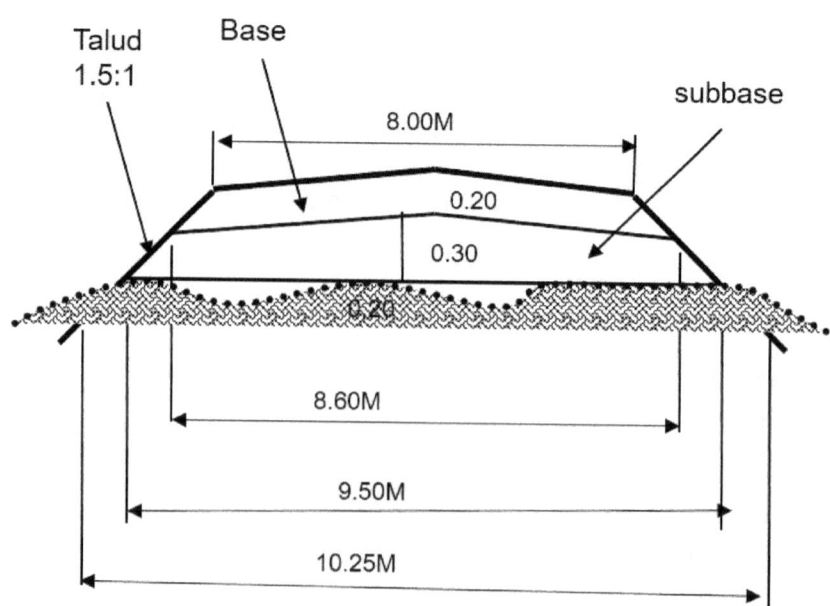

Figura 9.2- Calculo de diferentes anchos.

Se determina el ancho promedio donde se va a cortar el material Inservible.

Ancho de Sub-base terminada = 8.00 + 1.5(0.20)(2) = 8.60 m

Ancho del terraplén terminado = 8.60 + 1.5 (0.30)(2) = 9.50 m (Subrasante)

Ancho del comienzo del terraplén = 9.50 + 1.5 (0.20)(2) = 10.10 m

1- Limpieza, desmonte y destronque

L = 10,000 m
A = 12.00 m

Área = 10,000 ml x 12.00 m = 120,000.00 m^2

1:00 hectárea (ha) = 10,000 m^2

Por tanto
120,000 m^2 / 10,000 m^2 / hect = 12.00 hect

2- Excavación de Material Inservible.
Est. 3+240 a 3+440

a- V = 13,320.00 m^{3}n.
V = volumen

b- Se calcula la extracción de material inservible del tramo restante.

10.00 km − distancia desde la est. 3+240 − 3+440
10.00 km − 0.2 km = 9,800.00 m

Por tanto:

V = 9,800 m x 9.50 m x 0.20 m = 19,208.00 m^{3}n

Total a + b = 32,528.00 m^{3}n

3- Excavación de material de préstamos.

Para obtener el material de préstamo, tenemos que conocer el volumen de relleno.

$V = 19,000.00 \text{ m}^3\text{c} \times 1.11 = 21.090.00 \text{ m}^3\text{n}$

El volumen de préstamo se obtiene al afectar el de relleno por un factor de esponjamiento, debido a que para realizar un metro cúbico de material de relleno compacto (m^3c), tenemos que tener más de un metro cúbico de material de relleno natural (m^3n) de material.

Este factor varía según el tipo de material que se vaya a usar. Para este caso usaremos un factor de compacto a suelto (C – S) = 1.11, ver tabla 3.1.

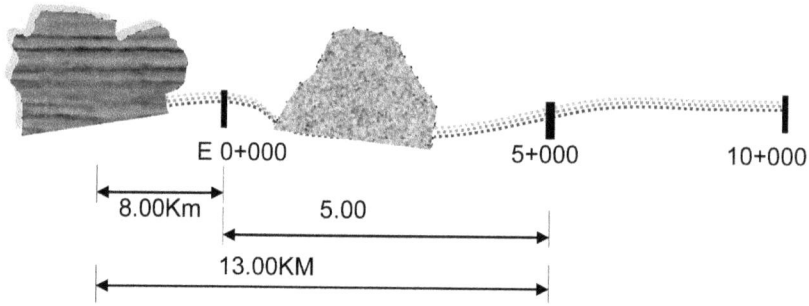

Figura 9.3- Banco de materiales y diferentes distancias de acarreo.

4- Relleno

   a- De Reposición
   $V = 10,000.00 \text{ m} \times 9.50 \text{ m} \times 0.20 \text{ m} = 19,000.00 \text{ m}^3\text{c}$

5- Cuneta al pie del talud = 8,400.00 ml
   Esta longitud en obtenida en los planos.

6- Canalización = 650 m x 1.20 m x 0.90 m = 702.00 m³

7- Escarificación de superficie

   La escarificación se realiza capa por capa, cada 0.25 m, si tenemos 0.20 m de relleno de reposición, 0.30 m de sub base y 0.20 m de base, podemos establecer tres capas, y como en toda la longitud se presentan las tres partidas, por tanto:

a- A = 10,000 m x 9.50 m = 95,000.00 m²
b- A = 10,000 m x 8.60 m = 86,000.00 m²
c- A = 10,000 m x 8.00 m = <u>80,000.00 m²</u>
                                   261,000.00 m²

ACARREO DE MATERIALES.

8- Acarreo de material no Clasificado.
No hay

9- Acarreo de material inservible a 5.00 km.
32,528.00 m^3n x 1.21 x (49.40 hm) = 1,944, 328.67 m^3e-hm
1:00 Hectómetro(hm) = 100.00 m = 0.10 km
5.00 km = 5,000 m – 60 m = 4,940.00 m, si lo dividimos por 100, obtenemos que es igual a 49.40 hm.

Nota:
a) Se restan los 60.00 m, debido al acarreo del tractor, explicado en la sección 3.9 del Capítulo 3
b) En República Dominicana, hay un acuerdo entre los sindicatos de camioneros y el Ministerio de Obras Publicas y comunicaciones (MOPC), que la distancia mínima de acarreo para pago es de 5.00 km.

10- Acarreo de material de estructuras a 5.00 km
2,668.00 m^3n x 1.25 x (49.40 hm) = 164,749.00 m^3e-hm

Nota:
Para esta partida suele descontársele los 60 metros, pero lo consideramos innecesario, debido a que las excavaciones de Estructuras, mayormente son puntuales y por consiguiente no hay acarreo libre en esta partida.

11- Acarreo de material de Préstamo a 13 km.
Acarreo Préstamo = Volumen de relleno x esponjamiento x distancia – 1.00 km.
21,090.00 m3c x 1,25 x (13.00 km-1.00 km) = 316,350.00 m^3e-km

Nota:
Se descuenta 1.00 km, debido a que en la partida excavación material de Préstamo se incluye 1.00 km de arranque.

12- Acarreo de material de Sub base a 13.00 km
27, 150.00 ml x 1.25 x (13.00 km -1.00 km) = 407,250.00 m^3e/km

13- Acarreo de Material de Base a 13.00 km
16,600.00 x 1.15 x (13.00km-1.00km) = 229,080 m^3e/km

14- Excavación para Estructura.
Volumen:
a- En Alcantarillas = 90.00 m x 2.50 m x 1.50 m = 337.50 m³
b- En Encaches   = 1,300.00 m x 2.00 m x 0.30 m = 780.00 m³
c- En Contenes   = 1,500.00 m x 0.70 m x 0.25 m = 262.50 m³
d- En Canalización =   = 1,200.00 m³
d- Aceras   = 400.00 m x 1.10 m x 0.20 m =   88.00 m³

Volumen 2,668.00 m³n

15- Conformación de Sub- rasante.
A = 10,000.00 m x 9.50 m = 95,000.00 m²
A = Área = 10,000.00 m x 9.50 m = **95,000.00 m³**

III- BASE Y SUB-BASE

16- Sub Base.
V = 10,000.00 m x (9.50 + 8.60) /2 x 0.30 = 27,150.00 m³c

17- Base
V = 10,000.00 m x (8.60+8.00) /2 x 0.20 = 16,600.00 m³

IV- CAPA DE RODADURA

18- Imprimación,
A = 10,000.00 m x 8.00 m = 80,000.00 m²

19- Carpeta Asfáltica.
A = 10,000.00 m x 8.00 m = 80,000.00 m²

V- ESTRUCTURAS Y PUENTES

20- Hormigón clase D. En alcantarillas.
Espesor promedio (Diseño tradicional, hormigón simple) = 0.50 m

a) Zapata = 3.00 x 1.00 x 0.40 = 1.20 m³

b) Pantalla = 3.00 x 0.50 x 2.00 = 3.00 m³
Menos Hueco del tubo $\pi r^2 e$ = 3.14 (0.51)²(0.50) = 0.41 m³
e = espesor

Como es una tubería de 36 pulgadas (91.44 cm), para conseguir el diámetro exterior del tubo, le sumamos al diámetro interior el espesor del tubo, asumimos un espesor promedio de 10 cm;

por tanto, el diámetro es igual 101.44 cm, como r =d/2, el radio = 51 cm = 0.51 m

Donde el Volumen de la Pantalla = 3.00 m³ - 0.41 = 2.59 m³

Volumen total del Cabezal = 1.20 m³ + 2.59 m³ = 3.79 m³

= 3.79 m³ x 20 Unidades = 75.80 m³

VI- DRENAJE

21- Asiento Clase C.
90.00 ml x 2.50 m x 0.15 m = 33.75 m³.

22- Colocación Alcantarilla de 36"
= 90.00 m

23- Suministro, acarreo, colocación, y compactación de tuberías y Obras conexas.

Tomamos una longitud de 90 m y asumimos un ancho de 2.50 m y una profundidad de 1.50 m

Vol. Excavación = 337.50 m³

Vol. que ocupan los tubos = $\pi r^2 L$ = (3.14 x (0.51)² x 90 = 73.50 m³

Vol. De Relleno = Vol. Excavación – Vol. De tubos – Vol. De arena.

Donde:

Vol. De Rellenos = 337.50 m³c – 73.50 – 33.75 m³c = 230.30 m³c

24- Encache = 2,600.00 m²

Organizamos las partidas ejecutadas, tomando en cuenta de no dejar una sola. Se organizan en filas, conjuntamente con seis columnas, definen el cuadro del presupuesto, el cual organizamos páginas en Excel.

NO	PARTIDAS	UD	CANTIDAD	PRECIO	TOTAL
I	**TRABAJOS GENERALES**				
1.1.1	Ingeniería	km	10.00	72,500.00	725,000.00
1.2.1	Mantenimiento de tránsito	PA	1.00	185,000.00	185,000.00
1.4.1	Campamento	PA	1.00	160,000.00	160,000.00
II	**MOVIMIENTO DE TIERRA.**				
2.1.1	Limpieza, desmonte y destronque Tipo A	Ha	12.00	14,100.00	169,200.00
2.3.2	Exc. en material no clasificado				
	a- Con 60m acarreo libre	M3n	-		0.00
	c- con sobre acarreo	M3n	-		0.00
	d- excavación en material inservible	M3n	32,528.00	89.50	2,911,256.00
2.3.1.3	Excavación de préstamo, caso 1, primer ,primer	M3n	21,090.00	125.30	2,642,577.00
2.3.4	Relleno				
2.3.6	a- para conformar explanación	M3c	-		0.00
	b- De reposición	M3c	19,000.00	78.25	1,486,750.00
	c- Compensado	M3c			0.00
	Cunetas en pie de talud	ML	8,400.00	25.60	215,040.00
2.3.11	Canalización	M3	702.00	109.00	76,518.00
2.3.12	Escarificación de superficie	M2	261,000.00	10.90	2,844,900.00
2.3.13	Acarreo adicional materiales de excavación				
2.4.1	c- material no clasificado	M3e-hm			0.00
	d. material compensado a 1.00Km	M3e-hm			0.00
	e- material inservible	M3e-hm	1,944,328.67	1.10	2,138,761.54
	f- material de estructuras	M3e-hm	164,749.00	1.10	181,223.90
2.4.2	Acarreo adicional material de préstamo	M3e-km	316,350.00	11.00	3,479,850.00
2.4.3	Acarreo adicional material de base	M3e-km	229,080.00	11.00	2,519,880.00
2.4.4	Acarreo adicional material sub-base	M3e-km	407,250.00	11.00	4,479,750.00

NO	PARTIDAS	UD	CANTIDAD	PRECIO	VALOR
2.4.5	Excavación para estructúra hasta				
	Excavacion para Estructuras hasta1,50m de profundidad	M3n	2,668.00	205.00	546,940.00
2.6.1	Terminación de sub-rasante	M2	95,000.00	11.25	1,068,750.00
III	BASE Y SUB-BASE				
3.1.1	Sub-base granular natural (incluye acarreo del primer km)	M3	27,150.00	360.00	9,774,000.00
3.1.2	Base granular triturada	M3	16,600.00	860.00	14,276,000.00
IV	CAPA DE RODADURA				
4.1.1	Riego de Imprimación	M2	80,000.00	95.80	7,664,000.00
4.2.1	Carpeta de hormigón asfaltico	M2	80,000.00	525.00	42,000,000.00
V	ESTRUCTURAS Y PUENTES				
5.2.4	Hormigón estructural clase D				
	b- para cabezales	M3	75.80	3,020.00	228,916.00
VI	DRENAJE				
	d- 36"		90.00	5,800.00	522,000.00
6.1.1	Asiento clase c	M3	33.75	750.00	25,312.50
6.2.1	Relleno para tuberias y obras conexas	M3c	230.30	795.60	183,226.68
VII	OBRAS COMPLEMENTARIAS				
7.1.1	Encahe	M2	2,600.00	475.00	1,235,000.00
7.2.1	Señalización	PA	1.00	1,200,000.00	1,200,000.00
7.3.1	Limpieza final y bote	PA	1.00	25,000.00	25,000.00
	SUB TOTAL GENERAL				102,964,851.62

DIRECCION TECNICA	10.00%		10,296,485.16
Gastos Administrativo	3.00%		3,088,945.55
Seguro y Fianzas	4.50%		4,633,418.32
Ley 686	1.00%		1,029,648.52
Transporte de Equipos	PA		125,000.00
Diseño	5.00%		5,148,242.58
Supervisión	5.00%		5,148,242.58
ITBIS (80,000 x 0.0508 x RD$3,500) 18%			2,560,320.00
SUB TOTAL INDIRECTOS			32,030,302.71
Imprevisto	5.00%		5,003,239.66
TOTAL GENERAL			139,998,393.99

Ejemplo caso b.

Veamos el caso b: Con una mina de préstamo a 8.00 km de la Est 0+000 de la carretera y con los 13,320. 00 m³n, como corte de material no clasificado y usado como relleno compensado.

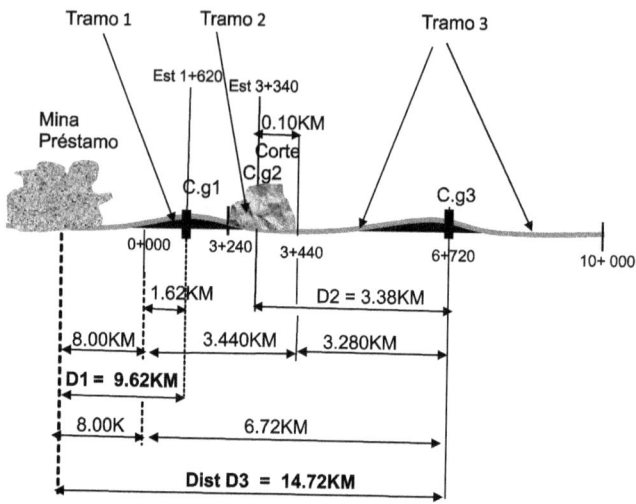

Figuro 9.4. Bancos de materiales y diferentes distancia de acarreo.

II- MOVIMIENTO DE TIERRA

Tenemos 13,320.00 m³n de excavación no clasificada para ser usado como relleno. Debemos convertirlos a m³c; descontamos la capa vegetal de 0.20 m, como es lógico, tenemos que descontársela al volumen a usar para relleno.

1- Capa vegetal

V= 200.00 m x 9.50 m x 0.20 m = 380.00 m³, el ancho de 9.50 sería correcto, si fuera una excavación normal en la vía; pero es necesario en este caso, cubrir el ancho completo del área donde se va a extraer el material y entonces escogemos 15 m, en ese sentido el volumen real de la capa vegetal en el siguiente:

V = 200.00 m x 15.00 m x 0.20 m = 600. 00 m

Vamos a obtener las estaciones para las diferentes distancias de acarreo.

A partir de las minas o bancos de materiales en la misma carretera, se tiene que tener claro cómo vamos a dividir los tramos de relleno, según el menor acarreo.

En el caso que estamos analizando, encontramos una excavación de material no clasificado desde la Est 3+240 a 3+440, apto para uso en terraplén. Una acción que no podemos dejar de lado, es que debemos establecer como subrasante terminada los 200 metros donde se encuentra el material; es decir que:

Este material, tanto puede ser usado para aplicarlo, antes de la Est. 3+240, o después de la Est. 3+440; pero debemos tener en cuenta, que la Mina de Material de Préstamo, se encuentra ante de la Est. 3+240, y por tanto, no debemos usar el material del corte para esa zona.

En este caso, solo nos queda el tramo después de la Est. 3+440 en adelante.

2- Excavación de material no Clasificado

$V = 13,320.00$ m3n (Est 3+240 a 3+440), le restamos la capa vegetal

$V = 13,320.00$ m^3n - 600 m^3n = $12,720$ m^3n

3- Excavación de Material Inservible.
Se determinó extraer en el resto del tramo, 0.20 m de material inservible y considerar el ancho encajonado de 9.50 m

Tramo I   desde la estación 0+000 a 3+240
3,240 m x 9.50 m x 0.20 m = 6,156.00 m^3c

Tramo II Capa vegetal = 600.00 m^3n

Tramo III   Desde estación 3+440 a 10+000

6,560 m x 9.50 m x 0.20 m = 12,464.00 m^3c

Total = tramo 1 + tramo 2 + Tramo 3,

$V = 6,156.00$ m^3c + 600.00 m^3c + $12,464.00$ m^3c = $19,000.00$ m^3c.

4- Relleno
a) De reposición
Tramo 1 (Est. 0+000 + 3+240) = 3,240 m x 9.50 m x 0.20 m = 6,156.00 m^3c

Tramo 3 = 1,004.54 m³c,
Total, Relleno de reposición = **7,160.54 m³c**

Tramo 3
  b) Compensado (ver explicación más abajo) = 11,459.46 m³c
  Total, Volumen de relleno **18,620.00 m³c**

Explicación:

a- La capa vegetal correspondiente al tramo 2 de Excavación

200.00 m x 15.00 m x 0.20 m = **600.00 m³n**

b- El material de excavación no clasificado de las Est 3+240 a 3+440, (será usado como material para relleno)

V= 13,320.00 m³n - 600.00 m³n = 12,720.00 m³n.

Para convertirlo en m3c, lo dividimos entre 1.11

Por tanto 12,720.00 m³n / 1.11 = 11,459.46 m³c, es lo que aporta la excavación de material no clasificado al relleno.

c- Debemos conocer el volumen de relleno que necesitaríamos para el tramo 3

Est. 3+440 a Est. 10+000

El volumen desde la estación 3+440 a la 10+000 en el siguiente:

V = 6,560.00 m x 9.50 m x 0.20 m = 12,464.00 m²c, por lo tanto, a este volumen le restamos el aporte que obtendremos de la excavación no clasificada.

V = 12,464.00 m³c – 11,459.46 m³c = 1,004.54 m³c

Lo que nos indica que este volumen habrá que transportarlo desde una mina, la cual se encuentra a 8.00 km de la Estación 0+000.

5- Excavación Material de Préstamo.
El volumen de préstamo se obtiene al afectar el volumen de relleno por un factor de esponjamiento; ya que para realizar un metro cúbico de material de relleno compacto (m^3c), tenemos que tener más de un metro cúbico de material de relleno natural (m^3n) de material. Este factor varía según el tipo de material que se vaya a usar. Para este caso usaremos un factor de compacto a suelto (C – S) = 1.11, ver tabla 3.1.

Este factor debe suministrarlo los técnicos del laboratorio de suelo, el cual resulta del análisis de la muestra del material obtenido para el uso en terraplén.

a- Tramo 1 Con material de préstamo = 6,156.00 m^3c
b- Tramo 3 = 1,004.54 m^3c
7,160.54 m^3c

El volumen de préstamo es el siguiente:

V = 7,160.54 m^3c x 1.11 = 9,948.20 m^3e

Nota:
Para el material de Excavación de Préstamo, no se escogió el relleno compensado, debido a que este no requiere préstamo, porque fue tomado del corte no clasificado, por esa razón se trató independiente en la partida de relleno.

6- Cuneta al pie del talud = 8,400.00 ml
  Suministrada en el diseño

7- Canalización = 702M3
  Suministrada en el diseño

8- Escarificación de superficie
  a- A = 10,000 m x 9.50 m = 95,000.00 m^2
  b- A = 10,000 m x 8.60 m = 86,000.00 m^2
  a- A = 10,000 m x 8.00 m = 80,000.00 m^2
  261, 000.00 m^2

Nota:
La Escarificación se realiza capa por capa, cada 0.25 m promedio. Se escarifica entonces, en la capa del Relleno, de la Sub Base y de la base = 3.00 Capas

ACARREOS.

9- Acarreo Material no Clasificado

= 13,320.00 m³n - 600.00 m³n = 12,720.00 m³n.

para obtener el acarreo precedemos de la siguiente manera:

Como será aplicado en el Tramo II, la distancia de acarreo = a 3.38 km = 33.80 hm

1:00 Hectómetro (hm) = 100.00 m = 0.10 km
3.38 km = 3,380 m = 33.80 hm,

12,720.00 m³n x 1,25 x (33.80 -0.6 hm) = 527,880.00 m³e - hm,

10- Acarreo Excavación Material inservible a 5.00 km

= 18,620.00 m3c x 1.21 x (50 hm- 0.60 hm) = 1,112,991.88 m³n - hm.

El esponjamiento de 1.21 es asumido

11- Acarreo de material de estructuras a 5.00 km
2,668.00 m³n x 1.25 x (49.40 hm) = 164,749.00 m³e-hm

12- Acarreo Material de Préstamo.

   a- Tramo I a 9.62 km
= 6,156.00 m³c x 1.25 x (9.62 km-1.00 km) = 66,330.90 m³e-km
   b- Tramo III a 15.51 km
= 1,004.54 mc x 1.25 x(14.72 km-1.00 km) = <u>17,227. 86</u> m³e - km
                                                           83,558.76 m³e - km

Esponjamiento asumido.

Para el Tramo II no hay excavación de préstamo, debido a que el material existente se queda como subrasante y no hay necesidad de sobreacarreo de material.

Conceptos prácticos de procedimientos constructivos

13- Acarreo de material de Sub base a 13.00 km.

22,625.00 x 1.25 x (13.00 km -1.00 km) = 339,375.00 m³e/km

14- Acarreo de Material de Base a 13.00 km.

16,600.00 x 1.18 x (13 km – 1.00 km) = 235,056.00 m³e / km.

15- Excavación para Estructura.

Volumen:

a- En Alcantarillas	= 90.00 m x 2.50 m x 1.50 m	= 337.50 m³
b- En Encaches	= 1,300.00 m x 2.00 m x 0.30 m	= 780.00 m³
c- En Contenes	= 1,500.00 m x 0.70 m x 0.25 m	= 262.50 m³
d- En Canalización	=	= 1,200.00 m³
d- Aceras	= 400.00 m x 1.10 m x 0.20 m	= 88.00 m³

Volumen = **2,668.00 m³n**

16- Cuneta al pie del talud = 6,400.00 m

17- Canalización = 1,200.00 m³

18- Terminación de subrasante.

10,000 m x 9.50 m = 95,000.00 m²

19- Sub-Base.

10,000.00 m x (9.50 + 8.60)m/2 x 0.25 m = 22,625.00 m³c

20- Base

10,000.00 m x (8.60+8.00)m/2 x 0.20 m = 16,600.00 m³c

21- Imprimación,

10,000.00 m x 8.00 m = 80,000.00 m²

22- Carpeta Asfáltica.

10,000.00 m x 8.00 m = 80,000.00 m²

V- ESTRUCTURAS Y PUENTES

23- Hormigón clase D.

Hormigón clase D. En alcantarillas.
Espesor promedio (Diseño tradicional, hormigón simple) = 0.50 m

a) Zapata = 3.00 x 1.00 x 0.40 = 1.20 m³
b) Pantalla = 3.00 x 0.50 x 2.00 = 3.00 m³
   Menos Hueco del tubo $\pi r^2 e$ = 3.14 (0.51)²(0.50) = 0.41 m³
   e = espesor

Como es una tubería de 36 pulgadas (91.44 cm), para conseguir el diámetro exterior del tubo, le sumamos al diámetro interior el espesor del tubo, asumimos un espesor promedio de 10 cm; por tanto, el diámetro es igual 101.54 cm, como r =d/2, el radio = 51 cm =0.51 m.

Donde el Volumen de la Pantalla = 3.00 m³ − 0.41 m³ = 2.59 m³

Volumen total del Cabezal = 1.20 m³ + 2.59 m³ = 3.79 m³

V = 3.79 m³ x 20 Unidades = 75.80 m³

VI- DRENAJE

24- Asiento Clase C.
90.00 m x 2.50 m x 0.15 m = 33.75 m³.

25- Colocación Alcantarilla de 36"= 90.00 ml.

26- Suministro, acarreo, colocación, y compactación de tuberías y obras conexas.

Vol. Excavación = 337.50 m³

Vol. Que ocupan los tubos = $\pi r^2 L$ = (3.14 x (0.51)² x 90 = 73.50 m³

Vol. De Relleno = Vol. Excavación − Vol. De tubos − Vol. De arena.

Donde:

Vol. De Rellenos = 337.50 m³c − 73.50 m³c − 33.75 m³c = 230.30 m³c

Vol. Que ocupan los tubos = $\pi r^2 L$ = (3.14 x (0.51)² x 90 = 73.50 m³c

Vol. De Relleno = Vol. Excavación − Vol. De tubos − Vol. De arena.

Donde:

Vol. De Rellenos = 337.50 m³c - 73.50 − 33.75 m³c = 230.25 m³c

NO	PARTIDAS	UD	CANTIDAD	PRECIO	TOTAL
I	TRABAJOS GENERALES				
1.1.1	Ingeniería	km	10.00	72,500.00	725,000.00
1.2.1	Mantenimiento de tránsito	PA	1.00	185,000.00	185,000.00
1.4.1	Campamento	PA	1.00	160,000.00	160,000.00
II	Movimiento de tierra				
2.1.1	Limpieza, desmonte y destronque Tipo A	Ha	12.00	14,100.00	169,200.00
2.3.2	Exc. en material no clasificado				0.00
	a- Con 60m acarreo libre	M3n	-		0.00
	c- con sobre acarreo	M3n	12,720.00	94.00	1,195,680.00
2.3.3	Excavación en material inservible	M3n	19,000.00	89.50	1,700,500.00
2.3.4.	Excavación de préstamo, caso 1, primer, primer	M3n	9,948.20	125.30	1,246,509.46
2.3.5	Relleno				0.00
2.3.6	a- para conformar explanación	M3c	-		0.00
	b- De reposición	M3c	7,160.54	78.25	560,312.26
	c- Compensado	M3c	11,459.46	78.25	896,702.75
	Cunetas en pie de talud	ML	8,400.00	25.60	215,040.00
2.3.11	Canalización	M3	702.00	109.00	76,518.00
2.3.12	Escarificación de superficie	M2	261,000.00	10.90	2,844,900.00
2.4.13	Acarreo adicional materiales de excavación				
2.4.1	c- material no clasificado	M3e/hect	527,880.00	1.10	580,668.00
	d. Mat. compensado consobreacarreo a 6.82km	M3e/hect		1.10	0.00
	e- material inservible	M3e/hect	1,112,991.88	1.10	1,224,291.07
	f- material de estructuras	M3e/km	164,749.00	1.10	181,223.90
2.4.2	Acarreo adicional material de préstamo	M3e/km	83,558.76	11.00	919,146.36
2.4.3	Acarreo adicional material de base	M3e/km	235,056.00	11.00	2,585,616.00
2.4.4	Acarreo adicional material sub-base	M3e/km	339,750.00	11.00	3,737,250.00

NO	PARTIDAS	UD	CANTIDAD	PRECIO	VALOR
2.4.5	Excavación para estructúra hasta				
	Excavacion para Estructuras hasta1 ,50m de profundidad	M3n	2,668.00	205.00	546,940.00
2.6.1	Terminación de sub-rasante	M2	95,000.00	11.25	1,068,750.00
III	BASE Y SUB-BASE				
3.1.1	Sub-base granular natural (incluye acarreo del primer km)	M3	22,450.00	360.00	8,082,000.00
3.1.2	Base granular triturada	M3	16,600.00	860.00	14,276,000.00
IV	CAPA DE RODADURA				
4.1.1	Riego de Imprimación	M2	80,000.00	95.80	7,664,000.00
4.2.1	Carpeta de hormigón asfaltico	M2	80,000.00	525.00	42,000,000.00
V	ESTRUCTURAS Y PUENTES				
5.2.4	Hormigón estructural clase D b- para cabezales	M3	75.80	3,020.00	228,916.00
VI	DRENAJE				
	d- 36"		90.00	5,800.00	522,000.00
6.1.1	Asiento clase c	M3	33.75	750.00	25,312.50
6.2.1	Relleno para tuberias y obras conexas	M3c	230.25	795.60	183,186.90
VII	OBRAS COMPLEMENTARIAS				
7.1.1	Encahe	M2	2,600.00	475.00	1,235,000.00
7.2.1	Señalización	PA	1.00	1,200,000.00	1,200,000.00
7.3.1	Limpieza final y bote	PA	1.00	25,000.00	25,000.00
	SUB TOTAL GENERAL				96,260,663.19

DIRECCION TECNICA	10.00%		9,626,066.32
Gastos Administrativo	3.00%		2,887,819.90
Seguro y Fianzas	4.50%		4,331,729.84
Ley 686	1.00%		962,606.63
Transporte de Equipos	PA		125,000.00
Diseño	5.00%		4,813,033.16
Supervisión	5.00%		4,813,033.16
ITBIS (80,000 x 0.0508 x RD$3,500) 18%			2,560,320.00
SUB TOTAL INDIRECTOS			30,119,609.01
Imprevisto	5.00%		5,003,239.66
TOTAL GENERAL			131,383,511.86

RESUMEN

Si analizamos los totales de ambos presupuestos, nos damos cuenta que el que realizamos usando el material compensado, su valor fue de RD$8,614,882.13 pesos menos que el otro.

En el caso a) se analizó un presupuesto, el cual no tuvo muchas complicaciones; mas sin embargo en la parte b), hubo que analizar ciertas situaciones con profundidad; como fue el caso del material no clasificado y su incidencia en el relleno, al igual que la definición de los lugares donde se iba a aplicar el material compensado, producto del corte y el material de préstamo. Esta decisión incide en la distancia de acarreo.

Con la realización de ambos presupuestos, nuestra intención fue:

a- Analizar la mayor cantidad de partidas, y de esa manera practicar con un presupuesto más amplio, que nos permitiera conocer y familiarizarnos con actividades que podemos ver a diario en cualquier obra vial.

b- Resaltar la economía que se logra al poder usar material compensado, y a la vez analizar las diferentes posibilidades de uso de materiales en la vía

c- Tener la posibilidad de estudiar cada tramo a rellenar, y con ello hacer la mejor elección para lograr un presupuesto más bajo.

> **En estos presupuestos no pudimos ver todas las partidas, pero sí un gran número de ellas, que ayudan a los estudiantes de término y a los profesionales a poder analizar cada una de estas actividades, y conocer las raíces de su procedencia.**

Ejemplo 3

Un tramo de carretera de 10 kilómetros, con una mina ubicada a 8 kilómetros del inicio y un material no clasificado entre las Estaciones 13+240 a 13+440, pero este material solo alcanza hasta la Estación 15+020. Obtener las distancias de acarreos.

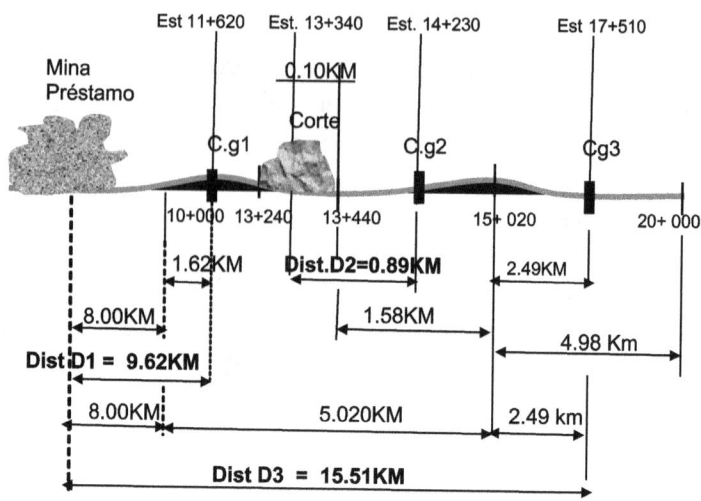

Figura 5.5- Diferentes distancias de acarreo.

Ejemplo 4

En la figura 5.6, obtener las diferentes distancias de acarreos del tramo de carretera, con dos minas disponible para obtener los materiales.

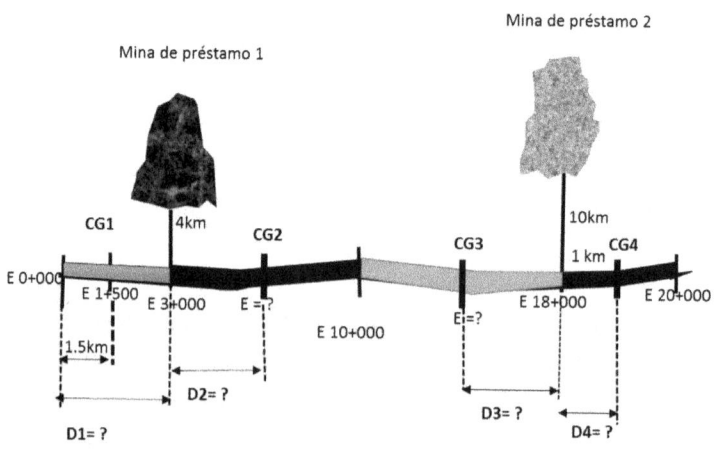

Figura 5.6

Ejemplo 5

Analiza las dos partes de la figura 5.7 y determina cual debe ser la distribución de las distancias de acarreos para el tramo de carretera y con dos bancos de materiales disponible.

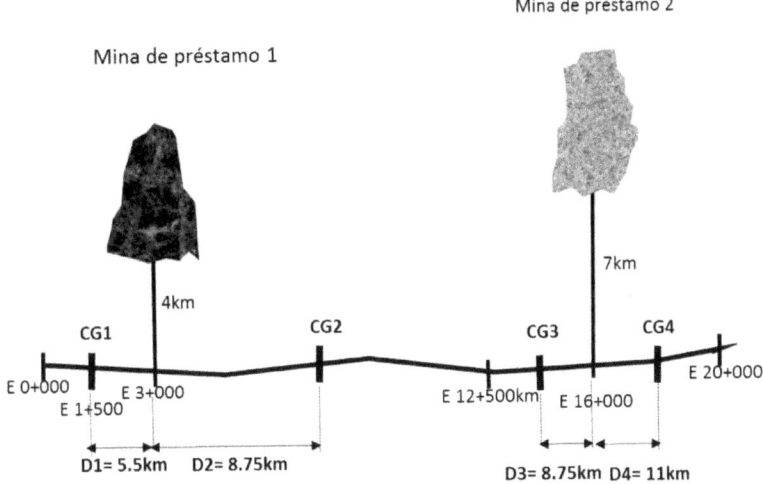

Figura 5.7a.

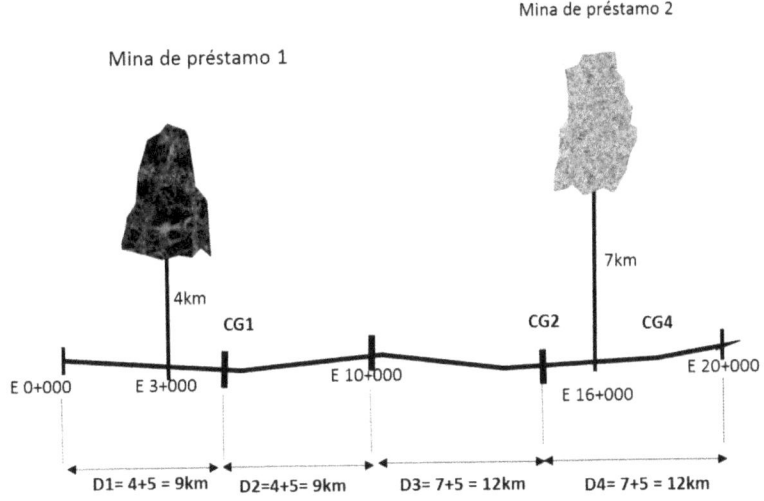

Figura 5.7b.

Esta es una forma normal de distribución de las distancias de acarreo; pero puede haber una gran diferencia con los volúmenes obtenido en la parte a. Siempre se deben analizar los tramos de rellenos y con ello realizar la distribución de la distancia.

10
PRESUPUESTO.
RELACIÓN DE PARTIDAS.
ADICIONALES.

10.1- PRESUPUESTO RELACIÓN DE PARTIDAS. ADICIONALES

10.2- PRESUPUESTO

Realizar un presupuesto de cualquier obra se requiere dedicación y responsabilidad del profesional que lo realiza, no todo profesional debe realizarlo; debido a que se necesita tener experiencia, o por lo menos tener la noción práctica de lo que se va a construir. Se debe tener mucho cuidado cuando se va a realizar un presupuesto; ya que en algunas obras, principalmente en el área vial, las relaciones de partidas quedan incompletas, dando como resultado un presupuesto subvaluado, y tal situación genera más adelante partidas adicionales, que pudieron haberse tomado en cuenta desde el principio.

Si realizamos un estudio más a fondo, disminuiríamos el monto de los posibles adicionales que podrían aparecer en el transcurso de la construcción, generando un presupuesto más ajustado a la realidad.

Los presupuestos de obras civiles son muy susceptibles a cambios; ya sea por variación de volúmenes, adición de partidas nuevas o por variación de precios.

Un presupuesto consta de las siguientes partes:

No.	PARTIDAS	UNIDAD	CANTIDAD	PRECIO	TOTAL
SUBTOTAL					----------

INDIRECTOS.

TOTAL INDIRECTOS.   ----------

SUBTOTAL GENERAL.	----------

Figura 10.1- Hoja para organizar un presupuesto.

10.3- PARTIDAS.

Son las diferentes actividades que realizarán en una construcción determinada.

10.4- UNIDAD.

Cada partida debe estar expresada en una medida, ya sea lineal, de volumen, área, expresada en PA, etc.

10.5- CANTIDAD

Es el resultado de la medida de una partida; ya sea a través de cinta métrica o con equipos topográficos. Los equipos topográficos dan como resultado una medida más exacta.

10.6- PRECIO

Es lo que costaría realizar una partida por unidad, en un momento determinado. Para obtener un precio se debe realizar un análisis desmenuzado de cada actividad que intervenga en una partida.

10.7- VALOR

Es el resultado de multiplicar la cantidad por el precio.

10.8- SUBTOTAL

Es la sumatoria de todos los valores de las partidas.

10.9- INDIRECTOS

Son leyes y disposiciones que afectan de una manera indirecta el presupuesto, con el fin de cumplir con los honorarios profesionales, seguros y fianzas, en fin cualquier compromiso derivado de la obra que no genere un beneficio tangible al proyecto.

10.10- IMPREVISTOS

Son recursos asignados al proyecto para suplir eventualidades en el transcurso del desarrollo de la obra, o son producidas por contingencia y fenómenos externos que inciden de una manera inesperada provocando daños que deben ser corregidos.

10.11 ADICIONALES

– Adicionales por diferencias de precios
– Adicionales por diferencias de volúmenes o cantidad
– Adicionales por partidas nuevas

1- Los adicionales por partidas nuevas, son generados por partidas no contempladas en el presupuesto original.

2- Los adicionales por diferencia de volúmenes, son partidas establecidas en el Presupuesto, donde el volumen original puede disminuir o aumentar en el transcurso de la construcción.

3- La diferencia de precios se genera cuando los insumos aumentan o disminuyen sus precios; al igual que los equipos de construcción, presionado mayormente por el aumento o disminución de los combustibles y repuestos.

Es importante que a quien le toque diseñar el proyecto o realizar la relación de partidas, siempre debe visitar el lugar donde se va a ejecutar la obra; aunque se tenga informaciones topográficas importantes, las observaciones directas darán las pautas necesarias para realizar un buen presupuesto.

Es prácticamente imposible lograr un presupuesto perfecto. En una obra casi siempre habrá situaciones que generen cambios; todo depende del tipo de obra a ejecutar, las informaciones de los levantamientos de datos a utilizar, la precisión con que se realicen, y por supuesto la experiencia del profesional.

10.12- MODELO DE UN PRESUPUESTO
COMPAÑÍA CONSTRUCTORA PRINESA

**PRESUPUESTO DE LA CARRETERA
EL PINAL – LA MATICA**

Longitud	=	10.00Km
Ancho	=	8.00M
Espesor de Subbase	=	0.25M
Espesor de Base	=	0.15M

No	PARTIDAS	UD	CANTIDAD	PRECIO	VALOR
1	TRABAJOS GENERALES				
1,01	INGENIERIA	PA	1,00	77.323,80	77.323,80
1,02	CAMPAMENTO DEL CONTRATISTA	PA	1,00	20.000,00	20.000,00
1,03	MANTENIMIENTO DE TRANSITO	PA	1,00	20.000,00	20.000,00
1,04	Rótulo de identificación	PA	1,00	15.000,00	15.000,00
1,08	Limpieza	PA	1,00	20.000,00	20.000,00
2	MOVIMIENTO DE TIERRA				
2,01	Remoción de Capa de Rodadura	M2	525,00	10,88	5.712,00
2,02	Remoción de Base	M2	635,00	14,01	8.896,35
2,03	Excavación de Préstamo	M3	5.630,00	122,59	690.181,70
2,04	Bote de Material sobrante	M3s	1.520,00	91,15	138.548,00
2,05	Acarreo de material de Base	M3e/km	26.607,02	7,00	186.249,14
2,06	Acarreo de material de préstamo	M3e/km	28.150,00	7,00	197.050,00
2,07	Escarificación de superficie	M2	4.336,66	10,98	47.616,53
2,08	Terminación de superficie	M2	4.336,66	11,29	48.960,89
2,09	Relleno compactado	M3	5.067,00	59,75	302.753,25
3,00	BASE GRANULAR				
3,01	Suministro y compactación de Base granular Natural	M3C	6.225,00	461,94	2.875.576,50
3,02	Suministro y compactación de Base granular Triturada	M3C	718,19	875,05	628.452,16
4	CAPA DE RODADURA				
4,02	Riego de imprimación	M2	35.000,00	69,41	2.429.350,00
4,03	Carpeta de hormigón 2"	M2	35.000,00	249,94	8.747.900,00
4,06	Riego de imprimación para Baches	M^3	325,00	69,41	22.558,25
4,07	Suministro y col Asfalto de niv. 1" para bache	M2	1.200,00	128,74	154.488,00
5,00	OBRAS COMPLEMENTARIAS				
5,01	Bordillos y cunetas de hormigón vaciado en sitio	Ml	1.300,00	316,43	411.359,00
5,02	Aceras de hormigón	M2	1.300,00	288,59	375.167,00
5,04	Construcción de badenes	M3	25,60	3409,73	87.289,09
5,05	Hormigón Ciclópeo para Badenes	M3	16,25	1.657,59	26.935,84
6,00	TRABAJO GENERALES				
6,01	Corte con sierra en laterales de Asfalto	M2	210,00	60,00	12.600,00
	SUB TOTAL				17.549.967,49

GASTOS INDIRECTOS			
Beneficios		10,00%	1.754.996,75
Gastos administrativos		3,00%	526.499,02
Seguros y Fianzas	P.A.	4,00%	701.998,70
Liquidación y prestaciones		1,00%	175.499,67
Transporte		P.A	20.000,00
Supervisión y diseño		10,00%	100.000,00
IMPREVISTOS		5,00%	877.498,37
TOTAL GASTOS general			21.706.460,02

10.13- ADICIONAL POR DIFERENCIA DE PRECIOS

En ocasiones las obras se realizan en un tiempo mayor del establecido; aunque algunos contratistas no cumplen con el tiempo establecido para la ejecución del presupuesto y, en este caso como ha sido una falla del contratista, el mismo debe asumir las responsabilidades que acarrean no haber terminado a tiempo la obra puesta a su responsabilidad, partiendo del caso de la disponibilidad del flujo de caja constantes y dentro del tiempo programado.

El caso expuesto en el párrafo anterior es la excepción; ya que en la mayoría de los casos, en nuestro país quién falla es la institución contratante, la cual no eroga los recursos suficientes en el momento adecuado para la terminación de la obra, según lo establecido en el contrato entre las partes.

En algunas ocasiones se erogan recursos a los contratistas; pero de una manera muy lenta, lo que significa que hay que esperar cinco o seis meses, en otras ocasiones hasta más de un año. Esto acarrea grandes inconvenientes a los contratistas; debido a que cuentan con una plataforma, una empleomanía fija y gastos administrativos que distorsiona los recursos entregados a cuenta gota.

Esta situación planteada genera adicionales por variación de precios; ya que los precios mayormente presionan hacia arriba, por la inflación que generan los factores económicos y el resultado mundial de una dinámica alcista.

Salvo honrosas excepciones, en nuestro país esa es una constante, como fue el caso de los años 2003-2004, donde la inflación producto de diferentes factores que incidieron en la economía, el índice de inflación superó el 40%; aunque un año más tarde la inflación descendió a menos de dos dígitos, la deflación no se tradujo a los niveles deseados a los precios unitarios; aunque el cemento y la varilla experimentaron una rebaja sustancial, situación que generó un aumento en las construcciones PIB del sector; ademas de los otros insumos que sufrieron pequeñas rebajas, pero no suficientes.

Los precios se determinan por un análisis detallado de los eslabones que componen las actividades de cada partida, en el que se determina ¿Qué cuesta dicha actividad?

10.14- ADICIONALES POR VARIACIÓN DE VOLUMEN O CANTIDAD

En los presupuestos los volúmenes pueden variar por diferentes razones, las partidas tienen una cantidad establecida de acuerdo a las cantidades suministradas por el diseño según levantamiento de la brigada topográfica, o por el Ingeniero de campo. Cuando las partidas son establecidas de manera analítica y que no se tienen todas las informaciones en el momento de iniciar el proyecto.

Las cantidades varían también por cualquier evento meteorológico, que son acompañados de una gran cantidad de agua, produciendo además sedimentos y excavaciones, en ocasiones de muchas consideraciones. Debemos saber que estamos presuponiendo un volumen de acuerdo a medidas definidas; pero eso no indica que la cantidad que se coloca en un presupuesto, es la misma que exactamente se va a cubicar; ya que pueden variar los parámetros que dieron origen a esas medidas.

En presupuestos de edificaciones, donde las medidas de los planos son determinantes en los miembros estructurales; los volúmenes tienden a ser más exactos; no así en obras viales, donde cualquier variación genera una cantidad diferente a la presupuestada.

Es importante resaltar que los profesionales de las ingenierías están en capacidad de realizar presupuestos acorde con la realidad; siempre y cuando se hagan todas las evaluaciones necesarias en la fase de estudio del proyecto.

En cualquiera de los casos, ya sea que aumente la cantidad, o que disminuya, se debe realizar un adicional por variación de cantidad. No siempre aumenta el volumen, sino que también puede disminuir; debido a que un adicional lo que hace es sincerizar el presupuesto en un momento determinado a volúmenes y a valores reales.

Si se realiza un presupuesto y en transcurso de la ejecución, o al final se determina que algunos volúmenes están por debajo de lo realizado; lo que procede es cubicar las cantidades reales, y no realizar un adicional por disminución de volúmenes; aunque al final se debe realizar un presupuesto definitivo del proyecto.

10.15- ADICIONAL POR PARTIDAS NUEVAS

Después del profesional analizar los planos de la obra que se va a construir, obtiene las partidas y realiza el presupuesto. En el proceso de construcción muchas veces aparecen algunas partidas que por alguna razón u otra no fueron contempladas en el mismo, estas actividades son las llamadas Adicionales por Partidas Nuevas.

Además este tipo de adicionales se generan, como dijimos anteriormente, por el paso de fenómenos atmosféricos, que originan daños, y obligan a incluir otras partidas no contempladas en el presupuesto. Otra acción generadora de nuevas partidas, son las ordenes de parte de la supervisión u oficina contratante para realizar otros trabajos no contemplados, esto aplica también, para los adicionales por variación de cantidad.

Cuando se va a realizar un adicional, se debe tomar en cuenta que el presupuesto original nunca debe variar; es decir que sus partidas aunque no se usen, precios y volúmenes originales quedan intactos

10.16- CONOCIMIENTO DE TODAS LAS PARTIDAS.

Para poder realizar un presupuesto más ajustado a la realidad, el profesional tiene que dominar cada una de las partidas que intervienen en las diferentes áreas de construcción. Por esa razón siempre alguien suele decir que " zapatero a su zapato", coincidimos plenamente con ese refrán tan popular.

Tomando en cuenta lo expresado en el párrafo anterior; más abajo detallamos la gran mayoría de partidas que intervienen en una construcción vial. Este listado fue preparado por el Ministerio de Obras Públicas y Comunicaciones (MOPC).

10.17- RELACIÓN DE PARTIDAS DE UNA OBRA VIAL

Esta tabla de guía, ayuda a evitar en gran parte los adicionales por partidas nuevas.

No.	DESCRIPCION	UNIDAD	CANTIDAD	P.U (RD$)	VALOR (RD$)	SUB-TOTAL (RD$)
	RELACION DE PARTIDAS PARA PRESUPUESTO VIA Y PUENTE FECHA:					
	PARTE A (VIA)					
I	TRABAJOS GENERALES					-
1.1.1	INGENIERIA	KM.				
1.2.1	MANTENIMIENTO DEL TRANSITO EN CARRETERAS EXISTENTES	P.A.				
1.2.2	MANTENIMIENTO DEL TRANSITO Y CONSTRUCCION DE DESVIOS TEMPORALES	P.A.				
1.3.1	EDIFICIO OFICINA DE CAMPO TIPO A	P.A.				
1.3.2	EDIFICIO LABORATORIO DE CAMPO TIPO B	P.A.				-
1.3.3	EDIFICIO LABORATORIO DE CAMPO TIPO C	P.A.				
1.3.4	EDIFICIO OFICINA DE CAMPO Y LABORATORIO TIPO D	P.A.				
1.3.5	EDIFICIO OFICINA DE CAMPO Y LABORATORIO TIPO E	P.A.				
1.4.1	CAMPAMENTO	P.A.				
II	MOVIMIENTO DE TIERRA					-
2.1.1	LIMPIEZA, DESMONTE Y DESTRONQUE, AREA TIPO A	Ha.				
2.1.2	LIMPIEZA, DESMONTE Y DESTRONQUE, AREA TIPO B	Ha.				
2.2.1	REMOCION DE PUENTES	PA				
2.2.2	REMOCION DE EDIFICIOS	PA				
2.2.3	REMOCION Y RECOLOCACION DE EDIFICIOS	P.A.				
2.2.4	REMOCION DE ALCANTARILLAS TUBULARES DE HASTA 30" DE DIAMETRO INTERIOR	ML				
2.2.5	REMOCION DE ALCANTARILLAS TUBULARES DE MAS DE 30" DE DIAMETRO INTERIOR	ML				
2.2.6	REMOCION DE ALCANTARILLAS DE CAJON DE HORMIGON ARMADO	M3				
2.2.7	REMOCION DE CABEZALES DE HORMIGON SIMPLE	M3				
2.2.8	REMOCION DE CABEZALES Y MUROS DE ALAS DE HORMIGON ARMADO	M3				
2.2.9	REMOCION DE CAPA DE RODADURA DE HORMIGON HIDRAULICO	M2				
2.2.10	REMOCION DE CAPA DE RODADURA DE HORMIGON ASFALTICO	M2				
2.2.11	REMOCION DE CAPA DE RODADURA DE TRATAMIENTO SUPERFICIAL ASFALTICO	M2				
2.2.12	REMOCION DE BASE	M2				
2.2.13	REMOCION DE ACERAS	M2				
2.2.14	REMOCION DE CONTEN	ML				
2.2.15	REMOCION DE MURO DE CONTENCION DE HORMIGON O MAMPOSTERIA	M3				
2.2.16	REMOCION Y RECOLOCACION DE TUBERIAS DE ACUEDUCTO	ML				
2.2.17	REMOCION DE ALAMBRADAS	ML				
2.2.18	REMOCION Y RECOLECCION DE ALAMBRADAS	ML				
2.2.19	REMOCION DE VERJAS	ML				
2.2.20	REMOCION Y RECOLOCACION DE VERJAS	ML				
2.2.21	REMOCION DE BARRERAS DE SEGURIDAD	ML				
2.2.22	REMOCION Y RECOLOCACION DE BARRERAS DE SEGURIDAD	ML				
2.2.23	REMOCION DE POSTES DE TENDIDO ELECTRICO	Ud				
2.2.24	REMOCION Y RECOLOCACION DE POSTES DE TENDIDO ELECTRICO	Ud				
2.2.25	REMOCION DE POSTES DE TENDIDO TELEFONICO	Ud				
2.2.26	REMOCION Y RECOLOCACION DE POSTES DE TENDIDO TELEFONICO	Ud				
2.2.27	REMOCION DE POSTES DE TENDIDO TELEGRAFICO	Ud				
2.2.28	REMOCION Y RECOLOCACION DE POSTES DEL TENDIDO TELEGRAFICO	Ud				
2.3.1	EXCAVACION EN ROCA EN ROCA, 60M ACARREO LIBRE	M3				
2.3.2	EXCAVACION NO CLASIFICADA, 60M CARRERO LIBRE	M3				
2.3.3	EXCAVACION EN MATERIAL INSERVIBLE 60M ACARREO LIBRE	M3				
2.3.4	EXCAVACION DE PRESTAMO, CASO 1, PRIMER KILOMETRO CON ACARREO LIBRE	M3				
2.3.5	EXCAVACION DE PRESTAMO, CASO 2, PRIMER KILOMETRO CON ACARREO LIBRE	M3				

No.	DESCRIPCIÓN	UNIDAD	CANTIDAD	P.U. (RD$)	VALOR (RD$)	SUB-TOTAL (RD$)
2.3.6	RELLENO	M3				
2.3.7	ZANJAS DE CORONACION	ML				
2.3.8	EXCAVACION DE CANAL DE ENTRADA Y/O SALIDA DE ALC. EN ROCA, 60M DE ACARREO LIBRE	M3				
2.3.9	EXCAVACION DE CANAL DE ENTRADA Y/O SALIDA DE ALC. EN MATERIAL NO CLASIFICADO, 60M DE ACARREO LIBRE	M3				
2.3.10	CUNETAS EN TERRAZAS	ML				
2.3.11	CUNETAS EN PIE DE TALUD	ML				
2.3.12	CANALIZACION	M3				
2.3.13	ESCARIFICACION DE SUPERFICIE	M2				
2.4.1	ACARREO ADICIONAL MATERIALES DE EXCAVACION	M3E-Hm				
2.4.2	ACARREO ADICIONAL MATERIAL DE PRESTAMO	M3E-Km				
2.5.1	EXCAVACION PARA ESTRUCTURAS HASTA 1.50 M DE PROFUNDIDAD	M3				
2.5.2	EXCAVACION PARA ESTRUCTURAS DE 1.50M A 3.00M DE PROFUNDIDAD	M3				
2.5.3	EXCAVACION PARA ESTRUCTURAS DE MAS DE 3.00M DE PROFUNDIDAD	M3				
2.6.1	TERMINACION DE SUB-RASANTE	M2				
2.7.1	REMOCION DE DERRUMBES	M3				
2.8.1	RELLENO DE MATERIAL GRANULAR EN ESTRUCTURAS	M3				
III	**SUB-BASE Y BASE**					
3.1.1	**SUB-BASE GRANULAR NATURAL (INCLUYE ACARREO DEL 1ER KM)**	M3C				
3.1.2	SUB-BASE GRANULAR CRIBADA (INCLUYE ACARREO DEL 1ER KM)	M3C				
3.1.3	SUB-BASE GRANULAR CRIBADA Y MEZCLADA (INCLUYE ACARREO DEL 1ER KM)	M3C				
3.1.4	BASE GRANULAR NATURAL (INCLUYE ACARREO DEL 1ER KM)	M3C				
3.1.5	BASE GRANULAR CRIBADA (INCLUYE ACARREO DEL 1ER KM)	M3C				
3.1.6	BASE GRANULAR CRIBADA Y MEZCLADA (INCLUYE ACARREO DEL 1ER KM)	M3C				
3.1.7	BASE GRANULAR TRITURADA (INCLUYE ACARREO DEL 1ER KM)	M3C				
IV	**CAPA DE RODADURA**					
4.1.1	CARPETA DE HORMIGON ASFALTICO DE 2" MEZCLADO EN PLANTA	M2				
4.2.1	RIEGO DE IMPRIMACION	M2				
4.3.1	RIEGO LIGANTE	M2				
4.4.1	TRATAMIENTO SUPERFICIAL ASFALTICO SIMPLE	M2				
4.4.2	TRATAMIENTO SUPERFICIAL ASFALTICO DOBLE	M2				
4.4.3	TRATAMIENTO SUPERFICIAL ASFALTICO TRIPLE	M2				
4.5.1	CAPA DE RODADURA DE GRAVA NATURAL	M3C				
4.5.2	CAPA DE RODADURA DE GRAVA CLASIFICADA	M3C				
4.5.3	CAPA DE RODADURA DE PIEDRA TRITURADA	M3C				

No.	DESCRIPCIÓN	UNIDAD	CANTIDAD	P.U. (RD$)	VALOR (RD$)	SUB-TOTAL (RD$)
V	**ESTRUCTURAS Y PUENTES**					.
5.2.4	HORMIGON ESTRUCTURAL CLASE D:	M3				
	a) PARA BADENES	M3				
	b) PARA CABEZALES	M3				
	c) PARA PROTEGER MUROS DE GAVIONES (ESPESOR 0.10M)	M3				
5.2.5	HORMIGON ESTRUCTURAL CLASE E	M3				
5.2.8	HORMIGON CICLOPEO	M3				
5.4.1	ACERO DE REFUERZOS	qq				
5.6.1	MURO DE GAVIONES TIPO CAJA DE FABRICA:					
	a) CONVENCIONAL: MALLA (ZINC)- 2.7mm, 3.4mm BORDES	M3				
	b) CONTACTO CON AGUA MALLA: (ZINC+PVC)-2.4mm, 3.0mm BORDES	M3				
	c) ZONA COSTERA: MALLA: (GALFAN + PVC)-3.0mm, 3.9mm BORDES	M3				
VI	**DRENAJE**					
6.1.1	TUBERIA DE HORMIGON DE DIAMETRO CLASE	ML				
6.1.2	TUBERIA DE HORMIGON SIMPLE DE DIAMETRO CLASE	ML				
6.1.3	MATERIAL DE ASIENTO CLASE B	M3				
6.1.4	MATERIAL DE ASIENTO CLASE C	M3				
6.1.5	SUMINISTRO, ACARREO, COLOCACION Y COMPACTACION DE MATERIAL DE RELLENO PARA TUBERIAS Y OBRAS CONEXAS	M3				
6.2.1	TUBERIA PERFORADA DE HORMIGON PARA SUB-DREN	ML				
6.2.2	TUBERIA DE HORMIGON PARA SUB-DREN	ML				
6.2.3	TUBERIA DE HORMIGON POROSO, PARA SUB-DREN	ML				
6.2.4	TUBERIA PERFORADA DE ASBESTO-CEMENTO PARA SUB-DREN	ML				
6.2.5	TUBERIA DE ASBESTO-CEMENTO PARA SUB-DREN	ML				
6.2.6	TUBERIA PERFORADA DE ARCILLA VITRIFIACADA PARA SUB-DREN	ML				
6.2.7	TUBERIA ARCILLA VITRIFIACADA PARA SUB-DREN	ML				
6.2.8	TUBERIA ARCILLA VITRIFIACADA DE MEDIA CAÑA PARA SUB-DREN	ML				
6.2.9	TUBERIA PERFORADA DE FIBRA BITUMINIZADA PARA SUB-DREN	ML				
6.2.10	TUBERIA DE FIBRA BITUMINIZADA PARA SUB-DREN	ML				
6.2.11	TUBERIA DE CLORURO DE POLIVINILO (PVC), RANURADA, PARA SUB-DREN	ML				
6.2.12	POZO O SUMIDERO CIEGO	ML				
6.2.13	RELLENO GRANULAR FILTRANTE PARA SUB-DREN	M3				

No.	DESCRIPCIÓN	UNIDAD	CANTIDAD	P.U. (RD$)	VALOR (RD$)	SUB-TOTAL (RD$)
6.3.1	REGISTRO HASTA 1.50M DE ALTURA (INCLUYE EXC.)	Ud				
6.3.2	REGISTRO DE 1.50M A 3.00M DE ALTURA (INCLUYE EXCAVACION)	Ud				
6.3.3	REGISTRO DE MAS DE 3.00M DE ALTURA (INCLUYE EXCAVACION)	Ud				
6.3.4	IMBORNAL TIPO HASTA 1.50M DE PROFUNDIDAD (INCLUYE EXCAVACION)	Ud				
6.3.4.1	IMBORNAL TIPO Y FILTRANTE HASTA 1.50M DE PROF. INCLUYE EXC.	Ud				
6.3.5	IMBORNAL TIPO DE 1.50M A 3.00M DE PROFUNDIDAD (INCLUYE EXCAVACION)	UD				
6.3.5.1	IMBORNAL TIPO Y FILTRANTE DE 1.50M A 3.00M DE PROF. (INCLUYE EXC.)	Ud				
6.3.6	IMBORNAL TIPO DE MAS DE 3.00M DE ALTURA (INCLUYE EXCAVACION)	Ud				
6.3.7	TAPA DE HORMIGON	Ud				
6.3.8	MARCO Y TAPA METALICA P/REGISTRO Y FILTRANTE	Ud				
6.3.9	MARCO Y REJILLA METALICA PARA IMBORNAL	Ud				
6.3.10	TAPA METALICA PARA REGISTRO	Ud				
6.3.11	REJILLA METALICA PARA IMBORNAL	Ud				
6.3.12	ESCALONES METALICOS	Ud				
6.3.13	AJUSTE DE REGISTRO EXISTENTE	Ud				
6.3.14	AJUSTE DE IMBORNAL EXISTENTE	ML				
6.4.1	LIMPIEZA EN SITIO DE ALCANTARILLA	ML				
6.4.1.1	LIMPIEZA DE CAÑADAS	ML				
6.4.2	LIMPIEZA Y REACONDIC. DE IMBORNALES Y FILTR.	Ud				
6.4.3	REMOCION, LIMPIEZA Y RECOLOCACION DE TUBERIAS	Ud				
6.4.4	REMOCION, LIMPIEZA Y ALMACENAMIENTO DE TUBERIAS	Ud				
VII	OBRAS COMPLEMENTARIAS					
7.1.1	MAMPOSTERIA DE PIEDRA BRUTA	M3				
7.1.2	MAMPOSTERIA CLASE B	M3				
7.1.3	MAMPOSTERIA CLASE A	M3				
7.1.4	MAMPOSTERIA ACOTADA	M3				
7.2.1	REVESTIMIENTO CORRIENTE DE PIEDRA	M3				
7.2.2	REVESTIMIENTO ESPECIAL DE PIEDRA	M3				

No.	DESCRIPCIÓN	UNIDAD	CANTIDAD	P.U. (RD$)	VALOR (RD$)	SUB-TOTAL (RD$)
7.3.1	BORDILLO Y CUNETA DE HORMIGON, VACIADO EN SITIO	ML				
7.3.2	BORDILLO DE HORMIGON PREFABRICADO	ML				
7.3.3.	CUNETA DE HORMIGON	M3				
7.3.4	RECUPERACION Y RECOLOCACION DEL BORDILLO	ML				
7.3.5	ACERAS DE HORMIGON	M2				
7.4.1	ENCACHADO DE PIEDRA	M2				
7.5.1	SIEMBRA DE CESPED POR MEDIO DE SEMILLAS	AREAS				
7.6.1	ALAMBRADA DE PUAS DE 5 ALAMBRES	ML				
7.6.2	REMOCION Y RECOLOCACION DE ALAMBRADAS	ML				
7.7.1	BARRERA DE DEFENSA METALICA	ML				
7.7.2	PIEZAS TERMINALES	UND.				
VIII	**ESPECIFICACIONES COMPLEMENTARIAS**					.
8.1	SEÑALIZACION HORIZONTAL Y VERTICAL (DESCRIPCION Y ANALISIS DE LAS PARTIDAS)					
	SUB-TOTAL PRESUPUESTO DE LA VIA					.
	PARTE B (PUENTE)					
	RELACION DE PARTIDAS STANDARD PARA LA CONSTRUCCION PUENTE DE HORMIGON POSTENSADO, SECCION TRANSVERSAL = 18.50 MTS, 9 VIGAS DE PERALTE H=1.50MTS					
No.	DESCRIPCION	UNIDAD	CANTIDAD	P.U (RD$)	VALOR (RD$)	SUB-TOTAL (RD$)
I	**TRABAJOS GENERALES**					.
1.1	LIMPIEZA INICIAL	P.A.				
1.3	INGENIERIA Y REPLANTEO	P.A.				
1.4	MANEJO DE TRANSITO	P.A.				
1.5	MANEJO DE AGUA	P.A.				
II	**MOVIMIENTO DE TIERRA**					.
2.1	Escavación en Zapatas Estribos	M3N				
2.2	Excavación en Zapatas de Pilas	M3N				

No.	DESCRIPCIÓN	UNIDAD	CANTIDAD	P.U. (RD$)	VALOR (RD$)	SUB-TOTAL (RD$)
IV	HORMIGON SIMPLE Fc = 250Kg/cm2 (INDUSTRIAL) EN:					.
4.1	Zapatas de Estribos	M3				
4.2	Fustes o Pantallas	M3				
4.3	Parapetos	M3				
4.4	Asiento de Losa de Acceso	M3				
4.5	Aletas	M3				
4.6	Zapatas Pilas	M3				
4.7	Cabezal	M3				
4.8	Viguetas	M3				
4	Losa del tablero	M3				
4.11	Guarda Ruedas	M3				
4.12	Bordillos	M3				
4.13	Losa de Aproche	M3				
4.14	Muros de New Jersey	M3				
V	HORMIGON PREFABRICADO					.
5.1	Tabletas	M3				
VI	HORMIGON POSTENSADO Tc = 350Kg/cm2					.
6.1	Vigas Postensada	M3				
6.2	Izado de Vigas	Ton.				
VII	JUNTAS DE CONSTRUCCION					.
7.1	Angulares L 4" x 4" x 3/8"	P.L				
7.2	Neopreno sikafles 2CNS	M3				
VIII	PLACAS DE:					.
8.1	Neopreno 0.30 x 0.30 x 11/2" con placa de Acero de 3/6" en el centro	U				
IX	DRENAJES					.
9.1	Tubo de PVC Φ 4" x 5"	U				
X	BARANDAS					.
10.1	Bandas Metalicas	M.L.				
XI	PILOTES					.
11.1	Pilotes (Recomendado por Estudio de Suelo)	P.L				

No.	DESCRIPCIÓN	UNIDAD	CANTIDAD	P.U. (RD$)	VALOR (RD$)	SUB-TOTAL (RD$)
XII	PINTURA DE TRAFICO EN:					-
12.1	Barandas	M.L.				
12.2	Guarda Ruedas	M2				
12.3	Bordillos	M2				
12.4	Señalización	P.A.				
12.5	Muro de New Jersey	M2				
XIV	LIMPIEZA FINAL	P.A.				-
13.1		P.A.	1.00			
	SUB-TOTAL PRESUPUESTO DEL PUENTE					-

GASTOS INDIRECTOS:

SUB-TOTAL PRESUPUESTO VIA + PUENTE	RD$	
BENEFICIOS	10.00%	-
ITBS (18% DEL BENEFICIOS)	18.00%	-
SEGUROS Y FIANZAS	3.50%	
GASTOS ADMINISTRATIVOS	3.00%	-
LEY 6-86, PRESTACIONES	1.00%	-
SUPERVISION Y FISCALIZACION	10.00%	-
IMPREVISTOS	7.50%	
TRANSPORTE DE EQUIPOS	P.A.	
CODIA (1/1000)	1.00%	-
DISEÑO	0.10%	-
LETREROS DE IDENTIFICACION DEL PROYECTO	P.A.	
TOTAL GENERAL PRESUPUESTO VIA + PUENTE	RD$	

CAPA DE RODADURA

4.02	CAPA DE HORMIGON ASFALTICO MEZCLADO EN PLANTA		
1	ELABORACION EN PLANTA	M3C	-
2	COLOCACION	M3C	-
3	TRANSPORTE	M3C	-
4.03	RIEGO DE ADHERENCIA	M2	-

No.	DESCRIPCIÓN	UNIDAD	CANTIDAD	P.U. (RD$)	VALOR (RD$)	SUB-TOTAL (RD$)
	SUB-TOTAL CARPETA	RD$				-
	BENEFICIOS	10.00%				-
	ITBS (18% DEL BENEFICIOS)	18.00%				-
	SEGUROS Y FIANZAS	3.50%				-
	GASTOS ADMINISTRATIVOS	3.00%				-
	LEY 6-86, PRESTACIONES	1.00%				-
	SUPERVISION Y FISCALIZACION	10.00%				-
	TRANSPORTE DE EQUIPOS	P.A				
	CODIA (1/1000)	0.10%				-
	ITBS (ELABORACION CARPETA)	18.00%				
	TOTAL GENERAL CARPETA	RD$				-
	TOTAL GENERAL PRESUPUESTO VIA+ PUENTE + CARPETA	RD$				-
4.04	SUMINISTRO DE AC-30					
	TOTAL GENERAL AC-30	RD$				
	GRAN TOTAL GFENERAL	RD$				

COEFICIENTES UTILIZADOS:

MATERIAL INSERVIBLE N-S:_____

MATERIAL NO CLASIFICADO N-S:_____

MATERIAL DE RELLENO C-S:_____

MATERIAL DE BASE C-S:_____

MATERIAL DE SUB-BASE C-S:_____

DISTANCIAS DE MINAS:

BASE:_____

SUB-BASE:_____

PRESTAMO:_____

DISTANCIA DE BOTE:

_____ KM

Notas:
1.- LAS PARTIDAS NO CONTEMPLADAS EN ESTA RELACION DEBERAN TOMARSE DEL MANUAL "ESPECIFICACIONES GENERALES PARA LA CONSTRUCCION DE CARRETERAS", M-014 DEL MOPC

2.- LAS PARTIDAS NO PREVISTAS EN EL MANUAL M-014 SERAN CONSIDERADAS EN LAS "ESPECIFICACIONES COMPLEMENTARIAS", LAS CUALES SE ELABORARAN, EN TALES CASOS, CUANDO EL PROYECTO ASI LO AMERITE.

Fuente: MOPC. Tabla obtenida al final de la edición de este libro.

En esta relación de partida aparece la mayoría de las actividades en la ejecución de una obra vial, en la misma debe incluirse, ademas, acarreo de material de sub base y base.

11
OTRAS TECNOLOGÍAS USADAS EN CARRETERAS.

11.1. OTRAS TECNOLOGÍAS IMPORTANTES.

Las tecnologías en el mundo de las ingenierías, ya sea en equipos o en materiales, es dinámica y muchas veces son tecnologías que tienen muchos tiempos de concebida y poco a poco van tecnificándose aún más y su uso se hace a través del tiempo mucho más común. Aunque por su costos y adquisición o porque deben ser usada en obras de grandes volúmenes, muchas veces su uso es muy limitado; sin embargo debemos conocer cada uno de las tecnologías que poco a poco se van incrementando en el área de las Ingenierías para facilitarle el ejercicio profesional al Ingeniero y acortando e tiempo de ejecución de la obra.

11.2. HORMIGÓN ESPUMADO.

El uso, en muchas ocasiones y en algunos países, de las tecnologías no tradicionales no va a la misma velocidad con que es concebida y es el ejemplo del uso del Hormigón Espumado, el cual fue ideado en 1956 por el profesor Ladis H. Csanvi en la Universidad de Lowa utilizando vapor de agua caliente para producir espuma en el asfalto; con el objetivo de elaborar mezcla de asfalto aplicando técnicas de ahorros de producción y energía.

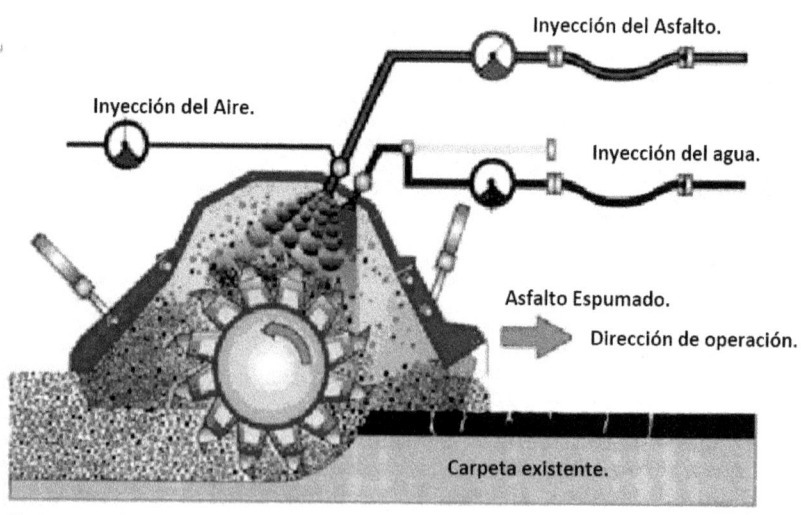

Corte y mezcla.

Fuente: Humicorp Nanopolimero SL.
Técnica de estabilización de Copolimeros de Humicorp

Figura 11.1- Sistema de mezcla Asfalto Espumado

Pero no fue hasta el 1968 cuando la compañía Mobil Oil tomó el experimento, construyendo una cámara de expansión e incorporando agua en vez de vapor, permitiendo así mezclar agua con asfalto y, obteniendo los resultados que son usados hoy en día, de fácil procedimiento constructivo, usando el material insitu o en planta móvil; pero no fue hasta después del 1991 que se masificó este importante sistema.

En la construcción de carreteras es usada como capa de rodamiento la carpeta asfáltica, que en su vida útil es sometida a diferentes tipos cargas que producen deformaciones, daños y deterioros de diferentes magnitudes, como asentamientos, fisuras, piel de cocodrilo o en la fase final de su vida útil, donde el mismo pierde algunas de sus características; por tanto en necesario realizar diferentes intervenciones según la situación; las cuales podrían ser:

- Bachear las áreas afectadas, analizando a profundidad la situación y dependiendo del daño, se puede extraer la base o sub-base si se encuentran húmedas o que hayan perdido algunas características geotécnicas, reponerla y compactarla; además de reponer la carpeta asfáltica.
- Corregir las fisuras por retracción térmicas que se producen.

Estas dos intervenciones alargan la vida útil de la carpeta asfáltica, lo lógico es darle seguimiento a través del tiempo al comportamiento de la misma.

Cuando la carpeta presenta deterioro se le pueden aplicar cualquiera de las tres técnicas presentadas mas abajo.

- Recapear, es decir colocar otra carpeta que puede ser de menor espesor que la anterior.
- Reciclar el material.
- Aplicar técnica de hormigón espumado.

Figura 11.2- Tren procedimiento constructivo Asfalto Espumado

El hormigón espumado consiste en aplicar una pequeña cantidad de agua (del 1 al 2% del peso del asfalto) inyectada al asfalto caliente con una temperatura de 160 a 180 grado centígrado, esta temperatura es traspasada al agua, alcanzando su punto de ebullición, una temperatura de 100 grado centígrado, provocando esta situación el paso de un estado líquido a gaseoso formando vapor de agua el cual se introduce en la masa de asfalto.

En este proceso también se le inyecta aire y se realiza en la cámara de expansión, generando una explosión, produciendo millones de burbujas de asfalto; las cuales se mantienen en equilibrio por un tiempo de 10 a 30 segundos; después al descender la temperatura el vapor se condensa y se produce la desintegración de la espuma recuperando el volumen original.

La integración del material que se encuentra insitu, debe ser mezclado con el asfalto en el momento que se produce la espuma; al desintegrarse la burbuja en presencia del agregado, las gotitas del asfalto se aglutinan con las partículas más finas (especialmente con aquellas fracciones menores de 0.075 mm), produciendo una mezcla de asfalto con agregado fino, proceso que se denomina dispersión del asfalto. Esto resulta en una pasta de fillery, asfalto que actúa como un mortero entre las partículas gruesas. (Ing. Guillermo Thenoux y Andres y andres Jamet de la Universidad Catolica de Chile).

Cuando el material reciclado es menor del 5% que pasa el tamiz 0.075 mm, se aplica una proporción; ya sea de Cemento, cal o algún material fino (filler) que el 100% que pasa el tamiz 0.075 mm. La proporción esta entre 1 al 3%, aunque se recomienda no sobrepasar de 1.5% de cemento; debido a que la capa estabilizada podría perder flexibilidad.

La calidad del asfalto espumado es determinada por dos parámetros: La expansión y la vida media:

- Razón de Expansión (Ex), es la relación entre el volumen de asfalto espumado y el volumen sin espumar. La razón de expansión indica la trabajibilidad de la espuma y su capacidad de cubrimiento y mezclado con los agregados. Se recomienda entre 8 y 15 veces el volumen inicial (Macarrone et. Al. 1994).

- Vida Media (T/2), Es el tiempo en segundos que tarda el asfalto en reducir su volumen a la mitad del volumen expandido. La vida media indica la estabilidad de la espuma y entrega una idea del tiempo disponible para mezclar el asfalto espumado con los agregados antes de que colapse la espuma. Se recomienda al menos 15 segundos. (Macarrone et. Al. 1994).

Tanto la relación de Expansión como la Vida Media, se encuentran influenciados por el tipo y grado del Cemento Asfaltico, así como la temperatura y la cantidad de agua inyectada al asfalto caliente durante el proceso de espumado. Universidad Nacional de la Patagonia. San Juan Bosco. Jornadas Técnicas Asfalto Espumado. Ing. R. Adrián Nosetti

El Asfalto espumado es usado en:
- Estabilización de suelos.
- Reciclado en frio de pavimento asfaltico (RAP).

TREN DEL RECICLADO CON ESPUMA BITUMINOSA

Fuente: Oviedo, P., Sosa, A., Rosario, C., Rebaza, M., Franchesca, A., Takeuchi, M., & Abreu L. (2013) .Reciclado de Asfalto Espumado

Figura 11.3- Tren de Reciclado de Hormigón Espumado.

1- Equipos para el Reciclado.
   - Maquina Recicladora.
   - Camión con Asfalto Caliente.
   - Camión cisterna
   - Camión con cemento

2- Se divide el área en varias partes, a sabiendas que la recicladora puede trabajar a un ancho entre 2 a 2.5 metros.

3- Se aplica en la carretera el Filler o material fino, puede ser Cemento, Cal u otro materia fino. Se esparce con hombres de manera homogénea.

4- Se ajustan los equipos.

5- Se colocan los equipos en la franja indicada para iniciar.

6- Se chequean temperatura y flujo del asfalto.

7- Se inicia el proceso de corte, el reciclado del asfalto in situ y se mezcla con hormigón espumado.

Figura 11.4- Secuencia de reciclado y compactación de Hormigón Espumado.

8- Se procede a la compactacion; primero con un rodillo pata de cabra

9- Se procede al rechequeo de la rasante por parte de la brigada topográfica.

10- Se perfila con una motoniveladora, si este equipo esta dotado de un sistema GPS, no se necesita el rechequeo de parte de la brigada topografica.

11- Se vuelve acompactar, con un rodillo tipo tándem vibratorio, y otro con gomas y llantas de acero.

12- Se chequea la compactación del Asfalto Espumado.

13- Después de 4 horas se procede a aplicarle una imprimacion al asfalto.

Rendimiento

El rendimiento alcanzado por los equipos de mano de obra y equipos anteriormente mencionados en una jornada de 8 horas de trabajo es de 650 metros lineales a todo el ancho de la vía, para un rendimiento promedio de 165 M^3/horas. Para la referida producción se consume dos camiones cisternas de 7000 galones de cemento asfaltico. Técnica y procedimientos constructivos en carreteras onulado-montanosas en República Dominicana. Master profesionalizante en administración de la construcción, Ing. Yindhira Taveras.

Aunque algunos autores coinciden con este rendimiento, otros establecen entre 2300 a 2800m2/día. www.monografias.com. Reciclado pavimentos en carreteras, aplicación en Cuba.

Ventajas
√ Menor transporte:
  • Asfalto.
  • Agregados.
√ Mayor cuidado del medio ambiente.
√ Menor cantidad de agregados.
√ Ahorra energías.
  • No secado de agregados.
√ Más económico. Aunque depende de las dificultades o facilidades de operación, el ahorro podría estar alrededor de un 25%.

Desventajas.
– Resistencia inferior a la mezcla en caliente.
– Hay que tener mucho cuidado y seguridad en la organización del sistema.
– Ciertos inconvenientes en carreteras estrechas y con curvas restringidas.

Figura 11.5- Trenchers o Zanjadoras.

11.3. TRENCHERS O EQUIPOS ZANJADORES.

Los avances de la tecnología en el área de las Ingenierías es indetenible, el uso de equipos y facilidades en el mundo de la construcción es bien amplia, los cuales están dotados de la más alta tecnología de punta o de vanguardia como se le quiera llamar. Es el caso de las Zanjadoras o Trenchers, un equipo que es capaz de realizar excavaciones para tuberías desde reducidos anchos hasta alcanzar anchos y profundidades suficientes para cualquier tipo de excavación en una carretera.

Tipo de material	Resistencia a la compression (kg/cm2)	Dureza (mohs)	Abrasividad	Rendimiento esperado	
				M3/h	Ml/h
Arcilla	30-100	2.5	Nula	150-250	57-95
Yeso	15-450	2.5	Nula	120-200	45-76
Caliza Dolomita	100-2,000	3.0-4.0	Poco o medianamente	35-100	13-38
arenisca	1.000-3.0000	4.5-5.5	abrasiva	25-70	9-27
Gneiss Cuarzo	1.500-4,000	6.0	Muy abrasivo	8-20	3-8
Granito Andesita	2,000-4,000	6.5	Muy abrasive	Método no recomendado	Método no recomendado

Los rendimientos de excavación indicados en esta tabla han sido determinados considerando una zanja de 1.20 m de anchura y 2.20 m de profundidad y una zanjadora del tipo RC-1400.
Fuente: CALAF TRENCHING. España

Fig. 11.6 Rendimientos de Trenches según el tipo de suelo.

Hay diferentes tipos de zanjadoras, varían de modelo y tamaño según el uso requerido; las mismas están dotadas de cadenas o de disco dentadas, capaz de desgarrar cualquier tipo de material, dejando la zanja limpia con el materia desplazado a los lados o impulsado a distancia más alejadas; tambien puede depositarlo directamente a un camión a través de correas transportadoras.

Figura 11.7- Trencher excavando zanja.

La facilidad de excavación y el rendimiento comparado con otros métodos puede sobrepasar 10 veces más; pueden realizar zanjas para tuberías de acueductos, cables de eléctrico, canalizaciones y otros tipos de tuberías. Estos equipos están diseñados para adaptarse a grandes excavaciones salvando diferentes dificultades

Algunas de la maquinas Zanjadoras están dotadas de tecnología avanzadas o de vanguardia como GPS (sistema de Posicionamiento global) y otras importantes técnicas, las cuales permiten realizar el trabajo de manera automatizado logrando terminaciones ajustadas a los planos correspondientes de manera rápida y económica, controlando la alineación y profundidad de la máquina.

El rendimiento depende de factores como de la resistencia a la roca, si es abrasiva o no o de las condiciones donde se va a realizar el trabajo, esto que a pesar que tienes cierta facilidad de adaptación.

11.4. DRONE.

11.4.1. INGENIERÍA DEL DRONE.

Esta es una tecnología muy avanzada del campo de la robótica, la aeronáutica y la electrónica; sus siglas (UAVs) en inglés o (VANT), "vehículos aéreos no tripulados" son de varias formas, tamaños y funciones controlado por sistema a control remoto.

Los Drones están hechos de materiales compuestos ligeros para reducir peso y aumentar la capacidad de maniobra. Además, la resistencia del material compuesto permite alcanzar altitudes muy elevadas. Un drone consta del Robot y el sistema de control, que puede ser manejado desde tierra o vía satelital, de manera simple o con programas de precisión de vuelo.

Los Drones pueden volar a altitudes extremadamente altas para evitar la detección. Generalmente están equipados con sistemas Sensor con cámaras fotográficas de elevada frecuencia de toma de imágenes de alta calidad y resolución, pudiendo ser de espectro infrarrojo, visible, multi-espectral o hiper-espectral, dependiendo de los parámetros que se deseen obtener; además está dotado de un sistema de posicionamiento Global (GPS).

Otra de las características predominantes del Drone es la Estación de Tierra, se compone del radio, enlace de datos y de video para el control de la parte robótica y el sistema de control, por lo que puede encargarse de la navegación y los sensores o estar atento en caso de vuelo automático, el cual es guiado a traves del GPS.

Según la publicación del MUNDO DRONE, "los datos más antiguos que se tiene sobre el uso de plataformas aéreas

Figura 11.8- Impulsando un Drone para el vuelo.

no tripuladas UAV, datan de 1849, cuando el día 22 de agosto de ese año el ejército Austriaco usó en una batalla contra la ciudad de Venecia globos cargados con explosivos, aunque los globos no concuerdan con la definición actual que le damos a los Drones/UAV, el concepto si se ajusta al de plataforma no tripulada que porta una carga útil, en este caso explosivos".

Figura 11.9- Drone en plena acción de vuelo.

Expresa que "las primeras aeronaves no tripuladas fueron constituidas durante y después de la primera guerra mundial en 1916. El primero fue el "Aerial Target" controlado mediante radiofrecuencia AM. En el 1957 se realizó el primer vuelo de demostración el "Automatic Airplane" por el ejército de Estados Unidos".

También en la época de la primera guerra mundial sucedió un evento relevante que simulaba un equipo no tripulado; quien lo llevaba a cabo rea un boticario Alemán llamado Julius Neubronner, usaba palomas mensajeras para recibir solicitudes de medicamentos desde un sanatorio, con las cuales enviaba dichos medicamentos al sanatorio; como las palomas algunas veces se perdían o eran casadas por Halcones, ideó un arnés para insertarle cámara fotográfica, cuyas imágenes fueron muy importantes para algunos planes de guerra, esta acción revolucionando el mundo de la fotografía.

Los avances continuaron y se usaron Dones en la segunda guerra mundial en 1945; más los mismos estaban dotados de motores de gasolina y con largos cables para poderlos manejar desde un panel de mando; pero fue a finales de la década del 50, cuando la Fuerza Aérea Norteamericana que logro volar con éxito de forma controlada el primer UAV. Se reseña también la participación de Reginald Denny, militar, piloto y actor, creó en 1934 una empresa para fabricación de aviones de radio control, desarrolló nuevos modelos, y en 1939 el ejército le compró varios aviones, capitalizándolo y dándole mucho más fuerza para seguir avanzando en la eficientización de estos aparatos, construyendo miles de ejemplares; en ese sentido se ve a Reginad como el padre del primer avión no tripulado fabricado en masa. Aparecen otras historias sobre la evolución y uso de aparatos similares convirtiéndose hoy en vehículos aéreos no tripulado.

Aunque este sistema fue mejorando cada vez más y usado principalmente en misiones militares; parece que fue a partir de los finales de la década del 2000, cuando realmente comienza el verdadero desarrollo comercial de este impresionante y multifacético equipo. Según UAV civil, una pequeña compañía Española llamada "Flightech Systems" logra obtener el primer certificado de aeronavegabilidad Experimental de Europa para su UAV; aunque parece que es a partir del 2013 cuando se masifica para el uso de las Ingenierías, Arquitectura y Agrimensura, convirtiéndose en una excelente herramienta de desarrollo y desempeño profesional.

11.4.2. USO DEL DRONE.

Los drones pueden ser usados en control, seguimiento y evaluación de obras e infraestructuras, mediante grabaciones aéreas. Podrá ser usado en el control de la ejecución de obra, observación de terrenos, parcelas y deslindes, levantamiento topográfico, evaluación de rehabilitaciones y mantenimiento de infraestructuras, agricultura, foresta, minas, evaluación banco de materiales, impacto ambiental, entre otras.

Otros usos muy importantes que ofrezcan ventajas frente a las técnicas normales. Como por ejemplo: fotogrametría,

- Grabación y fotografía aérea de eventos, realización de censos y control medioambiental, topografía, salvamento, mensajería y todo lo que se nos pueda ocurrir.

11.4.3. HERRAMIENTAS IMPORTANTES PARA CUMPLIR SU FUNCIÓN.

En su recorrido el Drone, prácticamente escanea la tierra, con fotografías continuas o solapadas entre sí, obteniendo millones de puntos; con esta acción forma especie de nubes de puntos obtenidos por cámaras de alta resolución y precisión; tomando como herramienta la orto fotogrametría, la cual es una representación fotográfica de la superficie terrestre intervenida, representando la misma escala y sin deformaciones del objeto; de esa manera un conjunto de imágenes corregidas representan una real proyección ortogonal.

Figura 11.10- Modelo realizado a partir de fotografías tomadas por un Drone

Las fotos obtenidas son pasadas a un programa de computadora el cual genera modelos en 3D con precisión de 1 a 5 cm. Las informaciones del drone pueden servir de base la topografía tradicional, una vez obtenido este primer modelo; el desarrollo de la obra puede medirse con estaciones tradicionales e incorporarse con el primer modelo 3D.

El uso de estos aparatos se diversifica cada día más con la implementación de herramientas adicionales que los hacen más diversos como diferentes tipos de sensores como cámaras multi espectrales, hiper espectrales, térmicas etc.

11.5. USO DEL GEOTEXTIL.

El geotextil es un material resistente a la degradación causada por los rayos ultravioleta, por ambientes químicos o biológicos normalmente encontrados en los suelos.

Principales Aplicaciones de los Geotextiles.

El uso de geotextiles ha ido usándose paulatinamente en obras importantes, se usaron en varias áreas en la Circunvalación de Santo Domingo, tramo II en drenajes y en muros en áreas de gaviones.

Figura 11.12- Geotextil usado como refuerzo de suelo.

Los mismos pueden ser usados, para lograr la infiltración de agua cuando se desea retener el suelo permitiendo solo el paso del fluido; se utiliza mayormente en muros de contención y en revestimientos para evitar la fuga de finos. Se usa también en drenajes, para conducir el agua a través de este sistema, recoge y trasporta.

El geotextil también es usado para protección, el cual limita o previne los daños en deslizamiento de materiales. Este polifacético material también sirve de refuerzo, mejorando el comportamiento

Figura 11.12a- Geotextil usado como drenaje.

mecánico de las estructuras geotécnicas, con ello lograr un mejor desempeño de los suelos ante las solicitudes del transito en las vías. El geotextil también es usado para separar materiales de diferentes características, es decir para evitar la mezcla de dos suelos, preferiblemente el los materiales que componen el pavimento.

11.6. HORMIGÓN PROYECTADO.

Aunque el sistema de hormigón proyectado en una tecnología que data de mucho tiempo, este sistema ha ido mejorando y desarrollando a través de los años, en nuestro país su uso no es muy continuo, aunque poco a poco se ha ido usando en uno que otros proyectos, entre ellos la estabilización de talud en carreteras y en túneles.

Figura 11.13- Hormigón proyectado.

El uso del hormigón proyectado promete por su utilidad y facilidad, un gran futuro para el área de Ingeniería; debido a que es un método de construcción rápido, flexible y económico, aunque requiere cierto grado de mecanización. Su uso es más notorio en las construcciones de túneles. Con este sistema se puede revertir o proporcionarle mezcla al acero. En taludes pueden ir acompañado de malla electrosordadas, aunque su constitución estructural falla si se infiltra agua el talud logrando fuertes empujes.

Figura 11.14- Hormigón proyectado en talud.

Este método es usado en:
- Revestimiento de túneles.
- Reparación de concretos y reforzamiento.
- Estabilización de excavaciones.
- Estabilización de taludes.
- Restauración de edificios históricos.
- En grandes cavidades para llenarla con hormigón, entre otros.

11.7. SUELOS REFORZADOS.

Este tipo de sistema se inicia 1969 en Francia y después 1972 en los Estados Unidos, se realizaron varios ensayos con diferentes refuerzos como mallas soldadas, placas; determinando que las mallas metálicas tenían mejor desempeño en la resistencia a la tracción y desde ese momento su uso fue creciendo y aceptándose en mucho países de Europa y algunos de América Latina; también el suelo puede ser reforzado con vallas geosintéticas.

El uso de tierra armada o tierra reforzada, es un avance en el diseño y construcción de cimentaciones de estructuras para la construcción de suelos, a través del reforzamiento del mismo con placas metálicas, barras, geotextiles y otros materiales de mucha capacidad a los esfuerzos de tensión.

Conceptos prácticos de procedimientos constructivos

Figura 11.15- Inicio construcción muro de tierra reforzada.

Esto elementos a través de la fricción e interacción con los suelos le impregnan resistencia a la mismos, los cuales carecen de este tipo de esfuerzo por si solo; aunque en estado compactado presentan buen desempeño a la comprensión. Este sistema es muy práctico, puede ser usado en varia obras civiles, como estribos de puentes, muros de contención, refuerzos de taludes entre otros proyectos importantes.

Está compuesto de tres parámetros principales; la parte frontal que lo integra una placa de hormigón rectangular de dimensiones de 2.25 metros de ancho, 1.5 de altura y 0.15 de espesor, o cualquier otra dimensión requerida; el segundo parámetro es la armadura de refuerzo y la tercera parte es el suelo de relleno.

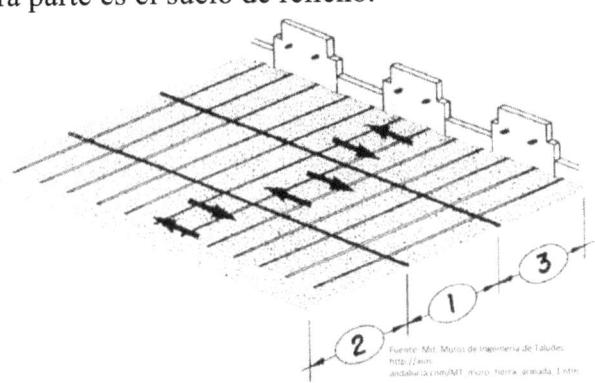

Figura 11.16- Procedimiento constructivo Muro de Tierra Reforzada.

Figura 11.17. Continuación Muro de Tierra reforzado

Las placas de las armaduras de refuerzos están separadas en la parte vertical 0.75 M, las mismas pueden ser de acero o por bandas poliméricas las cuales están formadas por dos barras de 8, 10 o 12 mm, unidas mediantes barras transversales, soldada a distancia variable de 0.15 a 0.90 M, las mismas están separadas horizontalmente a 0.15 M.

Figura 11.18- Muro de tierra reforzado terminado.

PROCEDIMIENTO

Para iniciar con la construcción del muro, se debe limpiar el área y vaciar un hormigón pobre de 0.15 M y de 0.30 M de ancho; luego de la nivelación se colocan las primeras placas, las cuales se acuñan con maderas, entre las cuales se debe dejar un espacio de 2 cm.

Después de tendidas las placas se procede a colocar el relleno, el cual puede ser compactado, a 0.37 M de espesor para que coincida con la separación vertical de las placas; el relleno debe ser regado desde el centro a los lados, tomando el debido cuidado al acercarse a las placas; el mismo debe ser compactado al 100% de la densidad o según los requerimientos de la supervisión; después se continua con las demás placas hasta llegar a la altura deseada.

11.8. MURO DE MESA.

"Los muros MESA son una solución para retención de suelos que trabaja por estabilización mecánica de suelos, mediante la colocación de geomallas uniaxiales de Polietileno de alta densidad que lleva a los suelos a comportarse monolíticamente. Sistema de conectores amarran mecánicamente esos refuerzos a bloques MESA que trabajan como fachada flexible del muro.

Es un método que ofrece gran versatilidad de aplicaciones en pasos a desnivel, proyectos de carreteras, industriales, residenciales o de paisajismo.

Entre sus ventajas se destacan la rapidez de instalación, bajo costo y atractiva terminación estética". (Página de aguayo.com.do).

Figura 11.19- Proceso constructivo en Muro de Mesa.

El Muro de Mesa es una buena solución para grandes terraplenes, porque sirven de contención, son capaces de soportar empujes;

además pueden construirse prácticamente vertical o con un ángulo de 4,5 grado, eliminando los taludes que generarían dichos terraplenes; además elimina cualquier obra de arte como protección del talud como: encache, geotextil, gramas o cualquier otro sistema estabilización.

Figura 11.20- Muro de Mesa terminado.

Los Muros de Mesa en su terminación presentan excelente vista y estabilidad, su composición con la diversidad de bloques de mesa, la geomalla a tensar, conectores forman una estructura monolítica.

PROCEDIMIENTO

Se sanea el área donde va a construirse el muro, luego de saneada se nivela con material adecuado o se le aplica un espesor de hormigón no estructural, se nivela bien y se inicia el muro de mesa.

El relleno de nivelación debe tener 0.30 metro más que el Muro de Mesa, 0.15 tanto por detrás como por delante, se coloca el relleno y se compacta al 95% del protor estándar modificado, según lo establezca el diseño.

El espesor de compactación manual no debe exceder de 0.15 m y si es con equipo compactadores mecánicos el espesor podría ser hasta 0.30 m; luego se coloca la geomalla y se inicia el relleno sobre la misma, siguiendo el procedimiento indicado, se continua con el levantamiento del muro hasta lograr la rasante establecido.

Ventajas.
Este sistema presenta ventajas comparado con la conformación de los taludes tradicionales:

- Ocupan menos espacios.
- Son estructuralmente seguros.
- Su construcción es fácil
- El sistema es mucho más económico.
- Eliminan zapatas anchas y profundas.
- Reducen el tiempo de construcción.

11.9. PROTECCIÓN DE TALUDES.

Durante la construcción de carretera se producen taludes en el proceso de los cortes o taludes naturales donde por diferentes causas el terreno se torna inestable.

Entre las causas de inestabilidad más comunes son por socavación, infiltración de agua, talud poco inclinado, también por poca cohesión. En ese sentido amerita la estabilización, los cuales existen diferentes sistemas de estabilización de taludes, algunos rígidos, otros flexibles, entre ellos:

- Con encaches.
- Hormigón lanzado o proyectado.
- Mallas de gaviones.
- Mallas flexibles de acero.
- Hidrosiembra.
- Mallas geosinteticas, etc.

Cada uno de estos sistemas cumplen con la función de estabilización presentando sus ventajas y desventajas tanto en la colocación como en el aspecto económico y durabilidad.

a- Encaches
La estabilización tradicional tipo revestimiento ha sido el encache, el cual ha dado muy buenos resultados en taludes de pocas alturas, esta solución es de menor costo; presenta ciertas dificultades en taludes muy altos, así como su rigidez que afecta el funcionamiento a lo largo del tiempo, además de no soportar grandes presiones del terreno, este tema es analizado en el capítulo VI, sección 6.13.

Figura 11.22- Preparación del talud para siembra de gramas.

b- Hormigón lanzado o proyectado.
Este tema fue analizado en la sección 11.6.

c- Mallas de gaviones.
El tema de los gaviones ya fue tratado en el capítulo VI, sección 6.14, los gaviones ejercen una función muy importante como muro de protección y contención por su flexibilidad y adaptación a asentamientos y movimientos sin llegar a colapsar; así como su durabilidad, también en taludes de poca altura sirve de estabilización, obteniéndose excelentes resultados.

d- Mallas flexibles de acero.
Esta es una malla de triple torsión de forma hexagonal, la misma que es usada para muros de gaviones y que además sirve más que de estabilización, de protección contra desprendimientos y caídas de piedra.

e- Hidrosiembra.
La hidrosiembra es un sistema practico, muy adaptable a grandes taludes, fácil de aplicar y sus resultados satisfactorios restaurando el medio ambiente, adaptando la zona afectada por la construcción de la carreteras al ambiente circundante, reduciendo el impacto provocado por dichas obras.

Figura 11.23- Malla colocada en talud para ser impregnada con el sistema de hidrosiembra.

Este sistema se realiza con una hidrosembradora, la cual dispone de un cañón hidráulico que dispara abono estabilizante, encargándose además de asegurar las condiciones favorables para una rápida germinación. También en algunos lugares la siembra puede realizarse a mano.

f- Geosintéticos

El grupo de los geosintéticos ha servido de importante apoyo a la industria de la construcción, de manera especial en las construcciones viales, como estabilización de suelos, taludes y otros aportes para el mejoramiento del sistema de construcción facilitando los procesos y agregando calidad a dichas Construcciones.

Los geosinteticos son fabricados mediante la transformación industrial de sustancias químicas llamadas polímeros, conocido genéricamente como plásticos y que mediante procesos se convierten en perfiles, mallas, laminas, fibras etc,.

Los geosinteticos son fabricados con productos de la refinación del petróleo. Sus diferentes modalidades se adaptan para diversos usos en las Construcciónes de obras viales, como en drenajes, estabilización de taludes en combinación con siembras de diferentes tipos de gramas que se adapten al medio ambiente, entre ellos:

Figura 11.24- Otro sistema de maya para l hidrosiembra.

- Geotextiles.
- Geomallas.
- Geodrenes.
- Geomembranas.
- Geomanta.
- Geoceldas.

11.10- ENCOFRADO DESLIZANTE.

Es un sistema rodante montado en orugas, integrada con moldes para vertido de hormigón que se adaptan al diseño de algunos miembros estructurales dándole la forma indicada antes de fraguar, lo que indica que se aplica el hormigón e inmediatamente se desliza el encofrado y se continúa con el vaciado a medida que avanza.

Es un equipo con tecnología que permite la adaptabilidad a diferentes situaciones, con un panel de control que permite maniobrar de manera precisa las operaciones necesarias para cumplir con el trabajo a realizar.

El hormigón es depositado en un dispositivo desde donde es suministrado por correa o cinta transportadora al encofrado lateral y es compactado de manera uniforme por vibradores hidráulicos.

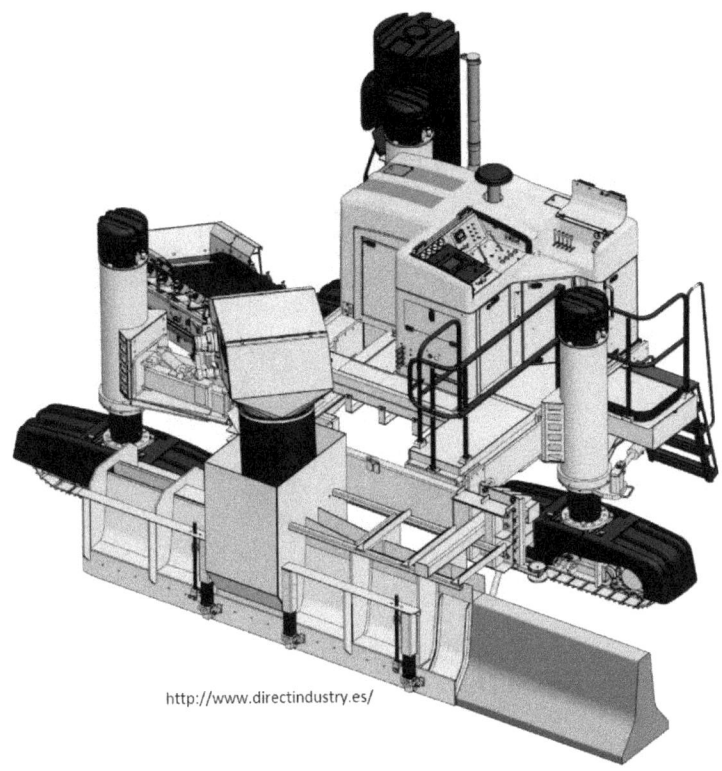

Figura 11.26- Encofrado deslizante o tendedora de Perfiles.

Hay diferentes encofrados deslizantes tanto vertical como horizontal, los mismos van a depender del tipo de obra que se vaya a ejecutar, en nuestro caso nos enfocamos en el encofrado horizontal y en estructuras orientadas a las obras viales como: contenes, aceras, muros de hormigón new jersey, canaletas, cunetas, entre otras obras de gran impacto y que con el uso de este importante sistema se logran avances considerables en la colocación de hormigón.

Se encuentran también Encofrados o Tendedoras de Hormigón y de Asfalto, las cuales realizan el trabajo con mucha precesión.

Este sistema se puede ajustar a diferentes figuras y diseños de fácil adaptación, como son las tendedoras de perfiles, las cuales esta dotadas de brazos giratorios y columnas de elevación ampliables mediante un sistema telescópico que permiten vaciar muros hasta 2.20 metros de altura.

Encofrado deslizante

Figura 11.27- Encofrado deslizante lateral.

Los encofrados deslizantes para perfiles están disponibles en una gran variedad de tamaños y formas, que van desde bordillos a muros de protección.

ELEMENTOS QUE CONSTITUYEN EL SISTEMA DE ENCOFRADO DESLIZANTE	
-Batidor con sistema telescópico.	-Dispositivo Fijador de pasadores.
-Alisador longitudinal.	-Alisador transversal.
-Dispositivo fijador de anclas.	-Vibradores.
-Encofrado especifico.	-Cuchilla distribuidora.
-Tren de Orugas.	-Trimmer.
-Alimentación de hormigón.	Fuente: https://prezi.com, Pedro Garcia.

Este equipo crea gran impacto en la aplicación en contenes o bordillos de calles, logrando un rendimiento óptimo en tiempo, mano de obras y materiales: al igual en cunetas longitudinales, con ello sustituye los encaches o canaletas, las cuales sirven como estructuras de drenajes.

12
SUPERVISIÓN

12.1. SUPERVISIÓN.
GUÍA DE SEGUIMIENTO Y ATENCIÓN.

El contratista ejecuta la obra, pero necesita quien le de seguimiento al diseño, la calidad, procedimientos, cronograma, flujo de caja y disposiciones contenidas en los planos, la compañía supervisora debe disponer de un cuerpo de técnicos calificado, que conozcan muy bien el área que van a supervisar.

Según lo expresa el Ing. Álvaro Sánchez Columna en un curso-taller sobre Supervisión y Fiscalización de obras en Construcción, que lo conveniente es que la supervisión de proyectos se realice en tres etapas.

- a) Durante el diseño del proyecto, donde se realice la revisión del presupuesto, planos, programas de obras y contrato.
- b) Durante la ejecución del proyecto, es decir en todo el trayecto de la construcción.
- c) Después de ejecutado el proyecto, que es lo que se conoce como Auditoria del Proyecto.

Aunque no participe en la primera etapa, el supervisor debe conocer desde los elementos que contiene el contrato, darle seguimiento a la obra y conocer el flujo de caja y los pagos correspondientes al proyecto.

La supervisión debe tener representantes en la ejecución de cada partida y en cada acción de dicha ejecución de la obra, el supervisor es un guía, es una ayuda para la buena consecución y calidad de la obra. Siempre hemos sido participe de la idea de que el supervisor debe revisar y verificar antes y durante la construcción de cada miembro, por eso debe haber un técnico en el contante accionar del dicho proyecto.

12.2. EL SUPERVISOR Y SUS RESPONSABILIDADES.

El supervisor está íntimamente comprometido con la calidad y la buena ejecución del trabajo y estar atento a las contingencias que puedan aparecer en el mismo; y en ese sentido saber cuándo exigir al contratista el avance de los trabajos, dándole seguimiento a las programación y la ruta crítica del mismo; debe asumir su responsabilidad sin sesgo en su comportamiento con el contratista, no debe tener prejuicios, ni complacencia en su compromiso hecho con la oficina contratante, la cual ha confiado en un ente físico o jurídico para darle seguimiento a la construcción para que al final la inversión tenga la calidad requerida, debido a que se usaron los materiales adecuados y se cumplió con las normas establecidas durante todo el trayecto de la ejecución de los trabajos.

Siempre debe haber en la obra un supervisor encargado, que a la vez tendrá otros encargado de áreas; los cuales tendrán si es necesario supervisores de tramos o sub-áreas de ejecución; por ejemplo si la obra es muy larga se puede dividir por parte, la cual cada parte tendrá un supervisor. También habrá inspectores en área de alcantarillado, de excavaciones, de hormigón, de suelo, de hormigón, etc. tal y como se muestra representado en la Fig. 12.1, de esta manera se tiene control total de la obra.

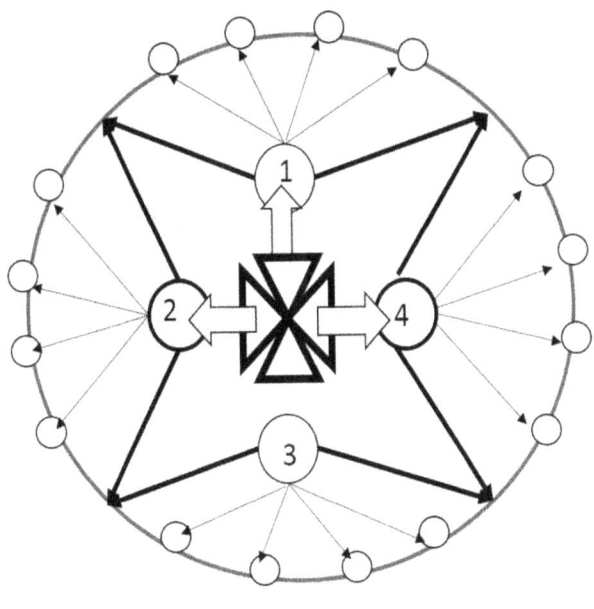

Supervisor general

1,2,3 y 4 Supervisores de áreas

Figura 12.1- Sistema de supervisión.
Encargado de supervisión, tiene supervisores a su cargo y ellos inspectores controlando de manera total la obra.

12.3. EL SUPERVISOR Y LA RELACIÓN CON EL CONTRATISTA.

En las obras viales, en el área de trabajo debe existir una oficina de la compañía supervisora, siempre y cuando el volumen de trabajo lo amerite.

Algunas personas entienden que los supervisores y contratistas no deben ni siquiera compartir. Entendemos que tanto contratista, como supervisor deben estar siempre comunicado para resolver cualquier situación que se presente, ya sea en el diseño o cualquier inconveniente durante el desarrollo de los trabajo; porque si no hay comunicación, pueden aparecer momentos que cualquier partida en programación pueda abortar en detrimento del avance del proyecto; pero también del contratista; porque a veces fruto de la falta de comunicación, el contratista puede tomar acciones que después pueden traer fricción que lacera la convivencia para la buenas relaciones entre ambas compañías.

El comportamiento ético de los seres humanos no depende de las relaciones interpersonales, sino de la convicción moral del individuo.

En nuestra dilatada carrera como encargado de obra y director técnico, hemos tenido excelentes relaciones con supervisores, pero nunca ninguno podrá decir que hubo alguna idea que vulnerara el principio de equilibrio e interrelación de contratista- supervisor y viceversa.

12.4. EL SUPERVISOR ATENTO A LA EJECUCION DEL TRABAJO.

ACTIVIDADES.		
1- LIMPIEZA DESMONTE Y DEBROCE. Observar área y disposición de escombros.	2- EXCAVACION DE MATERIAL INSERVIBLE. -Mantener control de las excavaciones. Verificar profundidad de corte (replanteo). -Chequear destino de bote.	3- EXCAVACION DE MATERIAL NO CLASIFICADO. *Verifica altura (replanteo), ancho y darle seguimiento al proceso de los taludes. -Chequear disponibilidad de materiales: *Si es para bote. *Si es para uso de terraplenes
4- EXCAVACION DE MATERIAL DE PRESTAMO. -Verificar limpieza de la mina. -Cheque constante del material excavado, por si hay cambio de vetas.	5- RELLENO. -Replanteo. *Verificar limpieza del área. -Chequear espesor de capas. -Chequear material, si es el indicado. -Verificar compactación por cada capa.	6- ACARREOS. *Verificar diferentes distancias de minas y disposiciones de los materiales.
7- EXCAVACION PARA ESTRUCTURAS. -Verificar: *Ancho *Profundidad. * Dirección de la excavación.	8- TERMINACION DE SUBRASANTE. -Verificar con la brigada topográfica los niveles de rasante. -Cotejar bombeo 2% -Verificar terminación bien perfilada.	9- SUB-BASE Y BASE. *Verificar: -Escarificación. -Material -Espesor. -Compactación.
10- BASE. *Verificar: -Escarificación. -Material -Espesor. -Compactación.	10- IMPRIMACION. *Verificar: -Terminación bien perfilada sin cucarachas. -Aplicación correcta del fluido asfaltico. -Dotación fluido asfaltico indicado.	11- ASFALTO. *Verificar: -Limpieza del área. -Riego de adherencia. -Chequear conduce. -Condiciones de llegada asfalto. -Temperatura del asfalto. -Espesor del asfalto. -Compactación. –Terminacion.
12- OBRAS DE ARTES. -verificar la línea, espesores, altura, calidad del hormigón, terminación.		

Figura 12.2- Seguimiento rápido de supervisión.

12.5. LIMPIEZA INICIANDO EL TRABAJO

El buen funcionamiento del proyecto comienza con la limpieza de las áreas a rellenar y el seguimiento de las capas que componen el terraplén ademas del control de compactación capa por capa y que el material a usar debe ser aprobado con anterioridad por el supervisor, previo a obtener los resultados de laboratorio de suelo o materiales.

12.6- ATENTO A LA CLASIFICACIÓN Y COMPORTAMIENTO DE LOS MATERIALES.

Se debe tomar en cuenta la clasificación de material no clasificado y material inservible, debido a que estos tipos de materiales tienen precios diferentes en el presupuesto; al igual que estar pendiente de la excavación en rocas.

12.7- A QUE DISTANCIA SE DEPOSITA EL MATERIAL INSERVIBLE.

Las distancia de botes de material inservible están especificados en el presupuesto; pero en la ejecución del proyecto pueden aparecer otros bancos mucho más cercano los cuales pueden beneficiar a la obra el cambio de lugar.

12.8- BANCOS DE PRÉSTAMOS.

Se deben evitar cambios de bancos de préstamos de manera inconsulta o el uso de material producto de cortes sin la debida aprobación, en ese sentido debe haber un inspector permanente para darle seguimiento a estos casos y aprobar o no cualquier acción imprevisto que día a día suceden en una obra vial.

12-8a- ESTAR ATENTO A LA COLOCACIÓN DE ALCANTARILLAS.

Con relación a la colocación de alcantarillas es importante verificar el lugar donde va a ser colocada, la profundidad, el diámetro, la excavación, el asiento, la profundidad, el espesor de la arena, la colocación, alineación, el sello de las juntas y la compactación de las mismas.

En cuanto al cabezal se debe chequear el tipo, la excavación, la dirección con relación al eje de la alcantarilla, los alatones si lo hubiera, si es armado o simple, la carpintería, el vaciado de tal manera que cumpla con el diseño y el hormigón del cabezal que mayormente es de 210 kg/cm2.

Antes de proceder a la colocación del cabezal se debe verificar la longitud de la alcantarilla para que no vaya a quedar corta y con ello la altura que va a tener dichos cabezales.

12.9. MANEJO DE LAS DISTANCIAS DE ACARREOS.

El supervisor debe conocer las diferente distancias de minas; los presupuestos mayormente tienen distancias genérica que luego en el campo, en el desarrollo del trabajo pueden aparecer varias distancias de acarreos no contempladas en el presupuesto y que algunas veces complican el cálculo real de los volúmenes de sobre acarreos; estos solo deben ser variados con la autorización de la supervisión.

En el capítulo III sección 3.29 y en el ejemplo del Capítulo IX, sección 9.24 realizamos ejemplos donde analizamos diferentes distancias.

12.10. ATENTO A LAS TERMINACIONES DE LAS CAPAS QUE COMPONEN LA ESTRUCTURA DEL PAVIMENTO.

El supervisor debe tener control de la terminación de sub-rasante y el bombeo transversal establecido del 2%, esa afinación en la conformación de la sub-rasante determina el buen funcionamiento del drenaje por infiltración de agua que pudiera aparecer el esa capa en la vida útil de la obra.

Pero además define el espesor de la sub-base a aplicar. Si la sub-rasante no está ajustada al diseño, puede darse el caso que el contratista coloque menos o más espesor.

La vigilancia debe también estar en la terminación de la sub-base porque la conformación de esta capa también determina el espesor de la base; esta etapa en mucho más cuidadosa, debido a que los requerimientos de la base son mucho más rigurosos en cuanto a espesor y calidad, aquí también el bombeo juega un papel determinante en la calidad de la vía.

El material de base mayormente tienen una granulometría bien homogénea, un material granular con baja plasticidad, pero puede tener cierta permeabilidad y en ese sentido el perfilado de la sub-base debe ser riguroso para poder drenar cualquier infiltración de agua que pueda afectar la sub-base, pero a la vez la misma base podría, más adelante, producir la llamada piel de cocodrilo, ocasionado por asentamientos, disgregación de partículas o hinchamientos por saturación del material.

12.11. PREPARADO PARA LA IMPRIMACION.

Para la imprimación, primero se debe verificar que la base tenga excelente terminación, con el bombeo bien definido, que no haya disgregación en la base. Al aplicar el riego de imprimación se debe humedecer el área y aplicarle la dotación indicada por los planos (ver Capitulo V, sección 5.2).

Control del camión distribuidor es importante porque, define la aplicación. Verificar las copillas para que no quede área sin cubrir, si así fuera se corrige con una manguera manuable que posee el camión, en caso contrario se utiliza una vasija.

12.12. COLOCACIÓN DEL ASFALTO.

La preparación del área que se va a asfaltar es muy importante, porque ella va a definir la terminación del asfalto y con ello la capa de rodadura; así mismo define el volumen total del asfalto aplicado, el espesor aplicado. También debe verificar la temperatura de llegada, la aplicación, la terminación y compactación del mismo.

12.13. CONSTRUCCIÓN DE OBRAS DE ARTES.

En las obras de artes, es importante controlar las excavaciones porque las mismas definen los espesores de aquellas que no poseen una carpintería cerrada y con ellos el volumen, verificar la línea, espesores, altura, calidad del hormigón, terminación, entre otros factores necesarios.

13
TEMAS COMPLEMENTARIOS.

13.1. MANTENIMIENTO.

Después de terminada una obra, inaugurada, todo el mundo satisfecho; en ese momento comienza una nueva etapa, los conductores comienzan a usufructuar la vía. Los cientos de vehículos que transitan diariamente impactan la vía, al igual que por las condiciones meteorológica, los cambios de temperatura y en algunas ocasiones el abuso de la misma por usuarios y personas que poseen propiedades a lo largo de la misma.

Figura 13.1. Obreros dando mantenimiento preventivo.

Lo que significa que las obras después de terminadas es necesario la atención a su funcionamiento y posible deterioro por los cambios climáticos u obstrucción de cualquier drenaje o humedad que afecten la estructura del pavimento. Muchas veces aparecen en la vía pequeños desperfectos, casi imperceptibles, que por falta de atención inicia un deterioro progresivo de la misma.

La parte del mantenimiento es prácticamente, olvidada por las instituciones responsables del área, al parecer se tiene como una activad secundaria; sin importancia sin embargo son cuantiosos los recursos que pudieran evitarse con un mantenimiento mínimo a las caminos y carreteras que por descuido o falta de interés los mismos colapsan en puntos determinados o se deterioran de manera progresiva.

Figura 13.2- Mantenimiento preventivo.

Existen diferentes tipos de mantenimientos según el momento en que se ejecuten; por ejemplo si queremos evitar situaciones futuras en la vía, procedemos a realizar el **Mantenimiento Rutinario o Preventivo,** este mantenimiento debe realizarse periódicamente y permite mantener normal, tal y como fue concebida la estructura vial y su utilidad a lo largo del tiempo, este mantenimiento debe realizarse al menos dos o tres veces al año.

El **mantenimiento rutinario** consiste en actividades de limpieza de cunetas y alcantarillas, corrección o eliminación de derrumbes, chapeo de monte, corte de ramas, bacheos, entre otras acciones necesarias.

Si por una causa u otra se acentúa el deterioro o apareciera cualquier situación anormal en la vía; lo reglamentario es aplicar un **Mantenimiento Periódico o Correctivo,** son acciones puntuales que ayudan a la durabilidad del proyecto e impiden el deterioro de las capas inferiores del pavimento y con ella la capa asfáltica, para eso se debe mantener un monitoreo continuo para observar cualquier desperfecto que pueda aparecer.

Figura 13.3- Necesita mantenimiento correctivo.

Mucho antes de una intervención profunda, si se muestra un deterioro progresivo o degaste producido de la carpeta asfáltica u otra capa de la estructura del pavimento, lo lógico en corregir los puntos en que intervenga la sub-base o base y recapea la carpeta asfáltica, en ese sentido aplicamos **mantenimiento Extraordinario o rehabilitación,** en resumen tenemos tres tipos de mantenimientos:

a) Mantenimiento Rutinario o preventivo
b) Mantenimiento Periódico o correctivo
c) Mantenimiento Extraordinario o rehabilitación

Estas acciones no deben ser al azar, sino con una programación rígida y con ello conservar millones de pesos que pueden ser dirigidos a otros importantes proyectos de desarrollo.

Este tipo de intervención de mantenimiento impacta de manera positiva en las comunidades circundantes, debido a que la mayoría del personal usado en esas actividades es de dichas comunidades.

Figura 13.4. - Mantenimiento extraordinario o rehabilitación.

13.2. PUENTES.

Es una de las obras más útil e impresionantes estructuras complementarias de las construcciones viales, puesto que con ellos se salvan grandes luces, ríos, cañadas y grandes depresiones para darle continuidad a la vía. Para construir un puente se necesita técnicas bien definidas y precisas, en base a un diseño bien ponderado de acuerdo a las necesidades y requerimientos.

Según su construcción hay varios tipos de puentes: de hormigón armado, metálicos, hormigón postensado y mixto.

El puente consta de la:

a- Infraestructura.
- Fundaciones.
- Pilas.
- Estribos.
- Aletas.

b- Superestructura.
- Tablero
- Apoyo
- Barandas
- Drenaje
- Juntas

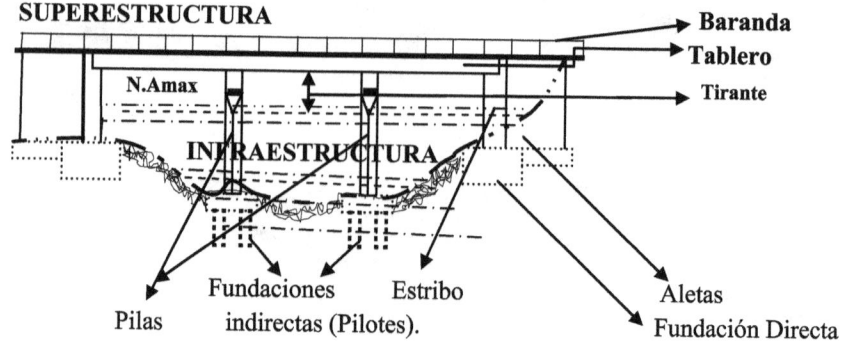

Figura 13.5- Elevación puente.

Tirante.
Distancia entre el nivel máximo del agua y la parte inferior del tablero.

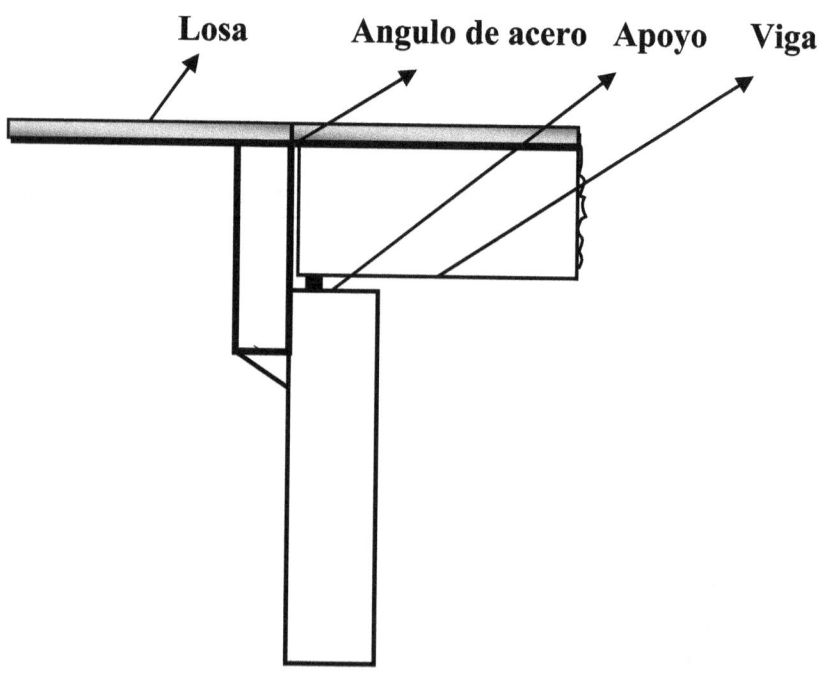

Figura 13.6- Sección Estribo

Figura 13.7.- Estribo Puente.

Para construir un Puente se deben tomar en cuenta diferentes estudios:

- Topográfico.
- Cuenca hidrográfica.
- Suelo y Geotecnia.

13.2.1. ESTUDIO TOPOGRÁFICO.

Es importante para alinear la fundación del puente y la ubicar el lugar o estación exacta en la vía, además establece niveles o alturas donde debe ir el puente, se debe realizar un perfil longitudinal y secciones transversales que cubra varios metros aguas arriba y aguas abajo del puente.

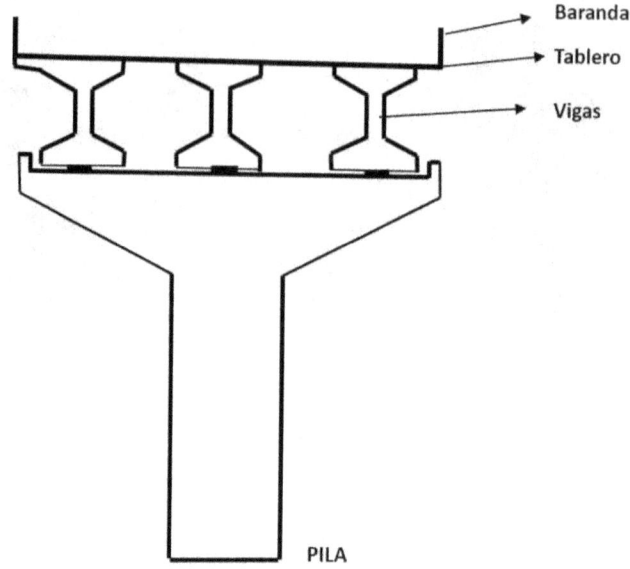

Figura 13.8- Pila de Puente.

13.2.2. ESTUDIO DE CUENCAS HIDROGRÁFICAS.

El análisis de la cuenca hidrográfica, es determinante para establecer qué tipo de puente se va a construir, su longitud, altura; de aquí se obtienen los niveles de crecidas máximas y mínimas, niveles de arrastres de la cuenca; entre otros factores importantes.

Figura 13.8.- Izamiento de vigas.

13.2.3. ESTUDIO DE SUELO.

Un estudio profundo de suelo es determinante para conocer el tipo de suelo existente y de ahí establecer la profundidad, y que tipo de fundaciones se construirán, este estudio determina si se va a usar fundación directa o indirecta. También se deben conocer la velocidad de diseño, y volumen de tráfico; así como todas las cargas que inciden en el mismo, como las permanentes, laterales, por colisiones etc.

13.3. CONTINGENCIAS EN SU VIDA UTIL.

En los puentes de las grandes autopistas casi nunca se presentan inconvenientes con las avenidas de aguas; debido a que se construyen puentes holgados y con suficiente altura, no escatimando recursos; sin embargo en otros tipos de obras de menor categoría no sucede lo mismo y estas estructuras muchas veces tienen restricciones para el diseño con la longitud debida.

Figura 13.9. -Puente Mauricio Báez, sobre el Rio Higuamo.

Como nada es perfecto, cada vez que aparece un aguacero, una depresión tropical, una tormenta o un ciclón, surgen los acostumbrados problemas de siempre; las grandes avenidas se encuentran con la infraestructura de los puentes, donde sus capacidades estructurales y de soporte son puestas a pruebas.

Resultado de esa experiencia el diseñador después de realizar un estudio de suelo, agrega los llamados pilotes o perfiles de acero, que son hincados a cierta profundidad donde el terreno tiene la capacidad de soporte suficiente para contener la incontrolable masa de agua, que unida a una gran velocidad, y al arrastre de materiales sólidos, se convierte en una fuerza destructora.

Figura 13.10.- Puente Mauricio Báez, sobre el Rio Higuamo. Carretera y cambio climático.

13.3.1. PUENTES SOTERRADOS DE ARCOS PREFABRICADOS.

En busca de tecnologías que faciliten los trabajos y con ellas se logren terminar en mucho menos tiempo. La constructora RIZEK, implantó por primera vez en el país el sistema BEBO ARCH, en el tramo II de la circunvalación de Santo Domingo.

Este sistema de puentes soterrado de arcos prefabricados, los cuales facilitan el trabajo por la rapidez con que se logran terminar las construcciones, donde los elementos estructurales son prefabricados en taller o a pie de obra y son de rápido izaje y ensamblaje

Fig. 13.11. - Procedimiento Constructivo Sistema de puentes soterrado de arcos prefabricados. Construcción tramo II, Circunvalación Santo Domingo.

13.3.2. PROCESO CONSTRUCTIVO

El proceso constructivo es ágil y sin mucha dificultad, se realiza un estudio de suelo para saber el tipo de fundación, si es directa o indirecta; todo depende del terreno donde se vaya a ubicar el puente Arco. El sistema de arcos se fabrica mientras se realiza la fundación, se lleva a cabo el izaje de las pieza que forman el arco y las juntas tiene un diseño especial reforzado con acero para ser vaciado en sitio con mortero. Luego se procede a la impermeabilizar.

Terminada esta etapa se procede a rellenar colocando muros en los laterales con cualquiera de los sistemas de tierra reforzadas, muro de mesa o gaviones o simplemente un relleno convencional con talud adecuado, esto en caso de tener el espacio lateral disponible para el apoyo del talud.

Fig. 13.12. - Vista construcción puentes de arcos.

13.3.3. VENTAJAS DE INGENIERÍA DEL SISTEMA BEBO ARCH

Las ventajas de este sistema se concentran en el bajo costo de instalación, tiempo de construcción y mantenimiento, cumple con las normas de diseño para Puentes Carreteros de AASHTO. Soporta muy bien la crecida de ríos y cañadas, así mismo se adapta a diferentes situaciones, según la necesidad constructivas.

13.4. CARRETERAS Y CAMBIO CLIMÁTICO

Toda intervención humana donde se use equipos de combustión, más cuando son equipos pesados, produce un impacto al medio ambiente, el cual debe ser subsanado o al menos reducir el impacto que inevitablemente debe suceder; como es el caso de la construcción de carreteras, la cual produce impacto, no solo en la construcción sino también durante el uso de la misma.

Se establece que el vehículo es uno de los primeros causantes de la contaminación del medio ambiente a través de la emisión del CO2, Dióxido de Carbono, y por consiguiente incide en el cambio climático, con polución de gases de efectos Invernaderos, los cuales producen el calentamiento global.

Figura 13.13- Foto derrumbe en carretera por falta de árboles o protección de taludes.

Las carreteras sostenibles deben ser reforestadas a todo lo largo del eje de la vía; debido a que los arboles reducen la emisión del CO2. Durante la construcción de la vía se debe tener cuidado con la tala de árboles, como producto del desmonte y desbroce, en ese sentido se debe derribar los estrictamente necesarios. En el proceso de construcción, se deben tomar todas las medidas pertinentes para que en la extracción de material del banco de préstamo no se exceda con el área necesaria a explotar y evitar extracciones en lugares que provoquen futuros derrumbe.

Se debe tomar en cuenta la profundidad de extracción para evitar llegar al nivel freático. Además, es necesario evitar extraer material del cause de los ríos; y si las autoridades lo autorizan, para el control de sedimentos o adecuación de causes, se debe realizar una extracción responsable. Antes se debe realizar un levantamiento a lo largo y ancho del cauce y diseñar la rasante del mismo, es decir hasta donde se va extraer el material excedente.

Todas estas operaciones deben ser supervisadas y controladas por un profesional competente. Durante la excavación de materiales hay que tener cuidado para evitar los derrumbes de materiales para que no devasten áreas por encima de las programadas. La reutilización de materiales, es una de las bases sostenibles para la ingeniería de carreteras, con ello de disminuyen la emisión de gases de efectos invernaderos a la atmosfera; así mismo como el reciclaje de la carpeta de asfalto existente, a través de los diferentes métodos conocidos. También la estabilización de materiales ayuda a la no utilización de materiales acarreados, contribuyendo con ello al medio ambiente.

Figura 13.14 -Impacto del agua en una carretera.

En la reutilización de los materiales se minimizan los volúmenes de materiales de acarreos y con ello la de extracción de material de préstamo; al igual que el consumo de energía, disminuyendo la emisión del CO2.

Los efectos del cambio climático son muchas veces desbastadores en la vida de las obras viales, en este caso en las carreteras, como es el caso de los grandes arrastres de los ríos, los cuales transitan con todos tipos de materiales y escombros, incluyendo piedras; ensanchando sus cauces, causando daños a los puentes y a la vía misma, como podemos ver en la figura 13.13; todos estos daños se deben a la desforestación de los bosques por la tala de árboles en las cuenca alta y media. El desborde de cañadas con grandes arrastres y derrumbe en la vía, también son causas del impacto producido por el cambio climático.

Después del proceso constructivo, es importante que los taludes producto de las excavaciones, siempre y cuando sea posible, sean sembrados con gramas, en vez de protección con encaches, debido a que las gramas se adaptan al medio circundante, tal y como puede verse en la figura 13.14.

La remediación ambiental es necesaria para evitar que continúen las extinciones de los ríos y los grandes arrastres a consecuencia de la tala de árboles y la deforestación por las diferentes causas provocadas.

Figura 13.15 -Área reforestada de una carretera con gramas sembradas en los taludes.

13.4.1 RED VIAL EN REPÚBLICA DOMINICANA.

A pesar de que ya en el año 1909, 1910 y 2011, en el gobierno de Ramón Cáceres, se habían construido una carretera que llegaba hasta el río Haina y la otra hasta los Alcarrizos.

Fue a partir de 1917 cuando se inició la construcción de la primera carretera del país, la Duarte, terminando en 1922, la cual une a la región Norte o Cibao con la capital, luego de la intervención norteamericana, los gobiernos subsiguientes siguieron con la conexión del país y se crearon las carreteras Sánchez y la Mella, que conectaron al Sur y al Este, respectivamente, con Santo Domingo.

Luego se construyeron autopistas como: La Duarte, Las Américas y la 6 de Noviembre; más adelante se continuaron con la construcción de importantes autopistas eficientizando la Red Vial, como la Autopista del Coral, que enlaza a La Romana con Punta Cana; también la carretera Juan Pablo II o Boulevard Turístico del Atlántico que comunica a Las Terrenas, Samaná con la capital. Además de la circunvalaciones de San Pedro de Macorís, la Romana, Santiago.

Luego se construyeron varios túneles y elevados que facilitaron la circulación del tránsito en el Gran Santo Domingo.

13.4.2 INFRAESTRUCTURA VIAL DE LA REPÚBLICA DOMINICANA

La red vial de la República Dominicana, consta de una longitud de 18,075 kilómetros, de los cuales 5,403 kilómetros son de carreteras, 8,672 kilómetros son de caminos vecinales y 4,000 kilómetros de caminos temporales y trochas. De esta cantidad de kilometrajes de caminos, 897.10 km, un 10.3%, tienen tratamiento asfaltico y 1,348.15 km, un 15.5%, mezcla asfáltica.

Según el Ministerio de Obras Públicas y Comunicaciones (MOPC), esta longitud vial es adecuada para la extensión territorial de 48,442 kilómetros cuadrados que tiene el país y para los 10.1 millones de habitantes que en él habitan.

CARRETERA No	TIPO DE CALZADA	LONGITUD (KMS)
1-Autopista Duarte (Salida de Santo Domingo – Villa Altagracia - Bonao - La Vega - Moca - Santiago - Navarrete - Monte Cristi)	Doble-Simple	261.10
2-Carretera Sánchez (Salida de Santo Domingo - Bajos de Haina -San Cristóbal - Baní -Azua - San Juan de la Maguana -Las Matas de Farfan -Elias Piña)	Doble-Simple	222.43
3-Autopista Las Américas(Salida de Santo Domingo – Boca Chica-San Pedro de Macoris. La Romana-Punta Cana (El Coral))	Triple -Doble	259.62
4-Carretera Mella (Salida de Santo Domingo – Cruce Carretera SPM -Hato Mayor- Hato Mayor - El Seybo - Cruce El Pintao-Higuey- San Rafael de Yuma).	Simple	193.97
5-Carretera Luperón (Autopista Duarte - Cruce Navarrete- Altamira - Imbert- Puerto PlataMonte. Llano, Cabarete - Nagua -Sánchez - Samaná)	Simple	281.58
6- Autopista 6 de Noviembre, Salida de Santo Domingo - San Cristóbal	Doble	21.30
7-Autopista Juan Pablo II (Km. 22 Autopista Las Américas- C/C Bayaguana-Monte Plata - C/ Sabana Gde. de Boyá-Los Haitises-Guaraguao-Cruce Rincón de Molinillos)	Simple	102.06
TOTAL		1,342.06

FUENTE: DIRECCIÓN GENERAL DE PLANIFICACIÓN Y DESARROLLO DEL MOPC

Figura 3.15- Tabla de las carreteras más importante.

Al año 2012 el 25% son carreteras troncales o principales, 48% carreteras regionales o secundarias y 27% carreteras locales. Los caminos vecinales no tienen clasificación funcional, pero sus características geométricas y estructurales dependen del tráfico y la pluviométrica de la zona donde se localizan los mismos.

14
ANEXO

GESTIÓN INTEGRAL DE LA CONSERVACIÓN VIAL.
Ing. Claudia Castellano

A.1- GESTIÓN INTEGRAL DE LA CONSERVACIÓN VIAL:

Según el Diccionario de la Real Academia Española, gestionar es hacer diligencias conducentes al logro de un negocio. Es decir, gestionar una carretera conlleva la realización de unas acciones conducentes a que el capital, que la Administración, y por lo tanto los usuarios, han puesto en manos de un gestor, se mantenga en un nivel adecuado de funcionamiento, al menor costo posible.

Un Sistema de Gestión es simplemente la estructura que se da a la organización para que esta pueda desarrollar su labor. En la economía clásica se hablaba de la especialización del trabajo como la herramienta para alcanzar la mayor productividad. Sin embargo, en el entorno moderno se ha detectado que la mejor forma de obtener la eficiencia y eficacia en la productividad, lejos de la especialización, se encuentra en la integración de procesos, en la integralidad de las personas y en las soluciones integrales.

Este nuevo término "integral" es parte activa de las economías modernas, y en nuestro enfoque hacia la Calidad es aún más importante, ya que la Calidad en una organización se encuentra en función de la optimización, hacer que todo funcione de forma tal que se minimicen los recursos y se maximicen las utilidades.

En un principio, los Sistemas de Gestión se encontraban divididos según el área de acción dentro de la organización, es decir, sistema de gestión financiera, sistema de gestión de la producción, sistema de gestión de la calidad; etc., sin embargo, a la luz de la realidad que se vive, que se encuentra en permanente cambio y cuya tendencia es la optimización, sólo es viable para una organización hablar del sistema de gestión, donde se asegure un mismo sistema para todos los procesos, donde se aseguren unas metas organizacionales, y el cuál se mueva en busca de objetivos comunes por caminos comunes (Sistema de Gestión Integral) y no como ruedas sueltas dentro de la misma organización.

En el fondo la carretera, en su conjunto, es un capital que va perdiendo valor con el uso y con el paso del tiempo, por ello se debe cada cierto tiempo reinvertir dinero en ella en forma de actuaciones de conservación, para conseguir que aquella no se descapitalice, es decir, que se deteriore.

Hasta hace relativamente poco en República Dominicana se conservan las carreteras, pero no se gestionan: se hace mantenimiento rutinario, limpieza de la plataforma, cunetas, reposición de señales y barandas, reparación de pequeños defectos en la superficie de rodadura, etc. Aunque esto no es propiamente gestionar, como se verá en el apartado siguiente.

Según se puede extraer del Libro Verde de la conservación de infraestructuras en España, la conservación ha desarrollado una técnica específica para poder abordar su misión. Esto requiere la participación de diversas áreas del conocimiento al tratarse de una labor interdisciplinaria.

Es desde la conservación desde donde se han ideado los Sistemas de Gestión aplicados a las infraestructuras. Esto ha traído como consecuencia que se hayan tomado experiencias de otros campos para incorporarlas e integrarlas y así conseguir la mejor gestión posible.

Como para casi todo, la gestión debe estar impregnada siempre por la economía. La economía trata de los bienes que son escasos y los fondos destinados a conservación lo son, no son ilimitados, por lo que la eficacia económica de las tomas de decisiones y de los métodos o materiales que se empleen son fundamentales.

Para gestionar algo primero hay que conocerlo. Cualquier gestor lo primero que debería hacer es inventariar sus bienes. Eso puede parecer evidente, pero no siempre sucede así. Cuando se recibe una infraestructura no siempre viene acompañada de una documentación suficiente para conocer cada uno de los elementos y sus características. Es necesario realizar un primer esfuerzo en mejorar el conocimiento del patrimonio que hay que conservar. A veces es necesario recurrir a técnicas sofisticadas para conocer dimensiones y propiedades de los materiales.

Una vez conocidos los elementos, sus dimensiones y características, es necesario evaluar el estado en que se encuentran, si es adecuado o no para cumplir los objetivos que se demandan de ellos.

El conocer el estado es fundamental, pero al buen gestor le hace falta más información para poder prever el futuro. De nada sirve tener un buen inventario y una evaluación del estado de los elementos, si no se puede prever que ocurrirá en el futuro. El gestor necesita realizar una serie de políticas de conservación, para lo que debe fijarse un horizonte de tiempo.

De esa forma sabrá cuándo debe actuar, qué ocurre si no lo hace, y cómo será el futuro en función de las decisiones que se tomen en el presente. Con ese fin se utilizan modelos de comportamiento de los elementos de las infraestructuras. Para diseñarlos es mejor apoyarse en la propia realidad, pero si no es posible en un primer momento, se puede recurrir a modelos externos, con el objetivo de, cuanto antes, poder confeccionar modelos propios. Existe también una serie de equipos más o menos sofisticados que permiten determinar el estado de algunos elementos, cuando no es posible hacerlo a simple vista o se requiere de un método objetivo de medición.

Para afrontar las demandas de conservación se debe conocer el costo, la eficacia y durabilidad de las actuaciones. Podrán existir una o varias soluciones para resolver un mismo problema. El estudio económico, con un cierto horizonte de tiempo y la utilización de herramientas de priorización o de optimización de las inversiones, permitirá tomar las decisiones más adecuadas.

Un aspecto de notable relevancia es la gestión de la seguridad, en especial en carreteras donde la seguridad vial posee un carácter prioritario. La información sobre accidentes, y las investigaciones que se realicen sobre ellos son de enorme utilidad para la mejora de esta seguridad.

En general, los sistemas de gestión se suelen especializar para cada elemento, como por ejemplo, pavimento, drenaje, puentes. También existen sistemas de gestión de la conservación ordinaria que se centran en las actuaciones rutinarias, en las que faciliten el servicio y las pequeñas reparaciones.

En conclusión, la gestión de infraestructura vial tiene dos objetivos fundamentales: conservar y mejorar de forma continua las condiciones de seguridad, comodidad y capacidad estructural adecuadas para la circulación; y optimizar el uso de los recursos públicos invertidos en su desarrollo y conservación, lo que no necesariamente significa gastar lo menos posible.

A.2- SISTEMÁTICA DE LA GESTIÓN VIAL

Los componentes principales de un sistema de gestión vial son: un diagnóstico y una base de datos actualizada sobre la condición y el funcionamiento de la infraestructura vial; la definición de los objetivos; metas y políticas institucionales; un análisis económico; la definición de las estrategias y programas de conservación; los mecanismos de ejecución de obras; y los indicadores de evaluación de los resultados.

Este modelo de gestión propone hacer un uso eficiente de los limitados recursos públicos destinados a la infraestructura vial, priorizandolas actividades de conservación por encima de la rehabilitación o la construcción nueva.

Estas actividades de bajo costo y fácil ejecución, permiten conservar la infraestructura en buena condición y prolongar su vida útil; y con ello conservar el patrimonio vial acumulado por el país.

En el caso de los pavimentos, la implementación de este esquema de conservación considera tres principios básicos: conocer la condición de los pavimentos a conservar; seleccionar y diseñar las intervenciones de conservación apropiadas; y ejecutarlas en el momento oportuno.

Para conocer la condición de los pavimentos a conservar es necesario evaluar tanto su condición funcional como la estructural.

A.3- EVALUACIÓN FUNCIONAL

La evaluación funcional nos da a conocer como se encuentra la superficie del pavimento. Está relacionada con la comodidad y seguridad de los usuarios.

Los parámetros a auscultar son:
- Deterioros Superficiales, Pavement Condition Index (PCI)
- International Roughness Index (IRI), Present Serviceability Index (PSI)
- Textura
- Resistencia al Deslizamiento, Coeficiente resistencia al deslizamiento, Índice de Fricción Internacional (IFI)

En el siguiente cuadro se presenta un esquema de correlación de las Funciones del pavimento con las características del pavimento y los diferentes indicadores.

Tipo de Evaluación	Función del Pavimento	Características del Pavimento	Indicadores e Índices
Evaluación Funcional	Serviciabilidad	Integridad	PCI
		Rugosidad	PSI
			IRI
	Seguridad	Textura	Macrotextura
			Microtextura
		Resistencia al deslizamiento	Coeficiente resistencia al deslizamiento
			IFI

Figura A.1- Funciones, características e indicadores del pavimento.

A.4- DETERIOROS SUPERFICIALES, PAVEMENT CONDITION INDEX (PCI)

El deterioro de la estructura del pavimento está dado en función de la clase de daño, su severidad y cantidad o densidad del mismo. La formulación de un índice que tuviese en cuenta los tres factores mencionados ha sido una problemática debido al gran número de posibles condiciones.

La obtención de un indicador numérico que indique el grado de afectación que cada combinación de clase de daño, nivel de severidad y densidad tiene sobre la condición del pavimento se alcanza con la aplicación del método de "Índice de Condición del Pavimento" (Pavement Condition Index, PCI por sus siglas en inglés). Dicho procedimiento constituye, en la actualidad, la técnica más completa y acreditada para la evaluación y calificación objetiva de pavimentos, dentro de los modelos disponibles para gestión vial.

El PCI es un índice numérico que varía desde cero (0), para un pavimento fallado o en mal estado, hasta cien (100) para un pavimento en perfecto estado. La figura A.2 exhibe los distintos rangos de PCI, con la correspondiente descripción cualitativa del estado del pavimento, así como los cambios típicos de condición física en relación con su ciclo de vida.

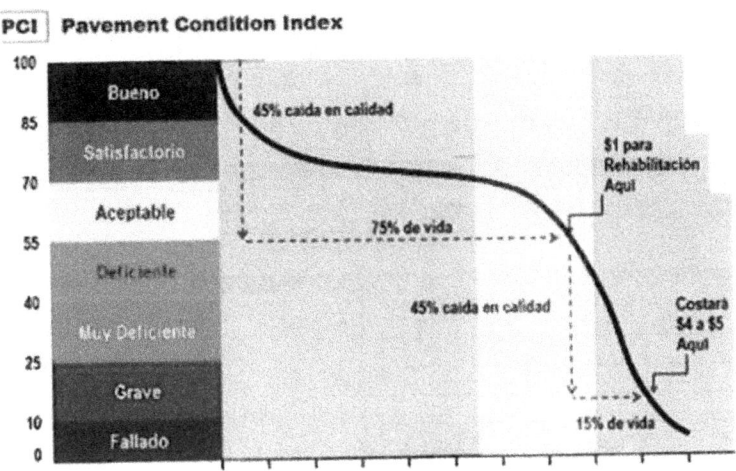

Rangos de valores del PCI y condición típica del pavimento en función del tiempo

Figura A.2

La clasificación de daños considerada por el método PCI para pavimentos asfálticos es como sigue:

Código	Tipo de daño y unidad de medida	Código	Tipo de daño y unidad de medida
1	Piel de Cocodrilo, m^2	11	Parcheo y Acometida de Servicios Públicos, m^2
2	Exudación, m^2	12	Pulimento de Agregados, m^2
3	Agrietamiento en Bloque, m^2	13	Huecos, #
4	Abultamientos y Hundimientos, m	14	Cruce de Vía Férrea, m^2
5	Corrugación, m^2	15	Ahuellamiento, m^2
6	Depresión, m^2	16	Desplazamiento, m^2
7	Grieta de borde, m	17	Grietas Parabólicas (Slippage), m^2
8	Grieta de reflexión de Junta, m	18	Hinchamiento, m^2
	Desnivel Carril/Paseo, m	19	Meteorización/Desprendimiento de Agregados, m^2
10	Grietas Longitudinales y Transversales, m	20	Desgaste, m^2

Figura A.3- Clasificación de daños en la carpeta asfáltica.

El registro de los deterioros superficiales del pavimento se puede hacer de forma manual, utilizando un formulario como el que presentamos en la figura A.4, para pavimentos de HAC, el cual se completa recorriendo la vía lentamente para observar y cuantificar las fallas en función del tipo, severidad y extensión; o mediante la utilización de un sistema de cámaras ancladas a un vehículo que van captando las imágenes de forma continua para luego ser procesadas.

a- Manual

HOJA LEVANTAMIENTO EN CAMPO PAVIMENTOS HAC CARRETERAS				
PROYECTO: Santo Domingo - Samana				NOMBRE INSPECTOR
EST. INICIO				USO / DIA INSPECCION
EST. FINAL				ANCHO DE LA SECCION / LARGO DE LA SECCION
TIPOS DE FALLAS HAC				
1. Piel de Cocodrillo m2 2. Exudación m2 3. Agrietamiento en Bloque m2 4. Abultamientos y Hundimientos m 5. Corrugación m2		6. Depresion m2 7. Grieta de Borde m 8. Grieta de relexion Junta m 9. Desnivel Carril/Paseo m 10. Grietas Longitudinales y Transversales m		11. Parcheo y Acometidas de Servicios Publicos m2 12. Pulimento de Agregados m2 13. Huecos # 14. Cruce de Via Ferrea m2 15. Ahuellamiento m2	16. Desplazamiento m2 17. Grietas Parabólicas (Slippege) m2 18. Hinchamiento m2 19. Meteorizacion/Despredimiento de Agregados m2 20. Desgaste m2
No. MUESTRA	AREA MUESTRA			ESQUEMA / COMENTARIOS
TIPO DE FALLA	BAJA	MEDIA	ALTA	

No. MUESTRA	AREA MUESTRA			No. MUESTRA	AREA MUESTRA	
TIPO DE FALLA	BAJA	MEDIA	ALTA	TIPO DE FALLA	BAJA	MEDIA	ALTA

Figura A.4- Formulario para evaluación manual de los registros de daños superficiales del pavimento de HAC. **Fuente:** *Pavement Management for Airports, Roads, and Parking Lots, M.Y. Shahin*

b- Automatizada

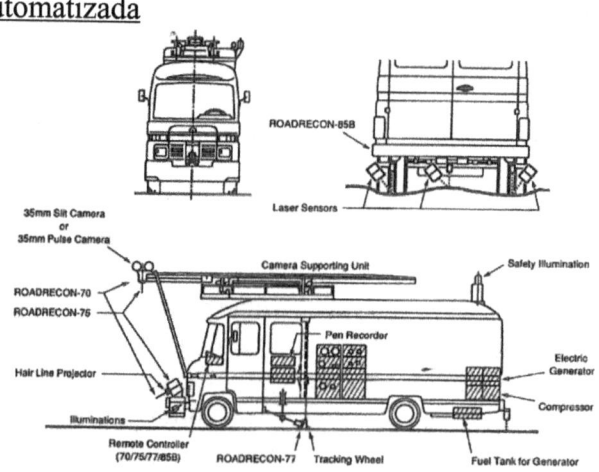

Figura A.5- Evaluación automatizada
Fuente: *Traffic& Highway Engineering, Nicholas Garber/Lester A. Hoel.*

El esquema siguiente ilustra la secuencia lógica seguida para el cálculo del Índice de Condición del Pavimento (PCI) de forma maual.

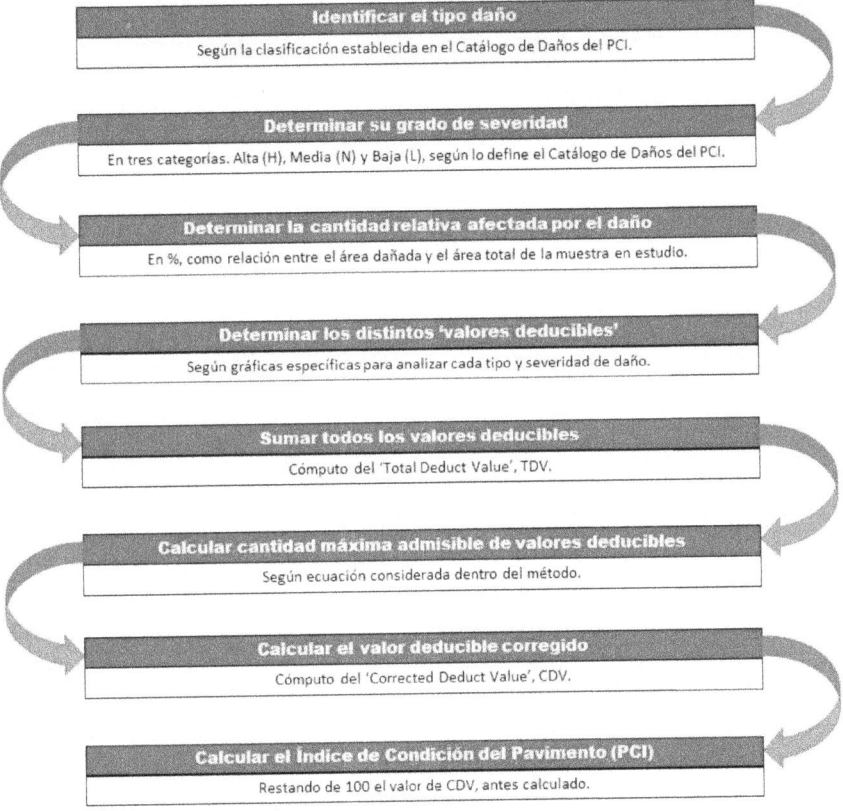

Figura A.6- Índice de condición del pavimento.

Para el procesamiento de los datos así como el cálculo final del PCI desarrollado para la aplicación de este método. También existe un software llamado PAVER, específicamente desarrollado para el procesamiento de los datos asi como el calculo final del PCI.

A.5- INTERNATIONAL ROUGHNESS INDEX (IRI), PRESENT SERVICIALITY INDEX (PSI)

La rugosidad o regularidad de un pavimento se define, de manera general, como una medida de las irregularidades de la superficie, en tanto afectan negativamente la uniformidad en la conducción de un vehículo.

La rugosidad es una característica importante, puesto que atañe no sólo a la calidad de la marcha, sino también a los costos de retraso del vehículo, al consumo de combustible y a los gastos generales de mantenimiento.

El Banco Mundial ha encontrado que la rugosidad de una carretera constituye el principal factor a considerar en los análisis y soluciones de compromiso que involucran comparaciones de la calidad de las vías frente a los costos de su utilización.

La medición de la rugosidad (o regularidad) se traduce actualmente en un indicador numérico (en inglés: International Roughness Index, IRI), que se expresa en metros/kilómetros de longitud vial.

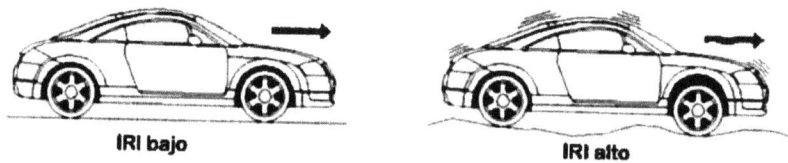

Figura A.7- Indicador del IRI.

Para determinar el IRI se emplean modernamente perfilómetros inerciales de tipo láser, que constituyen equipos de alto rendimiento y que generan medidas automáticas y de altísima precisión a velocidad estándar de circulación 80 km/h. En la figura A-8 se muestra un gráfico (propuesto por el Banco Mundial) que relaciona las condiciones básicas de circulación en una carretera (velocidad, comodidad), respecto a las medidas del IRI.

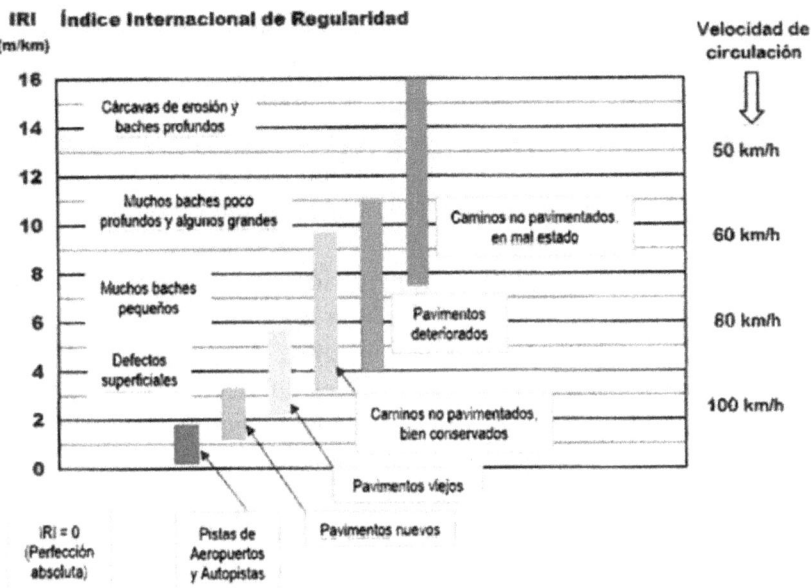

Figura A.8- Condiciones básicas de circulación en una carretera respecto a las medidas del Índice Internacional de Regularidad. Fuente: Banco Central.

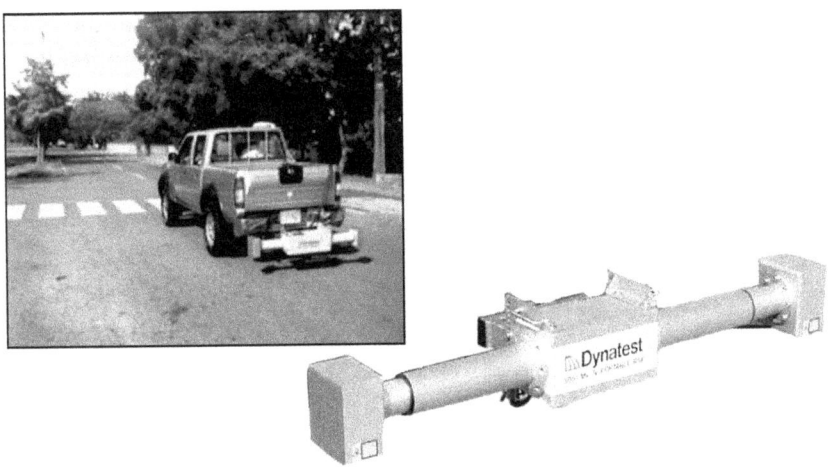

Figura A.9- Perfilómetro inercial tipo láser.

El procesamiento de la información comúnmente se realiza con un software llamado PROVAL, utilizado universalmente para determinar el IRI y otras mediciones de regularidad superficial (RideNumber, etc.).

A.6- NIVEL DE SERVICIALIDAD

El nivel de serviciabilidad, es el grado en el cual un pavimento logra cumplir con su función de permitir la circulación de vehículos de una forma fácil, cómoda, rápida y segura. El nivel de serviciabilidad disminuye a través del tiempo una vez puesto en servicio el pavimento, debido a las solicitaciones sobre éste, ya sea de las cargas circulantes como de los agentes meteorológicos.

Aunque en un principio la apreciación de la serviciabilidad del pavimento es subjetiva y depende de la opinión de los usuarios, ha sido posible establecer una relación entre la calidad del servicio del pavimento y una serie de indicadores del deterioro de éstos, los cuales sí pueden ser cuantificados de manera objetiva. De esta forma, actualmente la serviciabilidad de un pavimento está expresada por el "Índice de Serviciabilidad Presente" (Present Serviceability Index, PSI por sus siglas en inglés) el cual se obtiene de las medidas de rugosidad y distintos tipos de deterioro para un período determinado.

El rango de variación del PSI va de 5.0 (muy bueno) a 0.0 (muy malo), y es por eso que para realizar el diseño estructural de un pavimento es necesario seleccionar un índice inicial y final dentro de este rango, tomando en cuenta las condiciones particulares del lugar de la obra, así como los procesos constructivos y solicitaciones a que estará sometida la estructura.

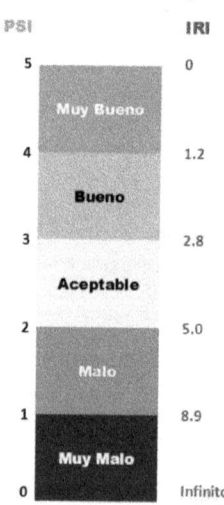

Figura A.10- Relación del PSI e IRI

En la práctica, generalmente el Índice de Serviciabilidad Inicial (Pi) para los pavimentos flexibles toma un valor de 4.2, mientras que el Índice de Serviciabilidad Final (Pf) conserva un valor de 2.5. Estos valores son los recomendados por la AASHTO para el diseño de pavimentos.

A.7- TEXTURA/RESISTENCIA AL DESLIZAMIENTO, COEFICIENTE RESISTENCIA AL DESLIZAMIIENTO, ÍNDICE DE FRICCIÓN INTERNACIONAL (IFI)

Uno de los aspectos de mayor importancia para la gestión vial es la provisión de adecuadas condiciones de fricción superficial en los pavimentos, para brindar mayor seguridad a la circulación de los vehículos, especialmente ante la presencia de agua en la superficie pavimentada. Las condiciones de adherencia entre los neumáticos y el pavimento dependen, entre otros factores, de la textura superficial de los pavimentos. El objetivo de la gestión vial es lograr una adecuada resistencia al deslizamiento, para lo cual deben cumplirse las siguientes condiciones:

- Suficiente Macrotextura para favorecer el drenaje, evitar el efecto Aquaplaning.
- Adecuada microtextura, resistente al pulimiento.
- Permanencia de estas condiciones en el tiempo.

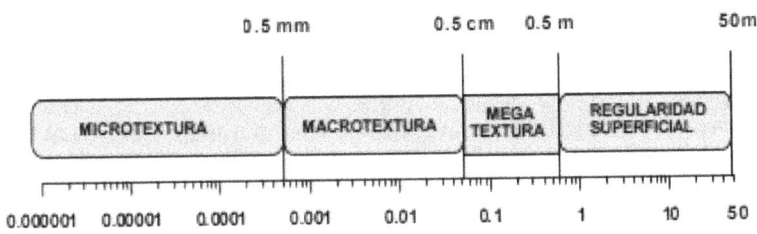

Figura A.11- Clasificación del Perfil según AIPCR

Existen dos métodos para medir la macrotextura:
– Perfilómetro Láser.
– Círculo de Arena (ASTM 965).

 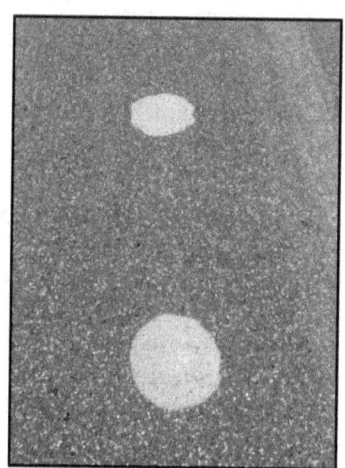

Figura A.12- Circulo de Arena.

La resistencia al deslizamiento viene dada por la medición de la microtextura. Existen múltiples equipos destinados a medir esta propiedad:
- Péndulo Británico
- SCRIM (Sideway-force Coefficient Routine Investigation Machine)
- GripTester
- Mu-Meter
- RFT (RunwayFrictionTester)

El péndulo británico, a diferencia de los otros equipos, es estático, mide la resistencia al deslizamiento en forma puntual; los demás son equipos dinámicos.

Conceptos prácticos de procedimientos constructivos

Figura A.13 -SCRIM

Figura A.14- Griptester

Ante la preocupación mundial por establecer una relación directa entre los resultados del coeficiente de rozamiento y de la textura, proporcionados por los distintos equipos; la Asociación Internacional Permanente de los Congresos de Carreteras (AIPCR), hoy Asociación Mundial de la Carretera, realizó un experimento que, desde 1949, ha tratado de armonizar los resultados obtenidos con todo tipo de equipos, logrando elaborar en 1992 una escala universal de fricción bien definida, denominada IFI (Índice de Fricción Internacional) a la que puede referirse los resultados de cualquier equipo utilizado.

El Índice de Fricción Internacional (IFI) viene indicado por dos números expresados entre paréntesis separados por una coma, el primero representa la fricción y el segundo la macro textura.

En resumen, el Índice de Fricción Internacional (IFI), es una escala de referencia basada en el modelo AICPR (que relaciona la fricción con la velocidad de deslizamiento), modelo que sirve para estimar la constante de referencia de velocidad (Sp) y la de fricción a 60 km/h. El par de valores (F60, Sp) expresan el IFI de un pavimento y permiten calcular el valor de fricción. F(S), a cualquier velocidad de deslizamiento S.

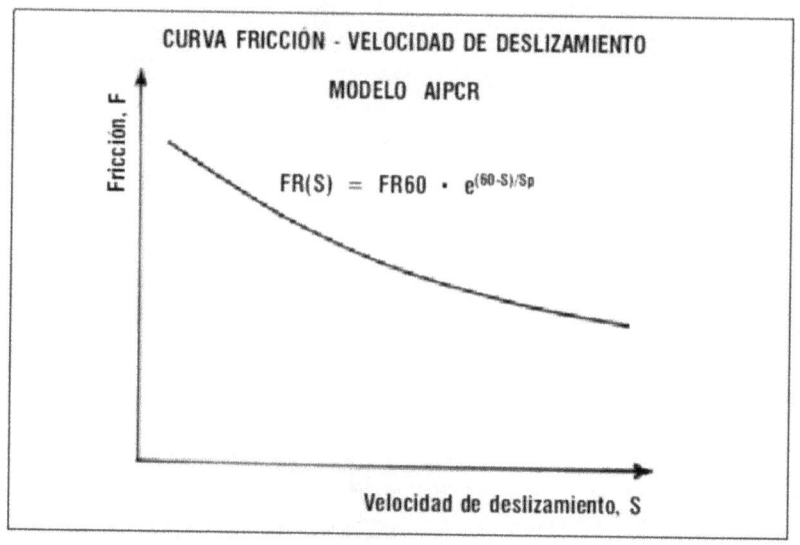

Figura A.15- Curva Fricción-Velocidad de deslizamiento según el Modelo de AIPCR

A.8 - EVALUACIÓN ESTRUCTURAL

La evaluación estructural del pavimento consiste, básicamente, en la determinación de la capacidad portante del paquete estructural (pavimento-subrasante) en una estructura vial existente, con la finalidad de diseñar intervenciones económicamente viables, que garanticen un adecuado comportamiento de la vía durante el periodo de servicio definido en el sistema de gestión vial.

La acción principal para caracterizar la resistencia del pavimento será la medición de las deflexiones. Existen varios equipos, entre los cuales están:
- Viga Benkelman
- Deflectómetros de impacto.

La Viga Benkelmanes un equipo que fue desarrollado durante el ensayo de la "Western Association of State Highway Organizations" (WASHO) en 1952. Se trata de un dispositivo bastante simple y económico pero muy laborioso que no permite obtener el cuenco de deflexiones, sino únicamente la deflexión bajo la carga.

Los modelos de carga de impulso o deflectómetros de impacto, como se puede ver en la figura A.16, son los que mejor simulan la acción del tráfico sobre el pavimento.

Miden la deflexión producida en la superficie del pavimento al aplicarle una carga vertical preestablecida, registrando el pico o valor máximo del desplazamiento vertical en el punto de aplicación de la carga, así como en una serie de puntos separados secuencialmente.

La principal ventaja de este equipo es, que permite la obtención del cuenco de deflexiones, además de tratarse de un ensayo relativamente rápido y sencillo.

Los deflectómetros de impactos, se pueden dividir en tres grupos, tradicionales FWD (Falling Weight Deflectometer), ligeros LWD (Light Weight Deflectometer) y pesados HWD (Heavy Weight Deflectometer).

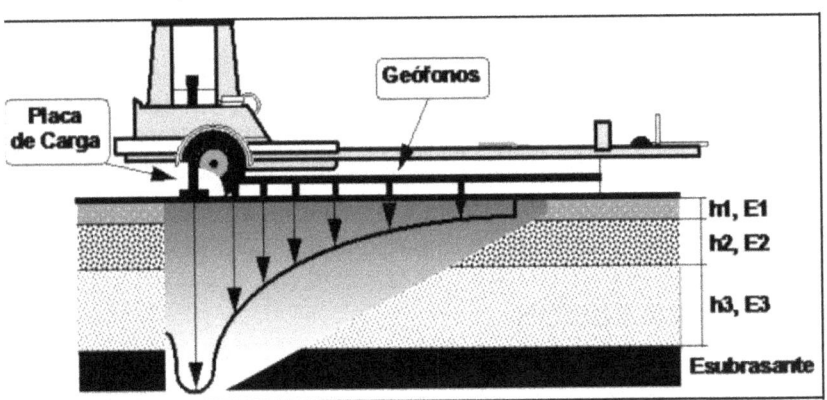

Figura A.16- Esquema del Deflectómetro de Impacto FWD y HWD

Figura A.17 - Deflectómetro de Impacto HWD

Existen varios métodos para el análisis estructural basado en el estudio de las deflexiones. Entre ellos podemos citar:

- AAHTO 1993
- The Asphalt Institute.
- ELNOD 6
- Yonapave

Estas técnicas interpretan los resultados de la deflectometría y permiten, según el caso, calcular los módulos elásticos de las diferentes capas (asfalto, capas granulares, sub-rasante), la fatiga y la vida útil del paquete estructural y, asimismo, diseñar los refuerzos necesarios para incrementar la capacidad del pavimento.

A.9 - CONCLUSIÓN

De todos los elementos que constituyen la infraestructura vial, el pavimento es el más importante. Esto así debido a que representa la zona de contacto directo entre la carretera y los usuarios, tanto como por su vulnerabilidad para desplegar fallas o deterioros que merman la capacidad de brindar una utilización cómoda y segura.

Los estudios antes señalados proveen un legajo de informaciones que el ingeniero vial debe analizar e interpretar, con el objeto de recomendar las actuaciones más convenientes para la conservación de la infraestructura.

La evaluación estructural y funcional del pavimento mediante equipos no destructivos (con la realización esporádica de muestreos y análisis de laboratorio) permite, con gran economía de recursos y de tiempo, un diagnóstico sobre el estado de la vía y la combinación más eficiente en las estrategias de conservación.

Nuestro objetivo al implementar un Sistema de Gestión Vial, finalmente, consistirá en asegurar que la estructura del pavimento se mantendrá en buena condición y funcionamiento de manera continua, con el menor costo posible para el conjunto de la sociedad.

GLOSARIO DE TERMINOS

AAHTO.
The American Association of State Highway Transportation Officials. Asociación Americana de Oficiales de Carreteras Estatales y Transportes.

Agrimensor.
Profesional encargado de los levantamientos y seguimientos topográficos de la vía.

Banco de materiales.
Es una área donde se encuentran materiales, ya sea en forma natural o transportado y que puede ser usado para la construcción de la vía.

Bolo.
Son pequeñas estacas por un lado, puntiaguda y el otro redondeado, que es enterrada en puntos específicos o estaciones con el objetivo de ubicar exactamente la longitud o punto deseado, los bolos mayormente se pintan de color rojo para poder verlos mucho más fácil.

BM (Bench Mark)
Son elevaciones establecidas con relación al nivel medio del mar, los BMs cuando no se tienen referencias comprobadas, pueden ser asumidos.

Brigada topográfica.
Es el personal auxiliar integrado por un equipo de hombres, dirigido por un agrimensor o topógrafo, que se encargan de trazar, nivelar, controlar y definir la rasante establecida en la obra y con ello controlan los volúmenes movidos en la vía.

Cabo de corte
Auxiliar de la topografía quien se encarga con un equipo reducido de ayudantes de controlar los cortes mientras el equipo realiza el trabajo; usando como herramienta de trabajo: Mira, portamira y cinta métrica.

Cadenamiento.
Es el término que usan algunos agrimensores y topógrafos para nombrar las medidas con la cinta métrica de tela o metálica, que se realiza de estación a estación, o de tramo en tramo.

Camelleo
Acción de levantar las barras de acero formando un ángulo de 45 grados, antes de llegar a los apoyos de las vigas.

Capataz.
Persona ejecutora de las operaciones diarias en la obra, quien tiene bajo su mando las disposiciones directas encomendadas por el Ingeniero.

Carretera.
Cuando mencionamos carretera, estamos refiriéndonos a la construcción de una vía de comunicación. Ver vía.

CBR
(California Bearing Ratio), ensayo de relación de soporte de California, mide la resistencia al esfuerzo cortante de un suelo y con ello evaluar la calidad del terreno para el diseño de pavimento.

Chequeador.
Personal asistente de la dirección técnica, que chequea las horas de equipos, la distribución de los diferentes tipos de materiales que son colocados en la vía por camiones volteos, personal de gran importancia en la operatividad de la obra.

Cinta jalada.
Son las medidas con cintas que se dan para establecer un trazado sin ningún control topográfico exacto, con el objetivo de conocer la distancia de un camino.

Contra cuneta.
Son obras complementarias de drenajes para captar las aguas en la parte superior de los cortes o en partes baja de algunos terraplenes.

Cucarachas
Espacios dejados en estructuras, las cuales deben ser de configuración y compactación homogénea, y en algunas zonas o puntos quedan áreas vacías o de conformación discontinuas.

Cm: Centímetro.

Deflectar.
Deflectar una curva, es trazarla, ubicar puntos cada 10 metros según el giro del radio de curvatura de la misma.

Estaciones.
Punto específico en una obra vial, la cual especifica un punto determinado en el trazado de la obra, las estaciones son nombradas cada 20 metros, aunque en las curvas se podrían situar cada 10 metros.

Ingeniería geotécnica.
Es la rama de la Ingeniería civil que se encarga del estudio de las propiedades mecánicas, hidráulicas e ingenieriles de los materiales provenientes de la Tierra. Wilkipedia.

Imprimación: Impregnación

Listero.
Personal asistente de la administración, que funge como chequeador o control del personal en lo relativo a las horas de entradas y salidas del personal que labora en una obra.

M: Metro

M^3c: Metro cubico compacto

M^3e: Metro cubico esponjado

M^3n: Metro cubico natural

MOPC.
Ministerio de Obras Publicas y Comunicaciones, institución encargada de trazar la política a nivel de Construcciónes; además de los reglamentos técnicos de dicho sector.

Policía acostado.
Es un muro que puede ser de hormigón, asfalto u otro material, que se usa para lograr reducir la velocidad de los conductores.

Portamira.
Personal auxiliar de la brigada topográfica que porta una mira estadimétrica de fibra de vidrio desplegable para disminuir o aumentar altura.

Recapeo.
Acción de colocar una nueva capa encima de la vieja deteriorada o con pérdida de las características principales.

Rechequeo.
Después de terminado un terraplén, sub-base o base, se debe replantear o medir de nuevo con el fin de afinar la terminación de la plataforma.

Terraplén.
Es una plataforma que se forma capa por capa con material de relleno para poder cumplir con la sub-rasante establecida.

Relleno.
Indistintamente hablamos de relleno o terraplén al levantamiento de la vía con material adecuado.

Vía.
Obra construida, en construcción o a realizarse, compuesta de un trazado, una nivelación, una rasante y obras complementarias con el fin de unir dos o más comunidades de manera cómoda y rápida.

BIBLIOGRAFÍA.

- Villaz, Carlos Crespo: Vías de Comunicación. Caminos, Ferrocarriles, Aeropuertos, Puentes y Puertos.

- Bannister, Reymond, Baker: Tecnicas Modernas en Topografía, Alfaomega, mexico 2002.

- Davis, foote, Kelly: Tratado de topografía, edición española 1979.

- Sánchez, columna: Supervisión y Ficcalizacion de Obras en Construcción, curso taller julio 2003.

- Carceniente, Jacob: Carreteras estudio y diseño, ediciones Vega 2da edición 1980.

- Ministerio de Obras Publicas: Especificaciones Generales para la Construcción de Carreteras, M-014, Dirección General de Reglamentos y Sistema.

- Mella, Ramón: Curso Guia para el uso de la Bitacora Convencional. CODIA – IDACON, 2011.

- Burden, Stasiowski, David, Frank: Manual de gestión de proyectos para Arquitectos, Ingenieros e Interioristas, editora Gustavo Gili, SA, Barcelona 2da. Edición 2002.

- Concreto Proyectado en la Construcción de Túneles Introducción a la tecnología básica de Concreto Proyectado Jurgen Hofler Jurg Schlumpf.

- Badillo Juarez, Rodriguez Rico. Mecánica de Suelos, Tomo 1. Fundamentos de Mecánica de Suelos, 2006, Editorial Lumusa, S.A, Mexico, D.F

- Badillo Juarez, Rodriguez Rico. Mecánica de Suelos, Tomo 2. Teoría y aplicación de la Mecánica de Suelos, 2007, Editorial Lumusa, S.A, Mexico, D.F.

- Moncayo Jesús V. Manual de Pavimentos, 1987, CIA. Editorial continental, S.A. de . V. Mexico.

- Olivera Bustamante Fernando. Estructuración de Vías Terrestres, 2000, Grupo Patria Cultural, S. A, Mexico.

- Asphalt Institute, U.S.A. Principios de Construcción de Pavimentos de Mezcla Asfáltica en Caliente.

- http://www.cuevadelcivil.com/

- www.hidrosiembra.net
  http://geoproductos.net/geoweb/definiciones.html. Geoproductos Mexicano.

- http://spanish.china.org.cn/photos/txt/2012-07/03/content_25797025_8.htm

- Construmatica. www.construmatica.com.
- https://www.sura.com/blogs/autos/senales-transito-abc.aspx

- http://www.pruebaderuta.com/todo-sobre-las-señales-de-transito.php

- Mundonets.com

- http://www.guardrailbarrier.net/guardrails/box-beam-barriers.html

Ing. José Espinosa Feliz

Esta edición de Fundamentos Básicos y Guía en la Construcción de Carretera consta de 1,000 ejemplares y fue impresa en el mes de Diciembre 2016, en los talleres de Impresora Conadex, Santo Domingo, República Dominicana.
Tel.: 809-567-7407 • Fax: 809-566-2039

www.ingramcontent.com/pod-product-compliance
Lightning Source LLC
Chambersburg PA
CBHW070835160426
43192CB00012B/2196